学校・職安と労働市場

戦後新規学卒市場の制度化過程

苅谷剛彦
菅山真次 ― [編]
石田　浩

東京大学出版会

Schools, Public Employment Offices,
and the Labor Market in Postwar Japan

Takehiko KARIYA, Shinji SUGAYAMA and
Hiroshi ISIDA, Editors

University of Tokyo Press, 2000

ISBN 978-4-13-056200-3

はしがき

　敗戦から3年もたたない1948年春，戦後の教育改革によって誕生した「新制中学校」は初めて卒業生を送りだすことになった．その数，およそ70万人．それから2年後の1950年には，卒業生数は159万人にまで膨れ上がり，その45％にあたる72万人は，就職を希望し職業世界へと中学校を巣立つ15歳の若者であった．

　中学校をもはや「新制」と形容することさえなくなった現在の私たちから見ると，これらの数字に特別な感情を抱くことはないのかもしれない．だが，六三三制以前の制度から見れば，戦後の混乱期にこれだけの数の若者が就職することにどれだけの重みがあったか．義務教育の修了が3年間延長され，中学校というたった1つのタイプの中等学校に統一されたことは，卒業生の進路問題という視点から見て，それ以前とは隔絶の観の変化であったはずだ．尋常小学校，高等小学校，実業学校，高等女学校，（旧制）中学校といったさまざまに分肢した学校類型から異年齢の卒業生が職業を求めて社会に出る．そういうしくみから，上級学校に進学する者を除けば，卒業生の大多数が中学校というひとつの出口から職業の世界へと移行していく．"マス"としての学卒就職者が誕生する契機が戦後の教育改革を通じて生まれたのである．

　本書は，このようにして誕生した中学校卒業者の職業へといたる過程に，中学校や，これまた戦後新たに発足した「国営」の職業安定機関がどのように関わっていたのか，こうした「制度」の関与によって，新規学卒労働市場の需給調整がどう行われたのか，さらにはそれによって，学校から職業へのスムーズな移行（トランジション）がどのようにして可能になったのかを，できるかぎり実証的に明らかにしようとするものである．

　中卒者の就職というテーマは，なるほど「集団就職」という言葉と重ねあわせれば，古き貧しき時代の一断面，現代の「繁栄」にいたる過去の物語としてノスタルジックに語られる対象に見えるかもしれない．しかし，本書が掘り起こしたいのは，ノスタルジーでも，貧しき（よき）時代への回顧でも

ない．本書は，中卒就職という問題に焦点を当て，綿密なスケジュール管理に基づく職業への移行システムが全国的な規模でいかに確立されたのかを明らかにする．その解明によって，産業間・地域間の移動を含む大規模な社会移動とその結果たる職業構造の変動，高度成長期を可能にした労働力の需給調整，一括・一斉採用を特徴とする新規学卒採用の制度化，中卒から高卒への基幹労働力のシフトがもたらした「日本的経営」の基盤形成，といった戦後日本社会の成立と展開に寄与した諸問題に，従来とは異なる視点からアプローチできると考えるのである．

これらの課題を遂行するうえで，私たちは，教育社会学，日本経済史，社会階層論といった異なる分野の研究者間の共同という，文字通り学際的なアプローチをとった．本書のもとになる共同研究は，ある研究会で一緒になった菅山と苅谷とが，新たに戦後の学卒労働市場の研究を始めようと若い大学院生らを誘って1993年に始めた文献研究会が発端である．その後，1995年から97年までは，文部省科学研究費の助成（一般研究(B)，研究課題名「新規学卒者の教育から職業へのトランジションに関する実証的研究——その成立過程と現状」，研究代表者：苅谷剛彦）を受け，インタビュー調査などを交えた本格的な研究活動に発展した．もう一人の編者である石田は1995年にアメリカから帰国後，東京大学社会科学研究所に赴任し，この研究会に参加することになった．そして，石田の主催によって1997-2000年は，社会科学研究所のグループ研究「戦後日本の学卒労働市場の組織化に関する研究会」としての位置づけも与えられた．本書はこのグループ研究の成果を基礎としており，その趣旨において社会科学研究所研究報告第60集として刊行される．

本書の刊行にいたるまで，私たちは，1996年に日本教育社会学会第48回大会で研究発表し，1997，98年には社会科学研究所の紀要『社会科学研究』（第49集第2号，第3号）に共同論文を執筆した．これらの作業を通して，本書の基礎が着実に形成されていったと言える．

つぎに，この場を借りて，本書の執筆にあたりお世話になった方々に感謝の言葉を述べたい．まずは，本書の執筆には参加しなかったが，これまで研究会に加わり共同研究を行ってきたメンバー，谷本雅之，柳田雅明，本田由

紀,中村高康,粒来香,大内裕和,大島真夫,高瀬雅弘,森川美絵の諸氏には,文献やデータの収集はもとより,本書の元となる研究のアイデアを練るうえで,多くを負っている.お名前は挙げないが,インタビューにお答えいただいた労働省や職業安定所の関係者,企業の人事担当者,中学校の元教諭の方々には,お忙しい中,長時間にわたる聴き取り調査にご協力いただいた.また,本書の原稿に詳しく目を通し,厳しくかつ有益なコメントをいただいた廣田照幸氏と谷本雅之氏の両名にも感謝したい.お二人が指摘した問題点は,その後の原稿修正に大いに役立った.東京大学出版会の佐藤修氏には,科研費の刊行助成申請の手続きを含め,本書の刊行にあたり本当にお世話になった.各著者まかせになりがちな編纂書の作成とは異なり,問題点の共有と共通の認識に基づく解決を執拗に求めるあまり,執筆者らの度重なる原稿の調整・修正といった手間を本書はかけたつもりである.窮屈なスケジュールの中でもそれが可能となったのは,ひとえに佐藤氏のご寛容のおかげである.その手間と時間の分だけ,本書は,文字通りの「共同研究」の成果になったといえる.なお,本書は1999(平成11)年度科学研究費補助金「研究成果公開促進費」の助成を受けて刊行するものである.

近年,高卒者,大卒者を含め,卒業後に進学も就職もしない若者が増えている.不況による就職難の影響もあるが,本書が明らかにした,学校から職業への移行のシステムのゆるみにも一因があるような気がしてならない.そうした「日本的システム」のゆらぎの意味を考えるうえでも,本書がその一助となれば,著者たちにとって望外の幸せである.歴史は現在を映し出す鏡なのだから.

1999年12月

苅谷剛彦
菅山真次
石田　浩

目　次

はしがき

1章　問題の提起と本研究の射程 ──────────── 苅谷　剛彦　1
　1. 問題の所在　1
　2. 理論的枠組み　4
　3. 研究の意義　8
　4. 先行研究の検討　15
　5. 本書の構成　26

2章　学校・職安・地域間移動 ──────────── 苅谷　剛彦　31
　1. 課題の設定　31
　2. 農業出身者の進路　33
　3. 地域間移動と職業安定行政　41
　4. 入職経路の変遷　50
　5. まとめ　60

3章　職業安定行政の展開と広域紹介 ──────── 菅山真次・西村幸満　65
　1. はじめに　65
　2. 国営前の少年職業紹介と広域紹介　67
　3. 「統制」から「調整」へ　74
　4. 新規中卒者の職業紹介　82
　5. 1950年代の需給調整　87
　6. 労働力不足経済への転換と「強力な需給調整」　93

4章　中卒者就職のミクロなメカニズム ─────────── 石田　浩　113
　1. はじめに　113
　2. 1950年代前半の中卒就職への着目　114
　3. 学校と職安の連携　119
　4. 学校内選考と企業による選抜　128
　5. 学校による求人開拓と「指定校制度」　135
　6. 就職後の補導　147

7. むすび　149

5章　女子中卒労働市場の制度化──────────石田浩・村尾祐美子　155
1. はじめに　155
2. 女子中卒労働市場のマクロ分析　156
3. 繊維産業と女子労働市場　161
4. 労働者募集とその規制　167
5. 新卒者広域採用のための制度　172
6. スケジュール化と管理の進展　177
7. むすび　187

6章　中卒者から高卒者へ──────────────菅山真次　193
　　──男子学卒労働市場の制度化とその帰結
1. はじめに　193
2. マクロ分析　195
3. 中卒者の職業紹介　201
4. 高卒者の職業紹介　219
5. 定期採用の形成　237
6. むすび　254

7章　結　論──────────────菅山真次・石田浩・苅谷剛彦　265
1. 新規中卒市場の「制度化」　265
2. 学校・職安が介在したジョブマッチングの評価　274
3. 理論的な含意と現代的課題　284

索　引　299

1章　問題の提起と本研究の射程

苅谷　剛彦

1.　問題の所在

　戦後，新たに発足した「六三三」制の学校制度は，今日私たちが想像する以上の重い課題を担ってスタートした．民主主義的な教育を行うという政治的・思想的な課題に加え，新たに義務教育として加わった新制中学校が送りだす大量の卒業生に，ともかくも何らかの進路先を提供するという，教育的，経済的な課題を負って出発したのである．

　昭和25（1950）年の中学校卒業者数は159万人．そのうち72万人は新制高校に進学し，ほぼ同数の72万人が就職をした[1]．戦前までの尋常小学校，高等小学校といった，初等教育の出口が複数あった時代に比べ，義務教育の修了が新制中学校へと一本化されたこの新制度のもとで，毎年大量に輩出される卒業生を社会に無事に送りだすことは，戦前のどのタイプの学校も体験したことのない，進路指導上の大問題であった．

　しかも，高度成長が始まる以前の戦後経済は混乱をきわめ，戦地からの引き揚げ者の雇用問題を抱えた大就職難の時代であった．経済的な混乱が続くときに，民主教育のシンボルとして発足した新制中学校が，卒業生たちをどのように社会に送りだすことができるのか．その成否は，社会の安定にとっても，新たな学校制度にとっても，重大な試金石の1つであったといえる．1950年代には，毎年こうした状況下で50-60万人もの中卒者が社会に旅立っていったのである．

　しかしながら，それからわずか何年も経たないうちに，中学校の進路問題は大きな変貌を遂げた．高度経済成長の始まりによって，中卒者への求人が

増大し，就職難の時代から求人難の時代へと大きく転換したのである．求職者の何倍にも及ぶ求人が殺到し，企業は中卒就職者を求めて全国を駆け巡った．この売り手市場の時代が，中卒者の大規模な地理的移動を引き起こした「集団就職」という社会現象を伴ったことは周知の通りである．

ところが，中卒就職の黄金期ともいえる売り手市場の時代は長くは続かなかった．1960年代後半に入ると，高校進学率の上昇とともに，中卒就職者の絶対数がみるみる減少していったからである．中卒者を採用しようにも，そもそも就職を希望する生徒が少なくなった．そして，多くの企業は求人先を中学校から高校へとシフトしていった．1975年には中卒就職者は10万人を割り，中卒者の7％にも満たなくなった．

このように急ぎ足で見ても，中卒者の就職という現象が，戦後わずか四半世紀ほどの間に目まぐるしい展開を遂げていたことがわかる．終戦後の混乱，新学制の発足，就職難，高度成長と求人難，そして高校進学の普遍化と中卒就職者の急減――こうした急速な変化を駆け巡った戦後史の一断面として，中学校卒業者の就職という問題があった．

このような戦後史の断面を，個々の中卒者たちがたどった人生の断面と重ね合わせて，ノスタルジックに論じることもできよう．中卒就職者の光と影の個人史をいきいきと描き出すことも，戦後史研究としては重要な課題となるだろう．しかし，本書が焦点を当てるのは，そうした個人の側に視点を置いた歴史ではない．急変の時代に中卒者たちがどのように進路を選び，どのようにして職業生活へと入っていったのかではなく，むしろ，彼ら・彼女たちの職業への移行を方向づけ，支えた〈制度〉に着目する．新規学卒者の労働市場の調整を果たした，職業安定所と中学校との連携からなる，職業斡旋・就職指導の制度の歴史を分析の対象として選ぶのである．

制度の歴史への注目というと，生き生きとした個人の視点からの歴史描写に比べ，一見，無味乾燥な行政的手続きの編年史を想像するかもしれない．しかし，あえて私たちが個人の視点を犠牲にしても，制度への注目にこだわったのは，冒頭に述べた急激な社会・経済状況の変化に，制度というものがどのように対応し，どのような産出をもたらしたのかを理解したいと考えたからである．個人の意図や意識を離れて，あるいは個々の行為者の行為の総

和を越え出て，〈制度〉の動きとしてとらえうる水準に焦点を当てることで，かえって戦後日本社会の形成の特質が浮かび上がるのではないか．制度のダイナミズムを分析対象にすえることで，大きな社会構造の変動や経済状況の変化を，個人の行動へと結びつけている，そうしたメゾ（中間項）・レベルの視点を設定できる．そしてそこから，第1に，大量の若年者の地域間移動が比較的スムーズに行われたのはいかなる理由に基づくものであったのか，第2に，全国的なスケジュール管理下に置かれた進路指導の体制や，卒業と同時に職業に就く「間断のない」学校から職業への移行メカニズムといったものが，どのような背景のもとに成立したのかといった，戦後の日本社会を特徴づけた，教育と職業にまたがる重要な問題を検討することができるのである．ひいては，これらの問題の解明は，企業の「日本的経営」の一部といわれた，新規学卒者を計画的に一括して採用する「学卒一括採用」方式が普及するにいたる過程にも目を向けることにつながるだろう．このように，社会移動，進路指導，労働市場といった，社会学，教育研究，経済学にまたがる学際的な問題の解明を通じて，戦後日本社会の特徴を，従来の研究とは異なる視点から明らかにできると考えたのである．

　個人へのアプローチと，本書のアプローチがどのように違うのかを，たとえば，1960年代前半に，地方の農家出身の中学生が，農業を継がず，しかも高校にも進学しないで，卒業後にどのようにして進路を選び取ることができたのかを例に考えてみよう．その生徒が目にする求人情報は，どのようにして彼・彼女の手元に届いたのか．そこには，どのようなプロセスが介在していたのか．後に詳しく見るように，その過程は，たんに求人企業が求人情報を求職者の手元に郵送したというほど単純なものではなかった．しかも，他府県の求人票が求職者の目に留まるまでに，どれだけの関係者がかかわり，情報を交換し，一定のルールのもとで，その求人票を彼あるいは彼女の手元に届けたのか．そうした制度の整備までを含めれば，個人が求人票に目を向けるその時以前に，どれだけの歴史が準備されなければならなかったか．さらには，就職先を決めるプロセス，就職試験を受けその結果に応じて就職の地へと向かうまでの手続き，就職後の定着を促進するための手だてなど，求職者を幾重にも取り巻く制度の視線と制度の動きとがあった．一見，個人の

動きに見える事柄の周りには,彼・彼女の行動を方向づける制度の働きがあったのである.

このような制度の働きは,どのような意図に基づき,どのような議論を経て,そして実際にどのようなしくみを通じて,新規学卒求職者の行動を方向づけることになったのか.こうした制度の働きは,個人の視点からはとらえにくい.しかも,1950年代前半と60年代前半,さらには60年代後半とでは,こうした制度の働き自体が,変化していた可能性がある.そのような動きのダイナミズムが,冒頭に述べた急激な社会・経済・教育をめぐる状況の大規模な変化と関連するものであったとすれば,制度の展開の歴史に目を向けることで,私たちは,マクロな状況の変化とミクロな個人の行為とを結びつけている中間レベルの制度のしくみの実態に迫ることができる.

2. 理論的枠組み

このような関心から「制度」に目を向ける私たちの研究は,経済学におけるジョブマッチングの研究や,経済社会学の一部分を構成する「労働市場の社会学」に連なるものである.労働市場におけるジョブマッチングが,自由な「市場」において行われるという経済学的な前提に対し,近年,経済社会学の立場から,人と仕事とを結びつける具体的な社会関係に着目する研究が進められている.グラノベッター(Granovetter)は,人と人とのパーソナルな関係が,良好なジョブマッチングを果たしていることを示し,ジョブマッチングが,そうしたパーソナル・ネットワークに「埋め込まれ」ていると指摘した[2].労働市場における人の移動は,経済学が前提とするようなアトミックな個人の自由な行動によるだけではない.そこには,パーソナル・ネットワーク,あるいは紐帯(tie)と呼ばれるような,社会的な結びつきが介在していることを,グラノベッターは社会学の立場から提示したのである.また,リンらの研究やマーズデンらの研究では,そうした関係を「社会的資源(social resources)」と見なし,世代内の職業移動において,どのような社会関係的資源が重要であるかを解明している[3].

これらの研究は,いわば,いったん労働市場に参入した人びとの移動に焦

点を当てたものである．それに対し，初職への入職における，組織と組織との継続的な信頼関係を示す「制度的リンケージ（institutional linkages）」に着目した研究がある．ローゼンバウムと苅谷の一連の研究は，日本における高卒就職の詳細な分析を通じて，高校と企業との「実績関係」と呼ばれる制度的リンケージが，ジョブマッチングのプロセスに介在していることを明らかにしたものである．これらの研究では，高校のランクや学校内での成績が，「望ましい仕事」の獲得において重要な選抜基準となっていること，高校と企業との実績関係は，こうした成績を基準とする選抜を弱めるよりも強化する役割を果たしていること，それによって，職業機会への出身階層の影響を弱める働きを持っていることなどを明らかにした[4]．

また，苅谷ほかの研究[5]は，日本の大卒就職のしくみに注目し，かつての指定校制にかわって，現在では先輩－後輩関係が特定の企業と特定の大学との継続的な結びつきを作り出していること，そうした企業と大学との結びつきにおいては，大学ランクが高いほど先輩－後輩関係を通じた就職が行われていることなどを明らかにしている．

このような研究に対し，本書は，これまで十分に扱われることのなかった中卒者を対象に，戦後日本における職業斡旋への学校のかかわりを歴史（社会学）的に解明しようとするものである．新規中卒者の職業への移行に，職業安定所と中学校の連携がどのようにかかわっていたのか，その展開史を戦後の職業安定行政に着目して明らかにすることによって，戦後日本における制度的リンケージの成立過程を探ることが可能になるのである．

それだけではない．制度への着目は，学校や職安の役割をたんに労働市場のエージェントとして，ジョブマッチングの過程に組み込もうとするだけの関心にとどまらない．本書で私たちが企図するのは，理念間の葛藤や対立を含みうる，制度のダイナミズムをとらえた上で，そのような制度に「埋め込まれた」労働市場の働きや，それを通じた人びとの職業移動の流れ，さらには教育と企業社会との結びつきの形成といった問題にまで関心を広げ，制度の変動の分析に迫っていこうとするのである．

とりわけ制度の変動をとらえるうえで，私たちが注目するのは，制度を支えた複数の理念間の対立や葛藤である．中卒者の職業紹介制度に着目した場

合，そこには，「保護」と「自由」という大きな2つの理念があった．そして，これらの理念の対立をより引き立てることになったのが，ほかでもなく，求職者が15歳にも満たない中学卒業生であるという事実だった．

　成人の求職者であれば，たとえ職を求めて遠隔地に移動しようと，その責任は基本的に個人に帰属する．それに対し，15歳の未成年者の場合，親元を離れ，初めて出向く土地で職業生活を開始しようというのであれば，彼ら・彼女らに対する，何らかの「保護」が必要だと考えられた．偽りの多い求人情報にだまされやしないか，生活環境が一変する大都市での生活にうまく適応できるか，孤独にさいなまれたり，非行に走ったりすることはないかなど，戦後の民主化の流れの中で，義務教育を終えたばかりの少年少女たちへの配慮をもとに，より年長の学卒者や成人には向けられないような「制度」の蔽いが，職業への移行の過程に必要だと考えられたのである．

　しかしながら他方で，のちに3章で詳しく見るように，戦時中の労務統制への反省と，占領下でのGHQの指導の影響から，戦後の職業安定行政においては，個人の職業選択の自由を最大限に保障しようという，もう1つの民主化の流れがあった．その考え方に従えば，公共の職業紹介機関は，求職側の求職活動の自由を侵すべきではない．たとえ年少者といえども，個人として自由に求職活動を行うことが保障されるべきだと考えられる．ところが，前述の「保護」を重視する立場から見れば，15歳の青少年の自由にまかせることは，結果として彼ら・彼女たちの職業への移行を十全に保障できないという見方が出てくる．学校や職業安定所が就職にいたるまでのスケジュールを管理し，求人情報も直接個人に届くより，学校や職安を通したほうがよいと考えられた．その意味で，保護の側面を重視する立場は，個人の自由を重視するよりも，国家による労働市場の調整や統制との「親和性」をもっていた．そして，そうであるがゆえに，保護と自由の対立には，行政による市場への介入が個人の自由との間に齟齬を引き起こしかねない接面を内在させていたのである．

　戦後の職業紹介制度は，こうした保護（あるいは市場の調整・統制）と自由との潜在的な対立を含みながらスタートした．それゆえ，この潜在的な対立のうち，どちらが前面に出，強調されるかで，制度の役割にも変化が生じ

えた．あるいは場合によっては，これら2つの面を使い分けながら，学卒者の職業紹介制度はダイナミックな展開を遂げてきたと見ることもできる．のちに5章で詳しく見るように，紡績業への女子中卒者の就職に対して，学校と職業安定所が果たした役割には，このような2つの原理の交互作用があった．終戦後の不況期には，地元での就職が強調され，やがて中卒者が「金の卵」と呼ばれた1960年代の超売り手市場の時代になると，地元より大都市への就職を結果として奨励することになったのも，保護と自由との使い分けの結果ともいえる．

　労働市場における買い手市場から売り手市場への移り変わりに，新卒者のための職業紹介制度は，どのように対応できたのか．その対応のしかたは，制度がまったく存在しない場合と比べて，各時代のジョブマッチングのあり方にどのような特徴を与えることになったのか．これらの問題ひとつをとってみても，制度の変動論を含んだ，「労働市場の社会学」的分析が重要となる．とりわけ，制度として中学校という教育組織が媒介していたこと，さらにいえば，職業安定所といえども中卒者に対する職業紹介業務においては多分に「教育的」な配慮を求められていたことなどを考えれば，市場の論理や経済の原理だけで，中卒者のジョブマッチングが行われたわけではない可能性が浮かび上がる．

　しかも，前述の「保護」対「自由」の対立が，職業安定制度の変動に何らかの作用を及ぼしていたとすれば，労働市場における需給バランスの変化は，そうした対立に意味を与える文脈の変化を伴っていたのかもしれない．そうだとすれば，市場の変化が，直接，ジョブマッチングのあり方を左右したというのではない．需給バランスの変化は，市場の原理とは異なる，組織を組み込んだジョブマッチングの過程を通じて，個々の中卒者の職業選択に影響を及ぼしたと考えられるのである．労働市場の変化を考慮しつつ，どのようにして求人票が中学生に届いたのか，その求人を選んだ彼・彼女がどのようにして採用決定までに至ったのか．これらを分析することで，量的にのみ把握できる労働市場の需給関係だけを分析していたのではわからない課題に答えることができるのである．

3. 研究の意義

このような視点から新規学卒者の職業斡旋の制度を分析の対象とすることで，本書は，以下の2つの点で，従来の社会科学における諸分野の研究にとって，新たな視点を付け加えることができるだろう．第1に，大量の若年者の地域間移動が比較的スムーズに行われたのはいかなる理由に基づくものであったのかという問題の解明であり，第2に，全国的なスケジュール管理下に置かれた進路指導の体制や，卒業と同時に職業に就く「間断のない」学校から職業への移行メカニズムといったものが，どのような背景のもとに成立したのかという問題の解明である．これら2つの問題に，経済史・経済学における労働市場研究，社会学における社会移動研究，教育社会学における進路指導研究といった，複数の分野にまたがる学際的なアプローチをとることにより，実証的な解答を与えるのである．この節では，これら2つの問題の設定がどのような意味を持つのかを明らかにしつつ，本書の意義について検討しておきたい．

(1) スムーズな移動

第1に，本書のもっとも大きな貢献は，新規学卒者の就職という問題に焦点を当て，教育と職業，経済，行政といった異なる領域にまたがる戦後日本社会の特質の諸側面を分析できることである．しかも，本書が扱う時期は，終戦後の混乱期，高度成長期，そして，労働市場において基幹労働力と呼ばれた新卒者が中卒から高卒へとシフトした時期にまたがる．このような大きな変動を含んだ時期を対象とすることで，労働力配分の実態の歴史を，それにかかわる制度の展開史を含めて実証的に解明することができるだろう．先に述べた表現を用いれば，大量の若年者の地域間移動が比較的スムーズに行われたのはいかなる理由に基づくものであったのかを解明するのである．この課題の解明は，以下に見るように，戦後日本社会の特質に迫るものといえる．

すでに古典的ともいえる大河内一男らの研究によれば，新規学卒就業者こそ日本経済の急激な構造変動を可能にした労働市場の変化に敏感に適合でき

る労働力であった[6]．そこでは，ふたつの理由が考えられていた．第1に，新規学卒就業者の場合，既経験労働者に比べ，扶養家族をもたないことなどから地域間の移動ははるかに容易である．しかも，第2に，経験をもたない労働力だから，熟練を損なうかたちでの職業間の移動もほとんど問題とならない．新規学卒者がもつこれら2つの特徴をふまえて，大河内らの研究を引き継いだ氏原正治郎と高梨昌の研究では，「大量に供給された青少年労働力が，高能率低賃金で，労働需要の質的構造変化への適応性の高かったことが，(昭和——引用者注) 30年代の高蓄積と技術革新を可能にした大きな原因となった」[7]と指摘している．ここで「大量に供給された青少年労働力」という場合，就中「子羊のように従順な」と大河内らに形容された（新制）中学校卒業者であったことは疑う余地がない．

　それでは，1950-60年代の労働力需要の最前線を支えた，基幹労働力＝中卒者の職業への移行は，どのようなメカニズムを通じて行われたのだろうか．それは，自由放任(レッセ・フェール)を基調とする市場を通じて行われたのか．それとも，何らかの制度や組織による市場への介入や市場の調整が行われたのか．また，もし制度や組織による市場の調整が行われたとすれば，それはどのような理由に基づき，どのようなしくみを通じて行われたのか．さらには，そのような調整は，就職者たちの職業的キャリアに何を帰結したのか．本書の中心課題は，戦後の中学校卒業者の就職のしくみの解明を通じて，これらの問いに答えようとすることである．

　このような問題の解明は，戦後日本社会の大規模な構造変動がどのように進行したのかを，学卒者の職業への移行に焦点を当てて検討することにほかならない．

　すでに周知の通り，戦後の日本では，農業従事者の急速な減少とそれに代る被雇用者の増大，産業構造の側から見れば，第1次産業から第2次，3次産業への急速な構造変動が高度成長期を通じて進行した．たとえば，全就業者に占める農業従事者の割合は，1950年には48％であったものが，20年後の1970年にはわずか20％近くにまで減少する．かわって同じ期間に，被雇用者の比率は，52％から81％へと急増した．戦後わずか四半世紀足らずの間に，日本社会は「雇用社会」へと急速な変貌をとげたのである．

こうした構造変動は，農村から都市への地域的な人口移動と，農業出身者から雇用者への社会・職業的な移動との同時進行によってもたらされた．なかでも，農家子弟の非農業部門への就職という事態が，こうした地域間移動・職業間移動の中心的な担い手であったことは，すでに幾多の研究が明らかにするところである[8]．とりわけ重視されているのが，新規学卒者の移動である．農業の継承者と見なされていた若者たちが，学校卒業と同時に，農村を離れて大都市のマニュアル・ワーカーとして就職する．戦前期には，農家の「二三男問題」と見なされていた農村人口の流出が，戦後には長男にまでおよぶようになったのである．

これまでにも，こうした労働力移動のマクロ動向を検討した研究は少なくない．農民層解体の問題，地域間の人口移動の問題といった視角から，農業から雇用への職業移動，農村から都市への人口移動を扱った研究は，多数にのぼる[9]．そして，これらの研究では当然ながら，新規学卒者の移動にも焦点が向けられてきた．にもかかわらず，先行する研究を子細に検討すれば，移動の「結果」についての分析は多くなされているものの，こうした移動を媒介したメカニズムや，そこにどのような制度が介在していたのかに注目した研究は意外と少ないことに気づく．とりわけ，新規学卒者の就職に直接関わっていた，職業安定所や学校の役割を丹念に解明した研究は，そうした事態が進行していた同時代の現状報告的な研究を除けば，後に検討するわずかな例外を除いて，ほとんど存在しないといってよい．現在の時点から，あの構造変動を下支えしたさまざまな制度や組織の役割については，十分な再評価が行われないまま，1950-60年代を通じて農村から都市へと若年労働力の大規模な移動が生じたというマクロなトレンドの結果が，定説として定着しているのである．

先に触れた大河内らの研究では，「融通性のある年少者の流れを統制することは，各産業の総労働供給を需要の変化に調整する簡単で容易な方法である」というベヴァリッヂのことばを引用している．ところが，私たちの問題関心に照らせば，こうした新規学卒者の融通性をもっともよく利用し，産業構造の急速な変化に対応する労働力再配置の問題をもっとも無難に解決しえたのは，ベヴァリッヂの本国イギリスよりも，むしろ戦後の日本社会であっ

たのではないか．というのも，以下，本研究が明らかにするように，新規学卒者の流れの調整を「市場メカニズム」にのみ委ねるのではなく，そこになんらかの制度を介在させることで，「融通性のある年少者の流れ」の「統制」（あるいは調整）を現実のものとしたのは，この時期の日本社会であったといえるからである．

大規模な移動が，制度の役割を媒介としつつどのように行われたのかという問題は，社会学における社会移動研究にとっても，いまだ十分な解明が行われていない問題である．社会移動研究においては，教育を終え初職へと参入する過程が，社会・経済的地位達成の重要なモメントと見なされてきた．また，初職への就職に伴う人びとの地域間の移動も，社会移動を構成する重要な要素の1つであるといわれてきた．

ところが，計量的な分析に重きを置いてきた従来の研究では，そのような移動を実際に媒介している制度や組織の役割について十分な目配りをしてきたとはいえない．出身階層や学歴など移動を制約する初期条件や，移動の結果としての職業的な地位達成には目を向けながらも，それらが実現するプロセスの実態，たとえば学卒者を職業へと結びつける具体的な制度の役割については，つい近年に至るまで十分な研究の蓄積はなかったと言わなければならない．

しかし，たとえば地方出身の中卒者が，どのようにして，どのような初職につけるのかは，そのプロセスを方向づける制度の影響を受けるものと考えられる．彼ら・彼女たちの職業機会そのものが，そうした制度を媒介して彼ら・彼女たちの前に立ち現れていたということもできる．しかも，ここでいう制度自体が，理念間の対立と葛藤をはらみ，それゆえ，労働市場の変化に対応してその役割を変えていく，変動を含むものだった．そうだとすれば，個人の移動を媒介した制度に着目することは，社会移動のプロセス自体を含み込んだ研究へと，移動研究のフィールドを拡大していくことにつながるだろう．そのような意味で，社会移動を方向づける制度として，職業斡旋の仕組みをとらえることができるのである．

産業間・地域間の大規模な労働力移動を伴った戦後日本社会の構造変動は，自由放任を基調とした市場の「見えざる手」によって導かれたものなのだろ

うか．それとも，そこにはなんらかの制度が介在していたのだろうか．本書は，新規学卒労働力の移動がどのような制度を媒介に行われたのか，それが労働力の需要と供給の結合にどのように影響したのかを，1950年代，60年代に着目することによって実証的に明らかにしようとするものである．とくに私たちが注目するのは，戦後新たに発足した（国営の）職業安定行政の諸機構と，そのもとで密接な連携関係を保ち，その一翼を担った（新制）中学校の役割である．そこに着目することによって，新規学卒労働力の流れをある程度調整し，戦後の日本社会が産業構造の大転換を比較的スムーズに達成した制度的なメカニズムを解明しようというのである．

(2) 「間断のない」移動

本書の第2の意義は，全国的なスケジュール管理下に置かれた進路指導の体制がどのようにして生まれたのか，その結果，卒業と同時に職業に就く「間断のない」学校から職業への移行メカニズムといったものが，どのような背景のもとに成立したのかという問題を解明することである．

のちの3章や4章で詳しく分析するように，戦後誕生した中学校と職業安定所との連携による中卒者の就職指導のしくみは，他の先進諸国にはほとんど例のない，全国一律の綿密なスケジュール管理のもとに行われた，きわめて制度化の進んだ指導であった．何月に進路希望調査を行うか，その結果をどのようなスケジュールで所轄の職業安定所レベル，県レベル，全国レベルに引き上げ，求人と求職の調整を行うか，さらには，そこでの結果を再度学校にまでもどし，個々の生徒の就職希望とのすり合わせを行うか．就職先の希望調査から，就職試験，採用にまでいたるスケジュールが，全国のどこの中学校でもほぼ同じようなペースで行われた．ペースを同一にする理由は，まさしく，全国的に中卒就職の需給調整を行うためであった．学校や県によってスケジュールが異なってしまえば，それらを超えたレベルでの需給調整が難しくなる．全国一律の職業紹介システムをつくり出すことによって，地域間の需給バランスを是正し，地域をまたがる職業移動を円滑に行うことができるようになったのである．

その結果，中学校の卒業が，同時に就職とつながる「間断のない」学校か

ら職業への移行のしくみができ上がった．生徒たちは卒業してから就職先を探すのではない．卒業以前に4月1日にはどこで働くのかが決まっている．国際的に見て異例とも言える卒業即職業生活の開始というしくみが，誕生したのである．

　このような全国一律のスケジュール管理を基盤とした「間断のない」職業への移行のしくみは，戦後の教育にとっても，企業社会にとっても，重要な意味を持つものであった．

　第1に，戦後教育にとっての意味である．戦後の六三三制制定が学校教育制度の画期であったことはしばしば指摘される事実である．その中でも，新制中学校の設立は，義務教育段階を延長しただけにとどまらず，単線型の教育制度を作り上げるうえで中核をなす新制度だった．ところが，このような重要な学校段階であったにもかかわらず，中学校の卒業生たちがたどった進路，とりわけ職業的な進路がどのような制度に基づいて選び取られたのかについては，これまで十分な研究が行われずにいた．学校内の進路指導についてはいうに及ばず，中学校が職業安定所などの職業斡旋機関とどのような関係を持ち，さらには全国的な規模で展開した職業紹介のスケジュール管理の徹底とどのように関連しあっていたのか．これらの問題は，教育研究の分野でもほとんど手を付けられなかった領域である．

　ところが，冒頭でも述べたように，戦後新たに発足した中学校は，戦前までの初等教育や前期中等教育を担った諸学校とは異なり，教育を終え職業世界へと参入する卒業者を大量のマスとして一本化した．戦前期の尋常小学校，高等小学校，青年学校などの諸学校を経て，異なる年齢の少年少女たちが職業世界へと移行するのとは異なり，戦後に作られた中学校は，高校に進学しない生徒を除けば，50万，60万を数える大多数の少年少女たちが，15歳という同じ年齢で教育を終え就職へと赴く単一の出口をつくり出したのである．その出口のところで，混乱なく卒業生たちをスムーズに社会に送りだすことができるかどうかは，新しく出発した戦後の教育制度の成否にとって重要な意味を持ったに違いない．ところが，こうした教育制度の1つの評価基準ともいえる卒業後の進路達成という問題について，それを支えた制度の詳細にまで分け入って分析を行った研究はほとんど皆無と言ってよい．その意味で，

戦後の中学校卒業者の就職を扱う本研究は，戦後教育の成果を評価するうえで，新しい視点を持ち込むものということができる．

　第2に，企業社会にとっても，新卒者の「間断のない」移行のしくみの成立は，重要な意味を持った．毎年4月に一定数の新規学卒者を新たな雇用者として迎え入れることは，採用という面にとどまらない，企業の人事管理のあり方全般にとっても大きな変更を加えるものだったからである．

　上述の全国一律の就職指導のスケジュール管理は，学校や職業安定所にとってのみ時間管理を進めたものではない．採用する企業側にも，そのスケジュールに対応した採用のしくみを要請するものであった．求職者数をあらかじめ決定し，職業安定所の指示にしたがった様式でそれを提出する．採用試験の実施時期にしても，企業ごとにばらばらな時期に行うのではなく，一定の期間内に全国でほぼ一斉に行う．さらには，求職者個人に接触する以前に，職業安定所の職員や学校の就職指導の担当者と面談し，翌春の採用状況についての情報の提供を行うなど，他の求人の場合とは異なる方法が求められた．とりわけ1960年代の求人難の時代には，新たな雇用者の補充を学卒者に求める比重が高まったため，新卒者の採用計画は，多くの企業にとって人材確保のための極めて重要な人事管理の課題となったのである．

　こうして誕生した学校から職業への「間断のない」移行は，初職へのスムーズな移動をもたらしただけではない．戦後日本の教育と企業社会の特徴を考えるうえでより重要なのは，この制度が，学卒者の初職への定着を志向していたという点にこそある．スムーズな移行を支援することは，生徒たちが学校を出て初めて就く職業への適応を高め，それが定着率の高さにつながる．就職後にも学校関係者や職安の職員らが推し進めた「定着指導」と呼ばれた諸実践は，後に6章で詳しく分析するように，学卒後にただちに就く職業にとどまることを良しとする社会的な規範を実行に移す試みであった．その成否を量的に把握することは容易ではないものの，「間断のない」移行の制度化が，学卒者の初職への定着を志向していたことは，学歴と勤続年数に応じて人事管理を進める，日本的雇用慣行の基盤を形成するうえで，きわめて重要な契機であったといえる．というのも，「間断のない」移行を前提に成立しえた新卒一律・一括採用の普及は，学卒就職者の一定期間の定着を前提に，

入職後のキャリア・プロフィールを描きだすことにつながったからである．10代の学卒者が短期間のうちに離職と転職を繰り返す，欧米の「若年労働市場」を前提とした企業の雇用慣行と比べ，一斉に一律に一括して採用した学卒者の定着を前提としていた点に，日本企業の雇用慣行の「ユニーク」な特徴があるが，それが可能となったのも，こうした教育と職業，学校（・職安）と企業との結びつきがあったからだといえるのである．このような点を含めて考えれば，中卒者の就職に至る過程の精緻な制度化は，教育と職業にまたがる戦後日本社会の特質を作り上げるうえで，無視できない重要な契機であったということができるのである．

4. 先行研究の検討

ところが，この分野の研究は必ずしも十分な蓄積があるわけではない．それでも先駆的な研究を検討することによって，本書が課題とするところをより明示的に示すことは肝要であろう．そこでまずこの節では，戦後の中卒労働市場の問題を，とりわけ職業紹介との関連から扱った主な先行研究の検討を通して，本研究の分析課題を明らかにすることにしたい．以下，1970年代以前の，いわば「同時代的」研究と，1990年以降の「歴史的」研究の2つに分け，私たちの問題関心に照らして，先行研究のレビューを行う．

(1) 同時代の研究

まず，新規学卒者の労働市場への参入について，先にも触れた大河内らの研究[10]と，それを受けた氏原・高梨の研究[11]について見よう．これらの研究はいずれも，新規中学校卒業者の労働市場への参入について，神奈川県をフィールドに東京大学社会科学研究所が実施した調査に基づいている．これらの研究では，中卒者の男女それぞれについて，労働市場における需要と供給の両面からの検討が行われている．なかでも私たちの研究にとって注目に値するのは，就職先と就職経路の関係についての分析結果である．

この調査によれば，1953年に卒業した神奈川県の中卒者の場合，男女ともに就職経路としては職業安定所と学校による就職が全体のおよそ60％近

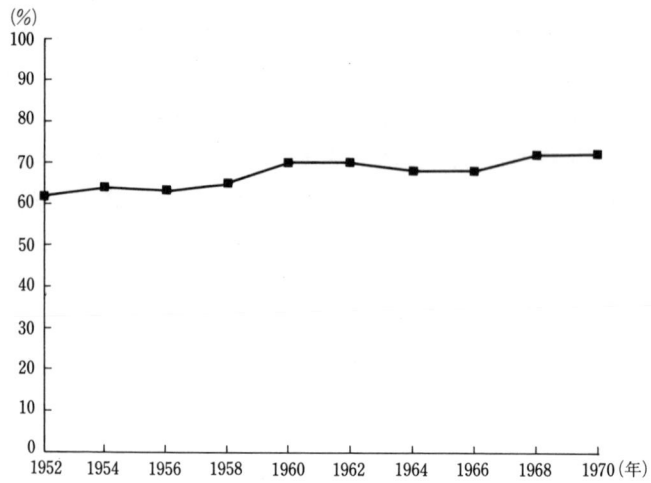

図 1-1　中卒非農就職者のうち職業安定機関経由の就職率
資料:『労働市場年報』各年度.

くを占めていた．しかし，より詳しく見ると，これら「労働市場の組織化」が進んでいたのは，製造業や大企業，京浜地区の事業所というように，産業間，企業規模間，地域間で大きな差異があることも明らかとなった．しかも，縁故就職のように，職業安定所や学校による職業紹介の及ばない，「組織化」の進んでいない部分が，男女ともに 40%近く残っていた．このような調査結果から，大河内，氏原・高梨いずれの研究でも，「その（職業安定所の──引用者注）努力にもかかわらず，労働市場における産業的地域的摩擦を緩和し，労働条件を標準化する機能を充分に果たしているとは，いいがたい」[12]といった評価が下される．神奈川県というフィールドで見るかぎり，これらの研究者の目には，中卒労働市場はいまだ「組織化」の不十分な（「前近代的な」要素の残存する）ものと映ったのである．

　ところで，図 1-1 は『労働市場年報』から全国レベルで，しかも農林漁業以外に就職した者のみを取り出して，職業安定機関経由（学校の紹介を含む）の就職率を示したものである．この図から，1950 年代初頭より，60%を超える中卒者が職業紹介機関を通じて就職していたことがわかる．これらの数値は，神奈川県を対象とした上記の研究とほぼ同じ水準といってよいだ

ろう.

　問題は，この値を低いと見なし，職業安定機関が果たしていた役割を，「労働条件を標準化する機能を充分に果たしているとは，いいがたい」と消極的に評価するかどうかである．むしろ，私たちは，農林漁業就職者を除く新規中卒者の大多数が，この時期すでに職業安定機関の職業紹介を通じて就職していた，といったよりポジティブな評価を下したい．ところで，戦前期の1936（昭和11）年の小学校卒（尋常小＋高等小の卒業者と中退者を含む）被雇用就職者のうち，職業安定所の紹介による就職者の割合はわずかに12％にすぎなかった[13]．こうした戦前期の数値と比べると，1950年代の初頭には，すでに6割の中卒者が，職業安定所やその連携のもとで職業斡旋を行っていた中学校の職業指導を通じて就職をしていたのである．さらに，大工業圏を含む神奈川県という地域を対象にした研究と，全国の数値がほぼ同じ水準にあったことも，この60％という数字を評価するうえで考慮に入れるべきだろう．そのように考えると，終戦後わずかな期間に，60％近くの中卒者が職業安定機関を通じて就職していたという事実は，大河内や氏原・高梨らの評価よりも，よりポジティブに評価してもよいのではないか．

　また，これらの研究は，神奈川県という，比較的労働需要が多く，その結果，他府県への流出者の少ない県を対象とした調査に基づいている．したがって，本研究が以下に解明するような，全国レベルの地域間移動を十分視野に入れているわけではない[14]．無い物ねだりを承知でいえば，この調査の後に展開する，新規中卒者の大規模な府県間の労働移動がいかにスムーズに行われたのかについては，まだ明確に照準が定められていたとはいえないのである．それゆえ，これらの研究では，戦後まもなくの時期の中卒労働市場の構造を明らかにすることには成功したものの，それがどのように大きく構造変動していくのか，また，そこにおいて職業安定行政がどのようにかかわっていたのかについては十分な検討が行われないままであった．

　これらの研究に対して，職業安定所の役割をより積極的に評価し，その詳細にまで踏み込んだものとして，並木正吉[15]と三治重信[16]の研究がある．これらにおいては，職業安定所と学校が果たした役割の重要性がより明確に指摘されている．やや長くなるが，重要な指摘なので，本研究に密接に関連す

る部分を並木の研究より引用しておきたい[17].

　「昭和28年の早春，私は熊本県天草島のある職業安定所を訪ね，某紡績工場の女子労働者の募集状況を見る機会に恵まれた．その工場は500人以上の規模であったが，その年の中学卒業者30名を採用する予定であった．中学からは，就職係の先生が引率して来ており，募集人員に対して応募者は5倍であった．会社から出張してきた採用係りが，会社の採用基準にしたがって選考するのだが，身長，体重，視力，指先の故障の有無，簡単な学力試験につづいてクレペリン検査……(中略)……を行い，採用予定者を50人ていどにしぼる．その50人について，家庭の事情をしらべ，最終的に30人を決定する．ざっとこんな順序であった．

　ここに登場する職業安定所，学校，会社の採用係が，募集機構の根幹となっている．戦前，製糸，紡績，織物工場の労働力募集に主役を演じた募集人は，殆ど影をひそめている．戦前の統計によると，政府の許可をうけた『募集従業員』は昭和5年，10年頃1万4000人（女子労働者対象）となっている．出稼ぎ女工を送り出していた村々では，一村に数人となる数字だ．今や一変した．会社から職業安定所に募集人員を知らせる．職業安定所は，それを学校に知らせる．それでよいのである．就職係の先生，しばしば『安定所』というニック・ネームを頂戴している先生が，指定の期日に，採用人員に数倍する応募者を揃えてくれる．会社はその中から，優秀な労働力をえらび取りすることが出来る．採用後の成績，行動について，学校は身元保証人的な役割を分担してくれる．昔の周旋人は必要でなくなっているのである」[18].

　以上の引用が明確に示しているように，並木は，聴き取りの結果をもとに，同時代に進行していた職業安定所の役割の重要性をはっきりと認めていた．さらに並木は「学卒新規労働力の就職に関する限り，職業安定所は，学校と結びついて大きな働きをしている．わが国のように，かつて募集人が存在理由をもったようなところ，農村が大きな労働力の給源となっているところこそ，このような紹介機関の役割が大きいはずなのだ」[19]といった指摘も行っ

ている．この指摘は，基幹労働力としての中卒労働力の配分・調整にあたる職業安定所と学校との連携が，農村から都市への地域間の労働移動，農業から工業への産業間の労働移動にとってこそ，重要な意味をもっていたことを示唆するものである．

さらに，並木の研究の重要性は，戦前との比較において，戦後の「職安労働市場の拡大」の特質を指摘している点である．この点については，並木とともに，三治もまた，「戦前の学卒年齢が卒業後直ちに鉱工業雇用労働者となるには低すぎたため，いったん第3次産業に就職し，一定期間経過後第2次産業に転職することも多かった」[20]ことに言及している．そこで両者の見解をふまえ，ここではデータとしては主に三治によりながら，戦前と戦後との違いという論点について若干の整理をしておく．

並木[21]および三治[22]の研究によれば，戦前期の小学校卒業児童の就職先に比べて，戦後の中卒者の就職先は，零細販売・サービス業（「丁稚小僧」，「女中」などを含む）から，製造業従事者へと大きく変わった．その理由の1つは，義務教育修了年限が15歳にまで上昇したことにより，製造業への就業が容易になったという事実にある．戦前期においては，1923（大正12）年の工場法改正＝工業労働者最低年齢法の制定により，常時10人以上を使用する工場においては，14歳以下の年少者を工場労働者として雇用することが原則としてできなくなった[23]．さらには，就業制限を受ける少年職工の保護規定においても，従来15歳未満であったのが16歳未満へと改正された．これによって就業制限を受ける範囲が拡大したことになる[24]．当時，尋常小学校の卒業年齢は12歳，高等小学校のそれは14歳であった．したがって，工業労働者最低年齢法にしたがえば，尋常小学校修了者を直ちに製造業の基幹労働力として採用することはできず，改正後の工場法の保護規定によれば，高等小学校修了者についても，就業制限のかかった労働者としてしか採用できなかったことになる．その結果，並木も三治も指摘しているように，戦前期においては学校卒業後，数年間農業を手伝ったり，あるいは，商業やサービス業などの第3次産業に従事した後に，製造業へと入職していくというパターンが多かったと見られるのである．

このような戦前期の事情と対比させるとき，戦後の義務教育が15歳まで

年限延長されたことと,労働基準法の制定により工業労働者の最低年齢が15歳以上になったことは,新制中学校の卒業者が,卒業と同時に製造業の基幹労働力となるための必要条件を整備したということができるだろう[25]．義務教育年限の延長は,たんに教育訓練の期間の拡大を意味するにとどまらず,「(最低)年齢」という産業労働者としての基本要件を満たすことにもなったのである．その結果,とくに男子の場合,卒業後の就職先は,戦前期の第3次産業から戦後の第2次産業へとその中心を移していった．ここでも再び,並木の言葉を引用しておこう．

「戦後は異なる．新制中学校卒業者の年齢は,直ちに鉱工業,その他の近代的就業部門と結びつくこととなったのである．戦後,職業安定所が飛躍的発展をとげ,学校がそれに大きな役割を演ずるようになったのは偶然ではない．このようにみてくるならば,学卒新規労働力と労働市場の結びつきに構造的変化があったとみてよいであろう．とすれば,この変化は,学卒新規労働力を吸引する面においても新たな作用をもったはずである」[26]．

並木や三治の先駆的研究が指摘したこの事実は,私たちの研究にとって重要な意味を持つ．というのも,上述の変化は,工業労働力の供給という面で見た場合,中学校という義務教育の出口のところで,大量の新卒者を新たな労働力として捕捉できる条件を用意したことを意味するからである．このことは,戦前と比較するとより明瞭になる．たとえば,昭和12年3月卒業者の職業紹介所扱いの就職者のうち,59.4％が鉱工業への就職者であった[27]．それに対し,昭和27年3月卒業者の職業安定所扱いによる就職者のうち74.1％は製造業(鉱業を加えれば74.6％)であった[28]．学校の修了が直ちに労働への参加へと「間断なく」つながる[29]．ここに,中学校との連携のもとに職業安定所の職業斡旋が有効にはたらく場——すなわち,毎年決まって輩出されるマスとしての労働力を無駄なく捕捉するための場——が用意されたのである．

以上に検討した諸研究は,いずれも1970年以前に発表されたものであり,

いわば，高度成長期の学卒労働移動が社会問題化していた時期に，同時代問題としての中卒就職と，そこにおける職業安定行政の役割に注目したものであった．それだけ，問題の重要性については十分な指摘が行われていた．しかし，現在の視点からみると，同時代の問題だけに自明視され，十分な説明が行われていない部分も少なくない．

たとえば，労働力の地域間移動の促進において，職業安定所が果たした役割に触れられてはいるものの，それがどれだけの規模をもっていたのか，具体的にどのような仕組みと手続きを通じて行われたのか．あるいは，需給調整会議の存在やその仕組みは実際にどのようなものだったのか，といった問題など．さらには，職業安定行政のかかわりにおいて，男子中卒労働市場と女子のそれとの間に違いはなかったのか，また，女子の場合に，戦前期の募集人制度から職業安定所紹介への切り替えはどのように行われたのか，といった問題については，十分，明示的に検討が行われているとは言い難い．もっといえば，これは当然のことでもあるが，中卒から高卒への学歴代替という，1960年代半ば以降に進行した新規学卒労働力の学歴上昇と，職業安定所から「実績関係」へという「雇い入れ口」の変化（本書3章，6章を参照）の意味については，ほとんど問題にされていない．

もちろん，これら説明不足の部分や視点の欠如は，並木や三治の研究の先駆性の価値をいささかも貶めるものではない．むしろ，私たちとすれば，同時代に先見性をもって，中卒労働市場の「制度化」という問題の重要性を明確にし，書きとどめておいた点こそを高く評価しなければならない．

(2) 「歴史」としての中卒労働市場研究

ところで，同時代的な問題解明への熱意が冷却し始めると，中卒就職者の数が激減することもあり，中卒労働市場とそこで職業安定行政が果たした役割については，ほとんど研究者の関心を集めなくなった．そして，中卒労働市場の問題が，今度は「歴史」として，再び研究者の視野へと戻ってくるのは，戦後の日本社会のとらえ直し——とりわけ高度成長期の日本社会の変貌を明らかにしようとする研究の到来——を待たねばならなかった．とくに1990年代に入ると，新規学卒労働市場をめぐる「戦後史」研究が新たに展

開されることになる．そこでここでは，それらのうち佐口和郎，乾彰夫，加瀬和俊の研究をそれぞれ取り上げ，検討することにしよう．

　佐口は，「学卒採用中心主義」を特徴とする日本の内部労働市場の歴史的変化を，労働力供給の側から解明するという課題を設定し，戦前，戦後の新規学卒者に対する職業紹介制度の役割に注目した[30]．私たちの問題関心に連なる職業紹介との関連でいえば，佐口の研究では，1960年代後半を中心に，それ以前と以後とで労働力供給の主力が中卒から高卒へと変わったこと，その変化は同時に職業安定所による中卒者の職業紹介から，学校と企業との「実績関係」による高卒の職業紹介への変化でもあったこと，このような変化により，企業内の学歴別「身分制度」がくずれて職能資格制度へと変わったことなどが指摘される．また，本研究が3章において詳述する中卒者のための「全国需給調整会議」についての言及も佐口には見られる．このように，佐口の研究は，本研究の論点を先取りする部分も少なくない．しかし，佐口自らが「これら（学卒採用中心主義がいかに生まれたか――引用者注）については基本的には所与のものとして扱い，本格的検討は別の機会に譲りたい」[31]と認めるように，この研究は，職業安定行政がどのように展開したのかを跡付けるものではなかった．さらにいえば，中卒から高卒への学歴代替が引き起こした「雇い入れ口」の変化についても，その詳細が職業安定行政の文脈において明確に示されているわけではない．その意味で，「本格的検討」は残されたままである．それに対し，本書は，その地点からさらなる第一歩，第二歩を踏み出そうとするものである．

　佐口とは異なる視角から，教育と企業社会との関連をとらえることを目的に，戦後の職業安定所の役割を明らかにしたものとして乾の研究がある[32]．乾の研究は，教育における一元的能力主義が，企業社会と学校との関係を媒介にしていかに成立したのかを明らかにすることを主眼とし，その文脈において職業安定行政の問題にアプローチしていた．

　乾によれば，高度成長期以前と以後とでは学校が企業社会への参入経路としてもつ意味が決定的に変わったという．乾は『学校基本調査』や『職業安定業務統計』といった資料に依拠し，1950年代前半においては学校職業紹介以外のルートを経由した就職者が少なくなかったこと，しかし，高度成長

期を経て「学卒後の就業＝企業への就職」という「常識」が，学校職業紹介という制度の定着とともに形成されたことを明らかにした．そして，「こうして，戦後の労働法規・行政が規定した，新規学卒者に対する学校を通しての職業紹介というシステムは，高度成長期前半期の就業構造の大幅な転換を通して，社会的に普及・定着し，『新規学卒者の就業』＝『学校紹介を通しての企業就職』という国民常識が形成されることになった」という結論を下している．新規学卒者の就職において，職業安定所と学校の果たした役割が大きかったことを的確に示し，それがブルーカラーにおける定期採用方式の成立と関連していたことを提示した研究として先駆的であったといえよう．

　歴史研究として，この時代の中卒就職をもっとも包括的に扱ったものとしては，加瀬の研究をあげることができる[33]．『集団就職：高度成長のにない手たち』というタイトルからも明らかなように，この加瀬の研究は，本書と同じく1950年代〜60年代の新規中卒者の就職に焦点を当てたものであり，歴史研究としてもっとも包括的にこのテーマを扱った優れた先行研究であるといえる．そこでは，中卒者の送り出し側にあたる農村の変化，農業人口の減少傾向の分析をはじめとして，需要側の実態として労働市場の二重構造と農家子弟の就職先との関係の分析，中学校と職業安定所の職業紹介の機能についての検討，さらには，都市移住後の地方生活者の生活実態の解明という幅広いスコープで，新規中卒者の職業への参入にかかわるさまざまな問題が解明されている．とりわけ，中学校と職業安定所が果たした職業紹介の特徴については，両者の協力・連携の様態を明確にするとともに，1960年代に職業安定所による新卒就職の一元的管理が進行したこと（本書の用語を用いれば「制度化」の進行といえる）や，全国レベルでの需給調整の役割についても目を向け，本書の研究関心と大きく重なるところである．丹念な資料収集とその分析に基づく加瀬の研究は，本研究に先行するものとして，きわめて重要な文献といえる．

　しかし，本研究との違いは，本章の1節で述べた，〈制度〉の動きをどれだけその内実に踏み込んで，しかもひとまず価値判断から一定の距離を置いて分析するかという点にある．加瀬の研究でも，中学校と職業安定所との連携による新規学卒者の労働市場が，「自由な労働市場からは遠かった」[34]とし

て，市場の制度化が進行している点に着目している．しかし，その評価となると，この文章に続く箇所での，「そこにおいては，中学校・職安の指導に従った者が馬鹿を見るという実態を否定できなかった．多くの者が人的なコネクションを利用して有利な就職口を探そうとしていたのは，その意味では自然なことであった」[35]という記述や，別の箇所での「職安は自らの業務のスムーズな遂行を求めて，管内の中学校に求職中学生の指導を強化するように求め，中学校は職安との関係を重視して，生徒の自由な（職安から見れば『勝手な』）職業選択を規制する方向に走りやすかった」[36]という指摘に見られるように，職安・中学校を通じた労働市場の制度化を，どちらかといえば否定的に評価する立場をとっている．要するに，労働市場の制度化は，自由な労働市場を規制し，それゆえ，生徒の自由な職業選択をも制約するものであるという見方である．

しかし，後に詳しく見るように，このような評価は，ことの半面しか見ていないものといえる．たとえば，求人数がまだ十分にない時期，農村からの大量の中卒者が農業以外の職業を求めている場合に，もしも職安・学校の連携による職業紹介制度が全く機能しなかったら，1950年代の労働市場は，どのような様相を来したのであろうか．また，「人的なコネクションを利用」できる者と利用できない者とがいたとしたら，そこに社会階層によって入手可能な職業情報の不平等が生じなかったか．さらには1960年代の売り手市場の時代に，若年労働力の職業紹介とセットになって，求人情報の正確さを高め，さらにはより良好な企業の選定に努めようとした職業斡旋制度が果たした役割は，就職者個人の自由の制約と引き換えに，就職者全体の利益を高めたということはできないのか．

これらの問題は，対象としている制度を肯定的にとらえるか，否定的に見るかという，単純な二項対立を越えた，評価のしかた自体の問題といえる．つまり，肯定的か否定的かという二分法を離れて，制度の展開を促す動因に即して，さらには，それぞれの時代が抱えていた労働市場や中学校教育における問題と照らして，その制度が果たした社会的役割の功も罪も評価できると考えるのである．そのような奥行きをもった評価を行うためにも，制度の成立と展開について，より一層の詳細な分析が必要になる．

以上，先行する研究について，私たちの問題関心との関連でいえば，佐口のいう「学卒採用中心主義」の成立にせよ，乾の「『新規学卒者の就業』＝『学校紹介を通しての企業就職』という国民常識」の形成にせよ，加瀬のいう「中学校・職安が介在した新規学卒者の労働市場」にしろ，学校と連携した職業安定所が，高度成長期における労働力供給に大きな役割を果たしたことを的確に指摘している点で，いずれの研究も高く評価できる．しかし，すでに検討した60年代の「同時代的」研究に比べたとき，以下のような視点が希薄になっていることもまた否めないだろう．

第1に，職業安定所の機能の実態，および職業安定行政における新規学卒者の職業斡旋のしくみや制度のあり方，さらにはその変遷については，十分な検討が行われていない．もちろん，この点については，70年代以前の「同時代的」研究の場合にも，必ずしもその詳細の解明が行われていたわけではないのだが，職業安定所や職業安定行政が具体的に何をしていたのかについての関心は，佐口や乾の研究になるとより一層希薄になる．また，加瀬の研究においても，制度化過程の一端については触れられているものの，詳細が分析されているわけではない．とくに，制度化過程に内在するダイナミズムをとらえようとする問題関心は，いずれの研究でも希薄である．制度化はどのように進展したのか．それは，教育や企業にどのような影響を及ぼすことになったのか．「間断のない」職業への移行を成立させるうえで，職業安定所や中学校が果たした役割を，議論の中心に置く必要がある．

第2に，佐口や乾の研究では，労働力の地域間移動，別の見方をすれば，労働力需給の地域間アンバランスの解消がどのように職業安定行政のもとで達成されたのかという事態に対する問題意識が希薄である．佐口の研究も乾の研究も，採用後の処遇の問題には多く言及するものの，採用以前に労働力がどのような移動を遂げているかについてはほとんど問題にしていない．その結果，労働力の大規模な地域間移動を支えるうえで職業安定行政が果たした役割についてもほとんど検討されていないのである．これに対し，加瀬の研究では，地域間の労働移動にも十分目が向けられている．しかし，そこにどのように職業安定行政が介在していたのかという点では，後に本書の3章で明らかにするように，私たちの見解とは異なる結論が導かれている．地域

間のスムーズな労働力移動は，どのように行われたのか——地域間移動に果たした，中学校と職安との連携による職業紹介の役割については，従来の研究とは異なる視点から，なおその詳細を解明する余地が残されているのである．

　第3に，ジェンダー的視点，階層論的視点の欠如ないし弱さをあげることができる．「同時代」の研究では，新規学卒者といえども，男子と女子とでは労働市場への参入のしかたに違いがあること，さらにはそこにおける職業安定行政のかかわり方にも差異があったことについて若干触れられている．それに対し，近年の研究には，男女間の差異を問題にしようという視点は，——ジェンダー的視点が社会科学において共有されつつあるにもかかわらず——ほとんど見あたらない．

　さらに，先行研究の多くは，中卒就職者たちの出身階層に目を向けることはあっても，中学校と職安との連携のもとでつくられた就職のしくみが，出身階層の影響をどのように受けていたのか，あるいは受けていなかったのかという点では，必ずしも十分な検討を行っているとはいえない．たとえば，加瀬の研究では，いくつかの事例をもとに，中学校・職安の市場への介入について，「中学校・職安の指導に従った者が馬鹿を見るという実態を否定できなかった．多くの者が人的なコネクションを利用して有利な就職口を探そうとしたのはその意味では自然なことであった」という判断を下している．この場合，社会学におけるパーソナル・ネットワーク研究の知見が示すように，人的なコネクションをどれだけ有利に利用できるかは，その人の社会階層と結びつきうる．それに対し，制度を基盤にした職業紹介においては，被紹介者の社会的出自の影響をどれだけ取り除くことができるのか．このような階層論的視点から見た職業紹介機関の役割については，従来の研究では十分に明らかになっていないのである．

5.　本書の構成

　さて，以上の先行研究の検討を経て，最後に，本書の構成を簡単に紹介しておきたい．以下の各章では，次のような問題設定のもとに，実証的な分析

を行う．

　まず，2章では，新規学卒者の就職と学校・職安のかかわりについて，主に量的な側面からマクロ・トレンドを描き出す．具体的には，(1)農業出身学卒者の進路問題，(2)地域間移動に果たした職業安定所の役割，(3)学校およびこれと提携した職業安定所の職業紹介を経由した就職の相対的なウェイトとその推移といった3つの視点から，マクロ統計により趨勢分析を行う．

　以上の数量的オーバービューをうけて，続く2つの章では，新規中卒者に対する就業斡旋の「制度」の歴史と，その具体的なメカニズムを総体的に検討する．

　3章では，「制度」のマクロ的な側面を，職業安定行政の側から歴史的・動態的に分析することを試みる．具体的には，新規学卒者の職業紹介事業の展開過程を戦前にさかのぼって詳細に跡づけ，「制度」成立の歴史的経緯を明らかにするとともに，戦後におけるダイナミックな発展のプロセスを分析する．さらに，1950-60年代における中卒労働力の激しい地域間移動を媒介した広域紹介のシステムについて詳述し，職安行政によるマクロな労働市場の「需給調整」のメカニズムを解明する．

　これに対して4章では，「制度」のミクロ的な側面を，中学校の内部過程に焦点を当てて分析する．そこでは，1953年3月卒業の中卒者がたどったであろう就職にいたる過程が，職業指導の年間計画の流れに沿って再構成される．学校・職安による徹底したスケジュール管理や，「適職」の発見，「1人1社主義」の原則に基づく選抜と紹介，そして就職後の「定着指導」といった一連の就職斡旋のしくみ，さらには特定の企業と学校との「指定校制」的な関係の存在など，「制度」が介在する中卒者就職のミクロなメカニズムが明らかにされるのである．

　5章および6章では，戦後日本の新規学卒市場の制度化過程に見られる特徴について，既述のようなジェンダーの視点を採用することで，いっそう掘り下げた分析を行うことがめざされる．

　5章では，女子の中卒労働市場に焦点を当てて，「制度」の成立過程の分析を行う．というのも，そこで詳しく展開されるように，戦後まもなくのころは，職業安定所を経由した中卒就職者の多数は男子ではなく女子だったか

らである．この点を明らかにするために，4章ではまず，(1)マクロ分析により男子と女子とで労働市場への参入がどのように異なっていたのかを解明する．その上で，(2)女子の紡績業への参入が職安行政による全国的な労働市場の制度化の契機となったことを究明し，さらに，(3)紡績業における女子の広域採用方式や分割採用制度の変容過程の分析を通して，中卒者の就職斡旋の「制度」が，労働省と産業界の対立と妥協を経てはじめて定着・浸透しえたことを明らかにする．

これに対して6章では，男子学卒者の就職のプロセスに焦点を当てて，企業と学校の結びつきを基盤とする，今日みられる定期採用のシステムがどのような歴史的過程を経て形成されたかを明らかにする．そこでは，(1)職安行政による中卒者の職業紹介がどのようなルールにもとづいて行われたかを詳細に明らかにしたうえで，(2)高卒者の職業紹介がこれとどのように異なるかを検討し，さらには，(3)中卒から高卒への学歴代替が，新規学卒市場の制度化や企業の採用管理にとってどのようなインプリケーションをもったのかを解明する．

そして，結論（7章）では，これらの実証的な分析の結果をもとに，新規中卒者に対する就職斡旋の「制度」の意義について議論を行う．

1) 文部省『学校基本調査』による．
2) Granovetter, Mark, *Getting a Job*, Boston, Mass.: Harvard University Press, 1974, New Edition, 1995 および, Granovetter, "Economic Action and Social Structure: The Problem of Embeddedness," *American Journal of Sociology* 91 : 481-510, 1985 などを参照．
3) Lin, Nan, Ensel, Walter M. and Vaughn, John C., "Social Resources and Strength of Ties: Structural Factors in Occupational Status Attainment," *American Sociological Review* 46 : 393-405, 1981 および, Marsden, Peter V. and Hurlbert, Jeanne S., "Social Resources and Mobility Outcomes: A Replication and Extension," *Social Forces*, 66 : 1038-1059, 1988 などを参照．
4) 以下の文献を参照．苅谷剛彦『学校・職業・選抜の社会学：高卒就職の日本的メカニズム』東京大学出版会，1991年, Kariya, Takehiko and Rosenbaum, James E., "Institutional Linkages between Education and Work as Quasi-Internal Labor Market," *Research in Social Stratification and Social Mobility*, vol. 14, 1995, pp.99-134.

5) 以下の文献を参照．苅谷剛彦「新規学卒就職と出身階層：大卒・高卒就職における社会・経済的背景の影響」『労働社会学年報』第7号，1996年，71-84頁，苅谷剛彦編『大学から職業へ：大学生の就職活動と格差形成に関する調査研究』広島大学大学教育研究センター，高等教育研究叢書 No.31, 1995年，苅谷剛彦・沖津由紀・吉原恵子・中村高康・近藤尚「先輩－後輩関係に"埋め込まれた"大卒就職」『東京大学教育学部紀要』第32巻，1992年，89-118頁，Brinton, Mary C. and Kariya, Takehiko, "Institutional and Semi-Institutional Networks in the Japanese Labor Market," in Brinton, Mary C. and Nee, Victor, eds., *The New Institutionalism in Sociology*, Russell Sage Foundation, 1998.
6) 大河内一男・氏原正治郎・江口英一・関谷耕一・高梨昌『労働市場の研究：中学校卒業生の就職問題』東京大学出版会，1955年．
7) 氏原正治郎・高梨昌『日本労働市場分析』上・下，東京大学出版会，1971年，51頁．カッコ内は引用者．
8) たとえば，三治重信『日本の雇用の展開過程』労務行政研究所，1964年，松本通晴・丸木恵祐編『都市移住の社会学』世界思想社，1994年，などを参照．
9) たとえば，この分野の文献を集めたものとして，北海道大学経済学部地域経済研究資料室編『わが国の地域間人口移動にかんする文献目録』1973年，がある．
10) 大河内ほか，前掲書．
11) 氏原・高梨，前掲書．
12) 大河内ほか，前掲書，316-317頁，および，氏原・高梨，前掲書，293頁．
13) ただし，戦時体制下になると，労務調整令（1941年）により，国民学校の卒業者は卒業後2年間は職業紹介所経由以外では就職できなくなる．戦時体制下の問題については，本書3章を参照．
14) 女子中卒者の労働市場の分析においても，神奈川というフィールドを選んだためか，地域間の労働移動が小さいことから，労働市場の閉鎖性という問題が指摘されている．しかし，私たちの研究が明らかにするように，全国的な視野で見た場合，むしろ女子のほうが地域間移動が大きかった点は見過ごされている（本書5章参照）．
15) 並木正吉「戦後における農業人口の補充問題」『農業総合研究』Vol. 12, No.1, 1958年，89-139頁，および，並木正吉『農村は変わる』岩波新書，1960年．
16) 三治，前掲書．
17) 並木，前掲『農村は変わる』34-35頁．
18) さらに，並木は，「このような変化は，実は，戦後，突然生じたわけでは

ない．戦時中の労働力の大動員の過程で準備されたのだ」と指摘している．この点については本書3章，および7章を参照．
19) 並木，前掲『農村は変わる』37頁．
20) 三治，前掲書，32頁．
21) 並木，前掲「戦後における農業人口の補充問題」．
22) 三治，前掲書．
23) 労働省『労働行政史』第1巻，財団法人労働法令協会，1961年．
24) その後，戦時体制下での改正により，この規定が緩められた（前掲『労働行政史』第1巻）．
25) ただし，労働基準法では，「危険有害業務の就業制限」として18歳未満の若年者に対する就業制限を行っている．しかも，この制限を受けた産業は鉄鋼業など決して少なくなかったと見られる．その点で，養成工制度の導入が中卒者を基幹工として採用する際の重要な制度となっていたと推察できる．
26) 並木，前掲「戦後における農業人口の補充問題」122頁．
27) 厚生省臨時軍事援護部『小学校卒業児童就職に関する資料』1938年より．
28) 『労働市場年報』1952年より．
29) 「間断のない」移動については，岩永雅也がすでに指摘している（岩永「若年労働市場の組織化と学校」『教育社会学研究』第38集，1983年，134-145頁）．
30) 佐口和郎「日本の内部労働市場」吉川洋・岡崎哲二編『経済理論へのパースペクティブ』東京大学出版会，1990年，207-234頁．
31) 佐口，前掲論文，208頁．
32) 乾彰夫『日本の教育と企業社会：一元的能力主義と現代の教育＝社会構造』大月書店，1990年．
33) 加瀬和俊『集団就職の時代：高度成長のにない手たち』青木書店，1997年．
34) 同上，135頁．
35) 同上，135頁．
36) 同上，141頁．

2章　学校・職安・地域間移動

苅 谷　剛 彦

1. 課題の設定

　この章の課題は，3章以後の本格的な分析に先立ち，本書が対象とする新規学卒者の就職と学校・職業安定所のかかわりについて，主に量的な側面からマクロ・トレンドを描き出すことにある．学校や職業安定所を利用した新卒者の就職は，どのような規模で行われたのか．それは，若年労働力の社会移動——とくに世代間で見た職業移動と地域間移動——において，どのような役割を果たしたのか．これらの問題を，統計資料を用いて，時代的な推移を含めて明らかにしようというのである．

　ところで，本書が対象とする戦後日本における新規学卒者の就職と職業安定行政との関係を量的に素描しようとする場合，この問題に関連する3つの側面に着目することができる．すなわち，(1)農業出身学卒者の進路問題，(2)地域間移動に果たした職業安定所の役割，(3)学校およびこれと提携した職業安定所の職業紹介を経由した就職の相対的なウエイトとその推移，という3つである．

　第1の側面は，農村から都市へ，農業から工業へといった，戦後に生じた大規模な労働力移動の流れのなかで，もっとも重要な位置を占めた農家出身の新規学卒者の進路状況を把握することである．1950年代から70年代を通じて，農業就業人口の大規模な減少が生じたこと，その主要な要因が農家子弟の非農業部門（とくに製造業）への就業であったことは，すでに1章でも指摘したとおりである．この産業構造の大変動期に，労働力移動がどのように行われたのか．この問題を解く一方の鍵は，供給側である農業出身の新規

学卒者の進路動向をおさえることにある．より具体的にいえば，別の地域，別の職業へと移動していくこれら大量の農業出身の若者たちの就職に，学校と職業安定所はどのようにかかわっていたのか，この問題を検討するための基礎作業として，まずは彼ら・彼女らがたどった学卒後の進路状況の推移を見ておくことが必要だといえる．というのも，農家出身の新規中学卒業者こそ，他のグループに比べ，居住地以外で職業を探す上で，ほかに安全で有効な手段をとりにくい，それゆえ公的な職業紹介機関の援助をより必要とする労働力給源であったと考えられるからである．このように見れば，世代間で見た場合の職業移動と，地域間移動を伴うこれら農業出身者の学卒後の進路がどのようなものであったのかを描き出すことは，学校と職業安定所との連携による職業紹介が果たすべき課題の大きさを確認する上で重要な予備的作業となる．

　第2の側面は，このような若年労働力の地域間の移動において，実際に学校・職業安定所が果たした役割の相対的な大きさを把握することである．第1の側面で述べた農業出身者を含めて，労働力の地域間移動に占めた新規学卒者の割合はどのくらいであったのか．さらには，地域間を移動する新卒者の就職において，学校・職業安定所の関わりはどの程度のウエイトを占めたのか．これらの問題を量的に描き出すことで，新規学卒労働力の大きな流れの「調整・制御」にあたった職業安定行政の重要性をあぶり出すことができる．

　第3の側面は，新規学卒者の就職ルートにおける学校経由の相対的な大きさの問題である．学校や職業安定所を利用した新卒者の就職は，ほかの方法で職業に就いた者と比べ，どのような規模で行われたのか．また，そこにはどのような時代的推移があったのか．中卒者だけに限らず，学歴別，就職先の業種別・職種別・規模別といったさまざまな面から，就職ルートの特徴を明らかにすることによって，本書が対象とする中卒者（そして後期の高卒者）の学校・職業安定所利用による就職の相対的な位置が明らかになる．そのためにも，戦後日本における学卒就職の入職ルートについてのオーバービューが必要となるのである．

　以上の検討にもとづき，本章では，2. で農業出身者の進路状況の推移をま

ずは確認する．その上で，3.では，農業出身者を含む新規学卒者の労働移動（とくに地域間移動）に，学校・職業安定所がどの程度かかわっていたのかを明確にする．つづく，4.では，ほかの入職経路（とくに家族や親戚の人脈を使った就職ルート）との比較を含め，学校と職業安定所との連携による職業紹介が果たした役割の相対的な大きさについて検討する．

なお，本章では，学校基本調査や労働市場年報，農業就業動向調査などの既存統計の再分析と並んで，SSM（社会階層と社会移動）研究会の全国データを部分的に用いて，上記の課題に応えていく[1]．

2. 農業出身者の進路

(1) 農業人口の流出

学校と職業安定所との連携による新規中卒者への職業紹介が，労働力移動の「調整」機構として重要な意味をもつ理由の1つは，この制度が戦後日本の大規模な産業構造・職業構造の変化のなかで大きな役割を果たしたことに求められる．そして，その変化が，農業人口の急速な減少と，第2次，第3次産業就業者の増大であったことは，つとに知られるところである．

ところで，世代間で見た職業移動と，農村から都市への地域間移動を伴いながら進行したこの産業構造の大変動は，新規学卒者の就職への移行をどれだけスムーズに行えるかという課題を社会に突きつけるものであった．というのも，すでに見たように，農業出身の新規学卒者こそ，産業構造の変動の過程で生じた，移動を必要とする労働力給源として最大のものであり，しかも未成年の段階で未知の地域へと移住する「保護されるべき」——見方を変えれば都市での「転落」の可能性を秘めた「不安定な」——新規入職者と見なされていたからである．

そこで，この節ではまず，このような課題を生み出す重要な背景要因ともいえる，農業人口の減少について，新規学卒者に着目した分析を行う．「地すべり的」ともいわれた農業人口の減少が，農家子弟の非農業部門への就業という，職業間・地域間の移動を伴って生じたことを確認する作業として，農家子弟の学卒後の進路状況の推移を見るのである．

表 2-1　農家世帯員の他産業への就職者数の推移

年	農業就業者の転職	新卒から	その他	数(100人)
1959	42.2%	45.4%	12.4%	6,901
1960	40.7%	43.5%	15.8%	7,459
1961	42.9%	41.8%	15.3%	7,958
1962	32.5%	53.3%	14.2%	9,023
1963	26.5%	57.8%	15.8%	9,338
1964	26.7%	57.6%	15.7%	8,901
1965	20.3%	66.1%	13.5%	8,502
1966	18.3%	69.8%	11.9%	8,082

資料：林茂「最近における農家労働力流出の構造の変貌とその問題」
『人口問題研究』第105号，1968年1月，21-31頁．
　　ただし，元資料は1958-62年は農林漁家就業動向調査，63年以降
　　は農家就業動向調査による．

　はじめに，農業人口の急速な減少という基本的な事実を確認するために，農家世帯員の他産業への移動について，既存統計をもとに検討しよう．農業就業人口の急速な減少が見込まれたことを受けて，農林省統計調査部は，1950年代後半から『農家就業動向調査』（『農家子弟の新規学卒者の動向』）を毎年実施していた．この調査は，70分の1の抽出率で全国の農家からサンプリングしたものであり，悉皆調査とはいえないものの，1960年代の農家子弟の進路動向を把握する上で第一級の資料といえる．

　この調査によれば，高度成長期を中心とした農業層の他産業への移行は，農業就業者自身の転職と，農家子弟の新規学卒者の他産業への流入とを2つの大きな流れとしていた．その中でも，後者の占める割合は，離農者の絶対数が増加するとともに増えており，きわめて重要なウエイトを占めていた．表2-1によれば，農家世帯員の他産業への就職者数のうち，新規学卒者の占める割合は，1950年代後半にはすでに40％を越えており，農業就業者のうちの転職者を上回るものであった．とくに他産業への就職者数が80-90万人に達した1962年以降，新規学卒者が農家世帯員の他産業への流出に占める比重は上昇する傾向にあった．62年には53.3％であったものが，66年には69.8％にまで達したのである．ここから浮かび上がるのは，農家世帯の他産業への就職者数全体が増える時期に，その中で新規学卒農家子弟の占める割合もまた増加していったという事実である．

2章 学校・職安・地域間移動

表 2-2 農家子弟（中卒者）の卒業後の進路 （%）

年	男子			女子		
	高校進学	農業	雇用	高校進学	農業	雇用
1960	52.1	m.s	26.0	51.6	m.s	25.8
1961	55.1	m.s	28.4	53.6	m.s	27.0
1962	61.3	6.4	30.1	61.9	6.0	29.1
1963	60.8	6.6	30.2	61.7	4.4	30.9
1964	66.2	4.8	27.1	64.6	2.9	30.2
1965	68.0	4.3	25.7	67.4	2.8	27.5
1966	70.0	4.2	23.4	70.3	2.5	25.0
1967	72.9	2.9	22.6	73.2	2.5	22.7

表 2-3 農家子弟（高卒者）の卒業後の進路 （%）

年	男子			女子		
	高等教育進学	農業	雇用	高等教育進学	農業	雇用
1960	20.3	m.s	40.6	17.2	m.s	38.2
1961	15.6	m.s	51.4	12.7	m.s	54.3
1962	18.3	11.1	67.7	16.4	6.3	71.0
1963	21.4	9.2	64.4	17.0	5.0	70.8
1964	20.2	6.9	68.7	19.0	3.0	72.2
1965	22.5	8.5	64.7	20.2	3.8	69.7
1966	25.8	9.5	59.3	23.4	3.2	67.2
1967	25.1	8.4	61.2	23.4	3.8	67.4

資料：農林省統計調査部『農家子弟の新規学卒者の動向』1968年．

このように，農業人口の急速な減少を生み出したのは，農業従事者の転職と，それに輪をかけて急速に拡大していった農家子弟の非農業部門への就職であった．とりわけ後者は，農業人口の補充問題として注目されたように，世代間でみた戦後の職業構造の変化に大きな影響を及ぼすものであった．

そこでもう1つの基本的な事実として，それでは農家子弟の新規学卒者がどのような進路をたどったのかを，これも『農家就業動向調査』によって確認しておこう．

表 2-2，表 2-3 は，この調査から，農家子弟の学校卒業後の進路動向を示したものである．まず，表 2-2 により中学校卒業後の進路をみると，すでに1960年代初頭には，男女とも高校への進学者が約半数を占め，被雇用者も

4分の1を越えていたことがわかる．就農者の割合は1962年以降になってから示されるが，この時点ではすでに男女とも6%台と1割を割っていた．

しかも，1960年代を通じて高校進学率は急速に上昇していく．そして，被雇用者への進路をたどるものは，1963年をピークにやや減少の兆しを見せ始める．他方，就農率は男女とも60年代を通じてさらに減少していく．

一方，高校卒業者の進路についてみると，男子の場合にも卒業後に被雇用となるものが，60年代前半には60%台と過半数を占めるようになり，就農者の比率は，10%前後を推移している．女子の場合には，被雇用者の比率が60年代前半にはすでに70%を越えるが，60年代後半にかけて高等教育進学者の割合が高まるにつれて，被雇用者率も若干減少する．また，男子とは異なり就農率は1962年の6%台から徐々に減少している．

このように農家子弟の新規中卒者の進路動向を見ると，1960年代にはすでに高校進学と被雇用に集中しており，また，高校卒業後の進路をみても，農業に就職する者はわずかにとどまったことがわかる．すでに農民層解体に焦点を当てた先行研究が明らかにしてきたように，次三男を問わず，農家子弟の非農業部門への就業が，農業人口の急激な減少に拍車をかけたのである[2]．

それでは，1960年以前の状況はいかなるものであったのか．既存統計ではカバーできない時期に目を向けるために，SSM調査データを利用しよう．ここではSSM 75年を中心にSSM 85年のデータを補足的に用いながら，出生コーホート別に農業出身者（父親の職業が農業の者・男性）の学歴別にみた初職の分布を取り出した．結果は表2-4の通りである．この表から，旧制の初等，中等教育を終えて就職した戦前世代（1926-35年生以前）の場合，旧制初等教育を経て農業に就業する者が大多数であったことがわかる．ところが，1936-45年生まれになると，新制の中学校を卒業してマニュアル職（SSM職業8分類の熟練的，半熟練的，非熟練的職業；以下同じ）に就く者が主流となり，さらに，1946-55年生コーホートでは，農業に就くものは20%を下回り，中卒マニュアルと高卒マニュアルとがほぼ拮抗する．そして，1956年生まれ以後の世代となると，新制高校を卒業した後にマニュアル職に就職するというルートが中心になる．

表 2-4　農業出身者（男子）の学歴別初職の変化　　　　　　　　　（%）

学歴・初職	1956-65年生	1946-55年生	1936-45年生	1926-35年生	1916-25年生	1906-15年生
中卒(旧初等教育)農業	0.0	3.6	22.0	42.8	47.8	48.0
中卒(旧初等教育)マニュアル	6.7	23.1	26.5	21.6	16.1	25.6
中卒(旧初等教育)ホワイト	0.0	3.6	4.5	4.9	11.9	8.0
高卒(旧中等教育)農業	6.7	14.2	8.2	9.0	5.9	5.6
高卒(旧中等教育)マニュアル	53.3	24.3	16.3	6.1	4.8	2.4
高卒(旧中等教育)ホワイト	10.0	20.7	14.2	8.1	7.6	2.4
高等教育卒農業	3.3	1.2	0.0	0.4	0.0	0.8
高等教育卒マニュアル	0.0	3.0	0.8	0.8	0.5	0.0
高等教育卒ホワイト	20.0	5.9	7.4	6.1	5.4	7.2
ケース数	30	169	245	245	186	125

資料：1956-65年生コーホートはSSM 85データより，他はSSM 75データより作成．
注：1）1956-65年生および1946-55年生コーホートの高等教育卒には短大，高専卒も含まれる．
　　2）1936-45年生コーホート以前のコーホートでは，旧制の学歴を含む（中卒＝初等教育卒，高卒＝中等教育卒，大卒＝高等教育卒）．

　以上の分析は，製造業やマニュアル職といった，高度成長期を支えた人材需要に，農業出身者が大量に流出していった様子を示している．それではこうした流れは，製造業全体の人材需要にどの程度応えていたのか．今度は需要サイドからこの点を確認するために，新規学卒者で製造業に就職した者全体のなかで，農家子弟がどれだけの比率を占めていたのかを，学校基本調査と『農家就業動向調査』をもとに算出した数字によって確認しておこう．
　表2-5に示すように，1960年代の初頭において，製造業に従事した新規中卒者のうちで農家の子弟が占める割合は，中卒では男子のほぼ3分の1，女子では4割前後であった．また，高卒では，表2-6に示すように，1960年代の半ばを通じて，男子では30-36%，女子では35-38%を農業出身者が占めていたことがわかる．
　さらに表2-7によって，中卒と高卒を合計して，新規学卒者全体に占める割合を見ると，1960年代を通じて，男子ではほぼ3割，女子では4割近くが，農業出身者で占められていた．農業人口の急速な減少という事態を生み出した農家出身新規学卒者が求めた進路は，なるほど製造業の人材需要に大きく応えるものだったのである．

表 2-5　新規中卒者で製造業に就職した者のうちの農家出身者の割合

年	男子総数(a)	農家出身(b)	(b)/(a)	女子総数(c)	農家出身(d)	(d)/(c)
1959	216,368	56,500	26.1%	179,624	46,600	25.9%
1960	215,111	56,100	26.1%	192,383	59,400	30.9%
1961	176,008	55,700	31.6%	152,081	51,800	34.1%
1962	225,445	78,400	34.8%	195,415	77,500	39.7%
1963	240,895	80,500	33.4%	221,300	91,700	41.4%
1964	220,978	69,900	31.6%	209,653	89,800	42.8%
1965	197,256	69,300	35.1%	189,940	79,600	41.9%
1966	143,537	42,900	29.9%	151,877	60,800	40.0%
1967	126,801	41,100	32.4%	123,740	52,100	42.1%

資料：総数については『文部省学校基本調査』各年度版，農家出身者数については農林省『農家子弟の新規学卒者の動向』(1967年度版).

表 2-6　新規高卒者で製造業に就職した者のうちの農家出身者の割合

年	男子総数(a)	農家出身(b)	(b)/(a)	女子総数(c)	農家出身(d)	(d)/(c)
1959	101,445	23,100	22.8%	49,916	12,900	25.8%
1960	131,891	31,100	23.6%	72,841	16,900	23.2%
1961	151,922	41,900	27.6%	85,688	26,800	31.3%
1962	158,929	51,100	32.2%	96,582	35,200	36.4%
1963	130,702	39,400	30.1%	83,487	31,800	38.1%
1964	122,059	42,800	35.1%	79,635	27,700	34.8%
1965	149,634	54,500	36.4%	104,982	39,500	37.6%
1966	173,931	52,900	30.4%	127,652	45,400	35.6%
1967	196,042	65,200	33.3%	145,469	51,000	35.1%

資料：総数については『文部省学校基本調査』各年度版，農家出身者数については農林省『農家子弟の新規学卒者の動向』(1967年度版).

表 2-7　新規学卒者(中卒＋高卒)で製造業に就職した者のうちの農家出身者の割合

年	男子総数(a)	農家出身(b)	(b)/(a)	女子総数(c)	農家出身(d)	(d)/(c)
1959	317,813	79,600	25.0%	229,540	59,500	25.9%
1960	347,002	87,200	25.1%	265,224	76,300	28.8%
1961	327,930	97,600	29.8%	237,769	78,600	33.1%
1962	384,374	129,500	33.7%	291,997	112,700	38.6%
1963	371,597	119,900	32.3%	304,787	123,500	40.5%
1964	343,037	112,700	32.9%	289,288	117,500	40.6%
1965	346,890	123,800	35.7%	294,922	119,100	40.4%
1966	317,468	95,800	30.2%	279,529	106,200	38.0%
1967	322,843	106,300	32.9%	269,209	103,100	38.3%

資料：総数については『文部省学校基本調査』各年度版，農家出身者数については農林省『農家子弟の新規学卒者の動向』(1967年度版).

(2) 六三制の意義

このようにみると，戦後世代の農家出身者の多くにとって，新制の中学校，高校を卒業することは，農業以外の職業（とくに製造業のマニュアル職）に就くことを意味した．しかも，ここには，通常見落とされがちな，「見えざる学歴上昇」の影響が隠されていた．戦後に発足した新制中学校の義務教育化である．

周知の通り，旧制の学校制度における義務教育は，尋常小学校の6年間であった．1935年代には，その後に続く2年制の高等小学校への就学率は56.8%に達していた[3]．この高等小学校を含めたとしても，教育の修了年齢は14歳であった．それが，戦後の改革により，小学校6年間，中学校3年間の9年間，15歳までの修学に変わったのである．

この「見えざる学歴上昇」は，つぎの2つの点で農家子弟の他産業への流出にとって意味をもったといえる．第1に，年齢の上昇という点であり，第2に，戦後に新たに発足した公共職業安定所との共同のもとで新制中学校が果たした職業斡旋機能である．

第1の年齢の上昇は，従来しばしば見過ごされてきたが，とくに製造業への就職にとって重要なポイントとなる変化であった．

すでに1章でも見たように，並木によれば，義務教育修了年限が15歳まで上昇したことは，製造業への就職を容易にしたという[4]．戦前期においては，工業労働者最低年齢法等の規定により，尋常小学校修了者を直ちに製造業の基幹労働力として採用することはできなかった．また，高等小学校修了者についても，就業制限のかかった労働者としての採用しかできなかった．その結果，学校卒業後，数年間農業を手伝ったり，あるいは，商業やサービス業などの第三次産業に従事した後に，製造業へと入職していくというパターンが多かった，というのである．ところが，戦後，義務教育が15歳まで年限延長され，さらには労働基準法の制定により工業労働者の最低年齢が15歳以上になったことで，新制中学校の卒業者が，卒業と同時に製造業の基幹労働力となるための条件が整備されたのである．

間接的ながらこの点を，SSM データによって確認しておこう．表2-8は，初等教育ないし義務教育だけで教育を終え，農業以外に就職した者を対象に，

表 2-8 初職就職年齢（農業に就職したものを除く）

	初職就職平均年齢	標準偏差	ケース数
尋常小学校卒（全体）	15.12	2.66	87
尋常小学校卒（農業以外）	15.02	2.88	53
尋常小学校卒（農業出身）	15.27	2.30	34
高等小学校卒（全体）	16.56	3.06	295
高等小学校卒（農業以外）	16.41	3.07	193
高等小学校卒（農業出身）	16.84	3.03	102
新制中学校卒（全体）	15.86	1.86	401
新制中学校卒（農業以外）	15.93	2.06	261
新制中学校卒（農業出身）	15.74	1.40	140

資料：SSM 75 年データ．

初職就業時での平均年齢を，旧制，新制の学歴の違いに着目して全体および父職別に示したものである．

まず，全体の傾向をみると，旧制の初等教育学歴をもつ者も，新制中学校の卒業者も，いずれも初職就職時の年齢の平均は，15-16歳に集中していることがわかる．ところで，前述の通り，旧制の尋常小学校の修了年齢は12歳，高等小学校は14歳，それに対し新制中学では15歳であった．この卒業年齢の違いをふまえると，旧制学歴の所持者の場合，卒業後数年を経てから就職していたといえる．

つぎに父親の職業別にみると，尋常小学校の卒業者の場合，父親が農業だと入職時の年齢が，父職＝非農業に比べて若干高くなる．並木が指摘していたように，戦前期においては初等教育を終えた後も，定職として農業に従事するのではなく，家の手伝いとして農業などに半ば従事した後に，定職に就いていたことが現れているのである[5]．

他方，戦後の新制中学校卒業者や高校卒業者の場合をみると，父親の職業によらず，初職就職時の年齢は学校卒業時のそれと重なっている．卒業が同時にフルタイムの就職と「間断なく」つながる[6]，新卒一括採用という日本的な採用慣行は，このような義務教育の延長＝学校卒業年齢の上昇という，単純だが重要な事実を背景に成立したのである．

図 2-1 県外就職者数の推移（中卒）

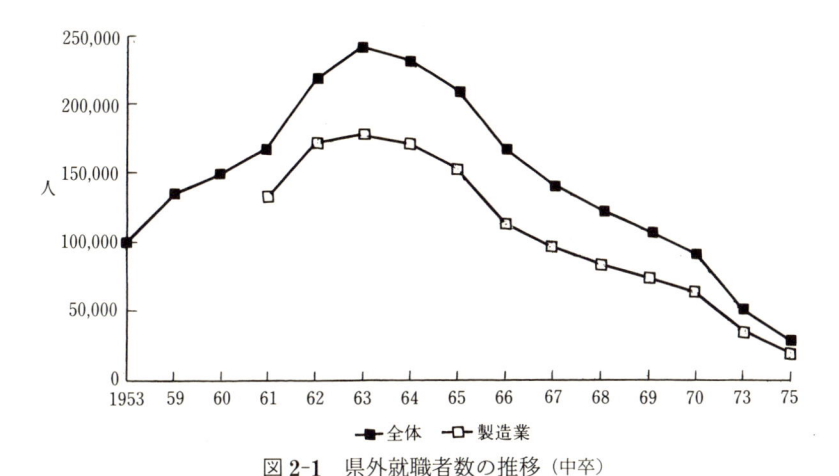

資料：1959，1960 年は労働省「連絡紹介による労働力移動状況調査」，1953 年は文部省『産業教育調査報告書』昭和 28 年度，その他の数値は学校基本調査による．

3. 地域間移動と職業安定行政

(1) 地域間移動と新規学卒者

しかしながら，製造業を中心に増大する労働力需要と，農村を給源とする労働力供給側との間には，文字通り大きな距離が存在した．労働力需給の地域間のアンバランスを解消するためには，新規学卒者の地理的な移動を伴う求職活動が必要となったのである．

単身で扶養すべき家族もなく，「可塑性に富む」新規学卒者が，地理的な移動に適した労働力であったことは，つとに知られた事実である[7]．この基本的な事実を，まずは統計によって確認しておこう．そこでまず，中卒就職者全体のうち，県外就職者の数とその比率をみる．図 2-1 が示すように，中卒就職者のうち，県外に就職した者の推移をみると，1953 年には 10 万人を切っていたものが，1960 年代初頭に急速に上昇し，1963 年には 25 万人近くにまで増大していることがわかる．その後，63 年をピークに今度は減少が始まり，69 年には 53 年とほぼ同水準の 10 万人程度にまで減る．一方，製

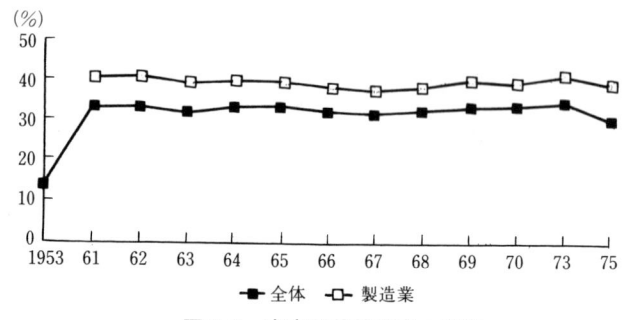

図 2-2 中卒県外就職率の推移
資料：1953 年は『産業教育調査報告書』（昭和 28 年度），他は，学校基本調査による．

造業のみの場合でみると，1961 年から 1966 年までは 10 万人を超えるオーダーで県外就職者がいたことがわかる．また，これら 2 本のグラフから明らかなように，県外就職者のうち，大多数は製造業への就職者であったことも確認できる．総じていえば，このように絶対数でみるかぎり，1960 年代を通じて中卒者の県外就職は 10 万人を超える極めて大きな量＝マスであったといえる．

　図 2-2 は，これを県外就職率（就職者全体のうち県外就職者の比率）として見たものである．就職率で見ると，1953 年にはまだ 13％にすぎなかった県外就職者率が 1960 年代以降はほぼ 30-35％前後を安定的に推移している様子がわかる．また，製造業の場合には 40％前後で安定している．やはり製造業のみでみたほうが全体に比べ，県外就職率が高い．いずれにせよ，率で見るかぎり 1960 年代の中卒県外就職率は全体の約 3 分の 1，製造業の場合には約 4 割という比較的安定した数値で推移していたことが明らかである．率で見た場合にも，1960 年代を通じ，中卒者にとって県外の就職機会は比較的大きなものであったといえるのである．

　それでは，こうした中卒者は，府県間移動をした新規入職者のうち，どれだけのウェイトを占めていたのだろうか．つぎに，他都道府県に入職した者のうち，中卒就職者が占める割合の推移を見てみよう．図 2-3 に示すように，他府県就職者に占める新規中卒者の割合は，1961 年を除き，1959 年から 60

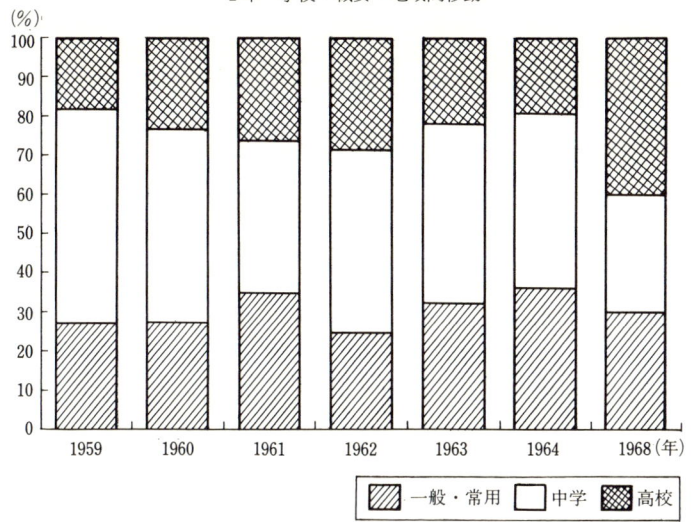

図 2-3 県外就職者の推移（臨時を除く構成比の変化）

凡例：一般・常用　中学　高校

資料：「地域間労働力流動の傾向変化とその背景」『労働統計調査月報』(vol.21, no.3) および
「労働力地域間流動の傾向変化」『職業安定広報』(vol.15, no.22)．

表 2-9　居住地を変更した新規就業者のうち，新規学卒者の割合

	男子			女子		
	全体	新規学卒者	同比率	全体	新規学卒者	同比率
1961 年						
全体	410,161	147,734	36.0%	204,807	96,642	47.2%
製造業	278,749	105,458	37.8%	175,857	84,766	48.2%
1962 年						
全体	367,093	167,206	45.5%	208,389	117,893	56.6%
製造業	246,126	120,737	49.1%	166,701	94,481	56.7%

資料：労働省『労働異動調査』1963 年．
注：新規学卒者には中卒と高卒が含まれる．

年代の前半を通して，ほぼ半数以上を占めていたことがわかる．後の 3 章で詳しく見るように，中卒と高校卒とが入れ替わるのは，1965 年であり，以降は高校卒が他府県就職者のマジョリティを占めることになる．しかし，それ以前の時期においては，中学校卒業者が地域間の労働力需給バランスを是正するうえで重要な担い手であったことが確認できる．

都道府県をまたがる就職は，しかしながら，必ずしも住居の移転を伴うも

表 2-10 就職のため都道府県間を移動した労働力のうち,農家子弟の占める割合

	移動した労働者総数	うち農家子弟新学卒者	うち中卒者	うち高卒者
1959	364,010	43.3%	29.1%	14.2%
1960	304,716	57.0%	34.6%	22.4%
1961	443,822	38.9%	19.5%	19.4%
1962	485,745	41.2%	23.8%	17.5%
1963	534,335	45.0%	29.8%	15.2%
1964	527,095	48.1%	27.1%	21.0%
1965	416,820	m.s	m.s	m.s
1966	417,368	m.s	m.s	m.s
1967	406,165	m.s	m.s	m.s
1968	491,142	39.7%	14.9%	24.7%

資料:労働省『労働異動調査』,農林省『農家子弟の新規学卒者の動向』.

のではない.そこで,中卒と高卒の区別はできないものの居住地の移転を伴った地域間の労働移動の様態を見るために,表2-9を作成した.この表は,労働省の『労働異動調査』をもとに,新規入職のために居住地を変更した労働者のうち,新規学卒者の占める割合を示したものである.この表から,1960年代初頭において,居住地を変更した新規就業者のうち,男子では36-46%,女子では47-57%を新規学卒者が占めていたことがわかる.とくに,製造業だけに着目した場合,その比率はさらに高まり,男女ともほぼ半数を占めていた.製造業を中心に,地域間の労働力需給バランスを是正する上で,住居移転を伴う新規学卒者の労働移動が重要な位置を占めていたことがわかるのである.なるほど,戦後の新制中学校卒業者は,「労働市場にあらわれる最大の」労働力として,その配分が「国家的にもきわめて重要な問題」であったという職業安定行政当局の認識は,これらの数値からも首肯できるのである.

(2) 地域間移動と農家出身者

それでは,こうした地域間移動を伴う就職において,農家子弟の占める比重はどれだけだったのか.農村を出て,農業以外の職業に就こうとする大量の新規学卒者を,どのように職業=企業と結びつけるか.また,企業にとっては,周辺地域だけからでは十分充足できない労働力需要を,どこに求め,

どのように充足させるか．地域間の労働力需給バランスが均等ではないこの時期にとって，新規学卒者の就職は，すぐれて地域間の労働力移動を伴うものであった．つぎに，地域間の労働力の需給バランス是正という問題と，農業人口の減少という産業構造の変動との関連をつかむために，農家子弟の就職に伴う地域間移動の状況を見てみよう．

表 2-10 は，『労働異動調査』のデータと，農林省『農家子弟の新規学卒者の動向』調査をもとに，都道府県間で移動した労働力のうち，農家子弟の新規学卒者の占める割合を概算したものである．この表から，農家子弟が地理的移動を行う新規学卒者の主要な部分を占めていたことが明らかとなる．

中卒と高卒とをあわせた場合，1960 年には都道府県間を移動した労働力のうち，実に 57％は，農家出身の新規学卒者であった．しかもその内訳を見ると，中卒が 34.6％，高卒が 22.4％となり，新規中卒の農家子弟の占める比重が大きかったことがわかる．

1960 年以後，数値は若干のぶれを伴いながらも，40％を挟んで 40％台後半を推移している．すでに見たように農家子弟の高校進学率上昇の影響を受けて中卒者の比重は 1960 年の 34.6％よりは減少するものの，それでも 20-30％近い水準で，農家出身の中卒者が，都道府県間を「移動する」労働力として重要な位置を占めていたことが確認できる．

それでは，住居移転を伴う移動についてはどうか．それを見るために，転出を伴う移動を行った農家出身の新規学卒者について，製造業に限定してみたのが表 2-11 である．この表の転出者率（c/b）から，農家出身で製造業に就職したもののうち，男子ではおよそ 6 割前後が，女子では 3 分の 2 から 4 分の 3 近くが，居住地の移転を伴う就職者であったことがわかる．製造業への就職は，大部分の農家出身の中卒者にとって，そのまま自宅からの転出を意味したのである．しかも，絶対数を見ると，最高値としては，1963 年に男子では 5 万人超，女子では 9 万人を超える農家出身の中卒者が，自宅を離れて製造業へ入職していったのである．

しかも，農家出身者以外の中卒者を含む製造業就職者全体に占める，農家出身の居住地変更者の割合（c/a）も，決して小さな値ではなかったことが，「製造業就職者全体に占める比率」の欄からわかる．男子では製造業に就い

表2-11 中卒製造業就職者のうち，農家出身者でかつ就職の際に転出した者の推移

年	男子 (a)	農家出身者 (b)	農家出身の転出者 (c)	転出者率 (c/b)	製造業就職者全体に占める率 (c/a)	女子 (a)	農家出身者 (b)	農家出身の転出者 (c)	転出者率 (c/b)	製造業就職者全体に占める率 (c/a)
1959	216,368	56,500	40,300	71.3%	18.6%	179,624	46,600	33,900	72.7%	18.9%
1960	215,111	56,100	37,500	66.8%	17.4%	192,383	59,400	44,500	74.9%	23.1%
1961	176,008	55,700	35,200	63.2%	20.0%	152,081	51,800	38,000	73.4%	25.0%
1962	225,445	78,400	45,200	57.7%	20.0%	195,415	77,500	50,600	65.3%	25.9%
1963	240,895	80,500	51,200	63.6%	21.3%	221,300	91,700	68,300	74.5%	30.9%
1964	220,978	69,900	43,500	62.2%	19.7%	209,653	89,800	60,900	67.8%	29.0%
1965	197,256	69,300	39,400	56.9%	20.0%	189,940	79,600	48,900	61.4%	25.7%
1966	143,537	42,900	26,700	62.2%	18.6%	151,877	60,800	40,600	66.8%	26.7%
1967	126,801	41,100	25,200	61.3%	19.9%	123,740	52,100	21,300	40.9%	17.2%

資料：総数については『文部省学校基本調査』各年度版，農家出身者数については農林省『農家子弟の新規学卒者の動向』(1967年度版)．

た全新規中卒者のうちのほぼ2割，女子では2-3割近くが，住居移転を伴った農家出身の中卒者によって占められていたのである．

(3) 地域間移動と職業安定機関の役割

それでは，実際に，職業安定機関による調整は，中卒労働力の地域間移動という点で，どのような結果をもたらしたのか．ここでは，地域間移動という面から新規中卒就職者の動向を追うことにしよう．

ところで，私たちはすでに1章の図1-1において，農林業以外の産業に就職した中学校卒業者のうち，6割近くが職業安定機関を通じて就職していたことを確認しておいた．農林業以外の就職者，すなわち，主に被雇用者として就職したと思われる部分に着目すると，すでに戦後まもなくの50年代初頭には，中卒者の過半数は，職業安定所ないしは学校の職業紹介を通じて就職先を見つけていたのである．この数値は，戦前ではいまだ縁故就職が主流を占めていたことと比べると，驚きをもって迎えられる数字といえよう[8]．

しかも，こうした職業安定所による職業紹介は，その量の面のみで重要なわけではない．表2-12は，学校基本調査により他府県就職者の総数がわかる年度を取り出し，県外就職者と県内就職者のうち，それぞれどれだけが職安紹介経由で就職したのかを示したものである．この表からわかるように，

2章 学校・職安・地域間移動　　　　47

表 2-12 県外・県内新規中卒就職者のうちの職安紹介による就職者の比率

年度	中卒就職者数	うち職安紹介	比率	県外就職者	うち職安紹介	比率	自県内就職者	うち職安紹介	比率	県外就職率(全体)	県外就職率(職安紹介)
1953	728,944	206,392	28.3%	99,933	37,840	37.9%	629,011	168,552	26.80%	13.7%	18.3%
1961	500,864	329,651	65.8%	166,778	125,281	75.1%	334,086	204,370	61.17%	33.3%	38.0%
1962	652,400	410,120	62.9%	218,086	159,907	73.3%	434,314	250,213	57.61%	33.4%	39.0%
1963	763,844	459,048	60.1%	242,040	171,368	70.8%	521,804	287,680	55.13%	31.7%	37.3%
1964	697,687	432,815	62.0%	231,097	166,573	72.1%	466,590	266,242	57.06%	33.1%	38.5%
1965	624,731	412,935	66.1%	208,224	155,817	74.8%	416,507	257,118	61.73%	33.3%	37.7%
1966	522,475	328,093	62.8%	165,950	117,013	70.5%	356,525	211,080	59.20%	31.8%	35.7%
1967	445,681	290,412	65.2%	140,342	99,873	71.2%	305,339	190,539	62.40%	31.5%	34.4%
1968	385,550	259,305	67.3%	124,718	89,764	72.0%	260,832	169,541	65.00%	32.3%	34.6%
1969	324,262	227,501	70.2%	108,146	80,445	74.4%	216,116	147,056	68.04%	33.4%	35.4%
1970	271,266	196,934	72.6%	91,171	68,681	75.3%	180,095	128,253	71.21%	33.6%	34.9%
1973	145,055	108,580	74.9%	49,847	40,362	81.0%	95,208	68,218	71.65%	34.4%	37.2%
1975	93,984	70,134	74.6%	28,606	23,452	82.0%	65,378	46,682	71.40%	30.4%	33.4%

資料:就職者数,県外就職者数については文部省『学校基本調査』各年版,職安紹介数については,労働省『労働市場年報』各年版による.ただし,1953年度の数値は,中学校就職者数,県外就職者数,県内就職者数いずれも,文部省『産業教育調査報告書』昭和28年度による.

すでに 1960 年代初頭には,県外就職者のうち 70％を越える中卒就職者が,職業安定所を経由して就職していた.しかも,職業安定所の利用者は,いずれの年度についても県内就職の場合より県外就職者に多いことが歴然である.つまり,職業安定所による職業紹介は,中卒労働力の地域間移動をスムーズにする上で,一定の役割を果たしていたとみることができるのである.

1953 年を除き 1960 年以前については,職業安定所以外の経路で県外に就職した者も含む中卒就職者数を示すデータは残念ながら見当たらない.そこで,1960 年以前からの変化を追うために,データの利用可能な福島県と岩手県の場合を表 2-13,表 2-14 によって見てみよう.これらの県は,いわゆる「農業県」でもあり,したがって農家子弟の地域間移動に占める職業安定機関の役割を明らかにする上でも,一役買ってくれるデータを提供してくれる.これらの表は,就職者総数(ただし岩手の場合は雇用者のみ)のうち,職業安定所経由の就職者の比率,職安経由による県外就職者の比率,さらには職安による就職者総数に占める県外就職者の比率を示している.ここから明らかなように,職安経由の就職者のうち,県外就職者の占める割合は,い

表 2-13 福島県新規中学校卒業者職業紹介の推移（県外就職における職業安定所の役割の推移）

年度	就職者数	うち職安扱い	比率	県外職安扱い	比率	職安扱いのうち県外率
1955	24,214	9,787	40.4%	2,643	10.9%	27.0%
1956	27,559	18,174	65.9%	3,311	12.0%	18.2%
1957	24,517	13,064	53.3%	4,962	20.2%	38.0%
1958	21,412	12,089	56.5%	4,664	21.8%	38.6%
1959	24,497	12,651	51.6%	5,146	21.0%	40.7%
1960	18,670	12,608	67.5%	8,141	43.6%	64.6%

資料：『東北の新規労働市場の現状と趨勢』東京商工会議所，1961年，より作成．

表 2-14 岩手県新規中学校卒業者職業紹介の推移（県外就職における職業安定所の役割の推移）

年度	就職者数(雇用のみ)	うち職安扱い	比率	県外職安扱い	比率	職安扱いのうち県外率
1954	5,066	3,410	67.3%	782	15.4%	22.9%
1955	6,979	4,579	65.6%	1,084	15.5%	23.7%
1956	7,200	5,358	74.4%	2,034	28.3%	38.0%
1957	7,602	5,605	73.7%	2,577	33.9%	46.0%
1958	8,608	7,325	85.1%	3,487	40.5%	47.6%
1959	7,642	6,359	83.2%	3,448	45.1%	54.2%

資料：『東北の新規労働市場の現状と趨勢』東京商工会議所，1961年，より作成．

ずれの県でも1950年代後半（福島では1957年，岩手では1956年）に38%に達し，以降増加傾向にある．そして，1960年前後には，いずれの県でも職安経由の就職者の過半数は県外就職者で占められることになる．県外就職者の多い東北地方の諸県を対象にした数字だけに，過度な一般化はできないものの，以上の結果より，中卒者のジョブマッチングにおいて，1950年代後半以降，職業安定所が地域間の移動を促すうえで大きな役割を果たしてきたことがわかる．

しかも，これらの県は，いずれも農業就業人口の比較的多い県である．したがって，以上の分析は，1950年代から1960年にかけての動向を示すと同時に，農業出身者の府県間移動における職業安定所の役割をある程度反映しているものとしてみることもできる．そのような視点から表を見直してみると，福島では1960年になると，職業安定所扱いの就職件数のうち65%が県外就職者によって占められていたこと，1959年には岩手県でも54%（ただ

表 2-15 中学校新規卒業者のうち連絡求人による他府県就職者数の推移

年度	紹介による就職者数	うち連絡求人による他府県就職者数	比率
(1937 *	61,024 *	6,338 *	10.4%)
1952	196,917	32,269	16.4%
1953	206,392	37,840	18.3%
1954	209,851	51,060	24.3%
1955	240,523	44,118	18.3%
1956	326,005	64,351	19.7%
1957	401,223	93,769	23.4%
1958	367,043	85,326	23.2%
1959	392,051	99,836	25.5%
1960	390,995	128,041	32.7%
1961	318,183	118,519	37.2%

資料:『労働市場年報』各年度版より.1937年度については厚生省『小学校卒業児童就職に関する資料』1938年より作成.1937年度の職安紹介による就職者とは職業紹介所による就職者数,連絡求人についても,他府県かどうかは不明.

し,雇用者のみ)を占めていたことがわかる.1960年以後,農業出身者が地域間を移動する労働力として重要な位置を占めることを先に見たが,ここでの結果は,そのような移動において職業安定所が一定の役割を果たしていたことを示すものとしてみなすことができるだろう.

府県間の移動に果たした職業安定所の比重を,さらに別の面から全国データによって確認しておこう.表 2-15 は,『労働市場年報』各年度版より,職業安定所経由で就職した中卒者のうち,他府県の職業安定所からの連絡求人によって就職した者の比率を示している.調査の形式が変わったため,利用可能なデータは1952年から61年までしか存在しないが,この10年間の推移を見ると,すでに1952年の時点で,職業安定所の職業紹介によって就職した中卒者のうち,16%は他府県からの連絡求人によっていたことがわかる.そして,1957年以降,職業安定所経由の就職者のうち,20%以上が他府県からの連絡求人による傾向が現れ,1960年にはその値は30%を上回り,さらに61年には37%にまで達している.

調査の方法や求人連絡のしかた自体が異なる可能性があるため,厳密には比較できないが,参考までに戦前の1937(昭和12)年の数値を表中にあげておいた.その数値はわずか10.4%にすぎない.この数値と比べてみると,

1950年代後半には20%を超え，60年代には30%を上回る他府県からの連絡求人による就職率は，比較的大きな数値であるといえる．高度成長期の中卒労働力の地域間移動をスムーズに行ううえで，職業安定所の「連絡求人」という仕組みが重要な役割を果たしていたことの証左といえるだろう．

4. 入職経路の変遷

これまでの分析は，主に農業出身者，新規中卒者に焦点を当て，地域間の移動を伴う彼ら・彼女たちの初職への入職において，中学校やそれと連携した職業安定所がどのような役割を果たしてきたのかを量的に示したものであった．それでは，このような学校と職業安定所とが連携した中卒者の職業への移行は，それ以外の就職の方法や，他の学歴段階からの学卒者の初職入職と比べた場合に，どのような特徴をもつのか．また，学卒者全般の初職への入職のしかたは，どのように変化してきたのか．そこには，就職先となる産業や職業，企業規模という点でどのような違いが見られたのか．本書が対象とする1950年代，60年代の中卒者の職業安定機関を経由した就職の特徴を明らかにするもう1つの方法として，ここでは，このようなより広い文脈のもとに，中卒就職という現象を位置づけてみたい．

この課題に応えるために，ここではこれまでの分析とは異なり，SSM調査95年データを用いた分析を行う．20歳から69歳までの成人男女を対象に全国サンプルで行われたこの調査データは，既存統計によってはとらえられない入職経路についての分析を可能にする．ただし，初職への入職の方法については，調査時点からの回顧情報に基づき，しかも回答者の主観的な記憶によって情報が集められているために，これまで本章で用いてきたような調査とは若干精度を異にする．それでも，このデータでしかとらえることのできない情報が含まれていることを重視し，ここでは，戦後における新卒者の初職入職の大まかな傾向をとらえることのみを目的に，SSM調査データの分析を追加することにした．以下，入職経路ごとの趨勢を学歴別・コーホート別に概観した上で，職業別，産業別，企業規模別にみた学校・職業安定所経由の入職動向の特徴について分析する．

(1) 入職経路の変化

　学校を卒業して職業に就くためのルート（経路）には，いくつかのものがある．本書が対象としている学校・職業安定所の連携による方法はその1つだが，それ以外にも，親や親戚の紹介，友人の紹介，直接企業に応募するなど，さまざま方法が採られている．

　それぞれの方法がどれだけ用いられているのか，また，そこにはどのような時代的な変化があるのか．その時間的推移を幅広くとらえようとした場合，このような素朴な疑問に十分に応えるデータはそれほど多くない．

　1995年に行われたSSM調査では，回顧的な情報ではあれ，回答者に学校卒業後に最初についた職業への入職経路について質問している．この全国サンプルに基づく調査データを，回答者の年齢コーホート別にクロスセクショナルに比較していくと，ここでの課題である，さまざまな入職経路の時代的推移を追うことができる．

　それでは，初職への入職経路は，どのような変化をたどったのだろうか．つぎの表2-16～表2-20は，年齢コーホート別・学歴別に，初職入職経路の利用状況を，それぞれの経路ごとに示したものである[9]．この表は，それぞれの入職経路が，時代ごと，利用者の学歴ごとにどのように変化してきたのかを示している．

　変化について見る前に，それぞれの入職経路の利用者率を比べてみると，全般的な傾向として，ここにあげた5種類の入職経路のうち，もっとも利用率が高いのは，学校（先生の紹介や学校の推薦など）・職安を経由した就職である．つぎに利用率が高いのは，家族や親戚の紹介であり，それ以外の4種類については，利用率はそれほど高くない．これまでの研究が明らかにしてきたように，日本における職業への移行において，学校の果たす役割が大きいことが，このデータによっても確認されたのである．

　それでは，それぞれの経路ごとに見ると，学歴別・コーホート別にどのような特徴が描けるのか，ここではとくに学校・職安利用と家族・親戚の紹介を中心に見ていくことにしよう．

　まず，学校・職安利用（先生の紹介や学校の推薦など，さらには職業安定所の利用を含む）の初職就職についてみると，もっとも利用率が高いのは，

表 2-16　入職経路・学校・職安利用
世代・学歴別　(%)

	中学	高校	短大高専	大学
20代	18.8	35.1	17.0	4.9
30代	26.7	53.0	29.3	23.2
40代	37.7	55.9	39.1	32.7
50代	34.0	44.0	37.5	43.8
60代	22.2	47.8	—	46.9
	旧初等	旧中等	旧中等実業	旧高等
60代	18.4	19.7	48.0	30.0

ただし，初職が無職，自営業，農林漁業の者を除く．

表 2-17　入職経路・家族親戚
世代・学歴別　(%)

	中学	高校	短大高専	大学
20代	33.3	7.4	11.1	5.6
30代	7.1	10.0	16.1	7.2
40代	26.9	17.2	14.0	16.5
50代	19.4	24.0	25.0	14.9
60代	34.6	30.8	—	12.5
	旧初等	旧中等	旧中等実業	旧高等
60代	31.3	29.7	17.4	31.6

ただし，初職が無職，自営業，農林漁業の者を除く．

表 2-18　入職経路・つきあいのある友人
世代・学歴別　(%)

	中学	高校	短大高専	大学
20代	6.7	5.3	2.3	1.4
30代	7.1	4.4	3.6	6.5
40代	5.8	2.9	14.0	1.0
50代	9.7	8.6	0.0	4.3
60代	5.8	1.5	—	6.3
	旧初等	旧中等	旧中等実業	旧高等
60代	4.0	4.7	0.0	5.3

ただし，初職が無職，自営業，農林漁業の者を除く．

表 2-19　入職経路・たまに会う友人
世代・学歴別　(%)

	中学	高校	短大高専	大学
20代	6.7	2.6	0.0	0.0
30代	0.0	4.4	0.0	4.3
40代	6.7	1.8	2.3	2.1
50代	7.7	4.3	6.3	6.4
60代	11.5	6.2	—	3.1
	旧初等	旧中等	旧中等実業	旧高等
60代	8.1	1.6	0.0	5.3

ただし，初職が無職，自営業，農林漁業の者を除く．

表 2-20　入職経路・直接応募
世代・学歴別　(%)

	中学	高校	短大高専	大学
20代	13.3	10.0	11.4	5.6
30代	0.0	7.2	5.4	16.7
40代	1.9	7.8	11.6	11.3
50代	5.8	3.0	12.5	6.4
60代	1.9	1.5	—	6.3
	旧初等	旧中等	旧中等実業	旧高等
60代	8.1	1.6	8.7	5.3

ただし，初職が無職，自営業，農林漁業の者を除く．

高校卒である．企業との実績関係にもとづき，日本の高校が職業紹介において重要な役割を果たしてきたことは先行研究によって指摘されてきたが，それはこのSSMデータによっても確認できる[10]．しかも，高卒の場合，とくに40代，30代のコーホートにおいて高い値を示しており，20代ではそれが急落していることが注目に値する．高校の職業斡旋の普及と縮小との歴史がここに示されているからである．

つぎに利用率が高いのは，大学および旧制高等教育である．この学歴段階の場合には，古いコーホートほど利用率が高くなる．これもまた，先行研究の知見と一致する傾向である．先行研究[11]によれば，1970年代以前まで，大卒就職においては文科系でも学校推薦による就職が多かった．それが，70年代半ば以降，直接応募方式へと変わっていったといわれる．そうした就職方式の変化が，SSMデータの分析結果にも反映しているのである．

本書の分析対象である中卒者についても，興味深い結果が見てとれる．中卒者で学校・職安利用がもっとも多いのは40代，50代のコーホートである．この世代は，戦後1970年代までに初職に就職したコーホートであり，すでに本章でも示したように，大量の中卒労働力が農業から他の産業へと移動した世代である．この結果は，1950-60年代を中心に，職業安定所との連携のもと，戦後の新制中学校が職業斡旋において果たした役割が重要であったことを反映している．

また，短大・高専においても大学と同様に，近年，自由応募制が中心となるまでは，学校推薦による就職がある程度のシェアを占めていたことを示している．さらに，ケース数は少ないが，60代のコーホートのうち，旧制学歴の取得者に着目すると，旧制の実業学校の卒業者において，学校利用率がもっとも高かったことも，学校の職業斡旋機能の起源を知るうえで興味深い事実といえるだろう．

それでは，家族や親戚といったパーソナルな結びつきの利用状況はどうだろうか．必ずしもリニアに変化しているわけではないが，傾向としては古い世代ほど，家族・親戚のつてを頼った就職が多いことがうかがえる．とくに60代コーホートでは，旧制実業学校の卒業者と新制大学卒を除き，どの学歴段階でも30％前後の利用率を示す．戦後，発達した学校・職安の職業

幹旋が広く普及する以前には，それに代って，パーソナルなむすびつきが広く利用されていたのである．

また，40代，50代に注目すると，大卒よりも中卒，高卒のほうが家族や親戚のコネクションを利用していた傾向を読み取ることができる．学校や職安の職業幹旋を利用しない場合，比較的低い学歴の取得者は家族や親戚といったつながりに依存していたのである．

利用率においては，これら2つに比べ低いものの，友人の紹介による就職については，「つきあいのある友人」についても，「たまに会う友人」についても，おおまかな傾向としては，古い世代ほど，また学歴が低いほど，友人の紹介を利用するものが若干多くなる．それほど明確ではないが，直接応募の場合には，それとは逆に，若い世代ほど，また学歴が高いほど，利用率が高くなる傾向を読み取ることができる．

(2) 職業，業種・企業規模別に見た入職経路

さまざまな入職経路は，到達する職業や業種，企業規模とどのような関係にあるのだろうか．つぎに，労働力配分の視点から，入職経路の特徴を見ることにしよう．

a. 職 業

はじめに，職業別に初職への入職経路がどのように異なるのかを見よう．表2-21は，学校・職安経由の初職入職率を職業別・学歴別に示したものである[12]．まず，全体を見ると，非熟練的職業では学校・職安利用で入職したものが少ないものの，それ以外の職業については，30％台後半から40％台前半におさまり，それほど大きな違いがない．そこでつぎに，学歴別に見ると，先に世代別の特徴として確認したように，いずれの職業の場合も高卒者が学校・職安を経由して就職している者が多い．とくに，事務や販売・サービス職では学校・職安経由の就職が半数を超えている．

一方，中卒者の場合には，サンプル数の少ない専門職でやや多くなるほか，半熟練，熟練職への就職には学校と職安が利用されている．非熟練職の場合の学校・職安利用が10.7％であることと比べると，中卒者にとって，マニュアル労働に参入する場合，熟練度が高い職業につく者で，学校・職安を経

表 2-21 職業別・学歴別に見た学校・職安利用の初職入職率

	専門	事務	販売・サービス	熟練	半熟練	非熟練
全体	37.6	43.6	39.9	37.8	41.1	16.0
中卒	54.5	22.2	24.4	31.0	43.9	10.7
高卒	48.5	53.7	51.3	45.3	44.5	25.9
短大・高専卒	40.0	30.6	20.0			
大卒	26.3	30.1	28.1	18.2		

注：ケース数が10人以下の場合には空欄とした．
　　いずれの学歴も中退者および旧制学歴のものを除く．

表 2-22 職業別・学歴別に見た家族・親戚利用の初職入職率

	専門	事務	販売・サービス	熟練	半熟練	非熟練
全体	10.1	17.6	12.7	22.1	18.2	31.1
中卒	18.2	15.8	13.7	31.4	17.2	38.7
高卒	13.6	16.5	14.2	15.3	15.3	21.9
短大・高専卒	10.9	19.1	7.7			
大卒	5.9	15.3	8.6	8.3	18.2	

注：ケース数が10人以下の場合には空欄とした．
　　いずれの学歴も中退者および旧制学歴のものを除く．

由する率が高まるのである．

　他方，短大・高専卒の場合には，専門的職業につくものが学校・職安経由の就職をしている．それに比べ，大卒では，職業ごとの差が小さく，また，同じ職業につく場合でも，他の学歴に比べ学校・職安利用率が低くなる傾向がある．

　これらの知見のうち，高卒の事務職，中卒の熟練的，半熟練的職業で学校・職安利用率が高まる傾向は注目に値する．同じ学歴でも，スキルの高い職業ほど，学校や職安の職業斡旋が利用される可能性が高いことを示唆しているからである[13]．

　つぎに表 2-22 によって，家族や親戚の紹介についてみよう．まず，全体を見ると，先の学校経由の場合とは反対に，非熟練においてもっとも利用率が高いことがわかる．学歴別に見ても，家族・親戚の紹介をもっともよく利用しているのは，中卒で非熟練的職業につく場合である．さらに，高卒でも非熟練で，もっとも利用率が高くなる．これらの結果は，日本では家族や親

戚といった「強い絆」(strong tie)[14]は，学歴の低いものが比較的熟練度の低い職業に参入する場合に使われる傾向を示している．

また，同じ職業間で比べると，事務や販売・サービスを除いて，学歴が高いものほど，家族や親戚のコネクションを利用していないことも確認できる．

b. 業　種

つぎに，業種別にここでも学校・職安経由と，家族・親戚の利用のふたつについて見よう．

表2-23は学歴ごと，表2-24はコーホートごとに，業種別に見た学校・職安利用の初職入職率を示したものである．まず表2-23の「全体」を見ると，業種によって学校・職安利用率が異なることがわかる．学校・職安経由の就職が多いのは，金融・不動産，製造業，そして販売業である．とくに，社会的信用が重要となる金融・不動産業で学校利用の入職が多いことは，学校―企業間の関係が信頼を基盤としたジョブマッチングを可能にするという先行研究[15]の結果と符合するものといえる．それに比べ，建設やサービス業，公務においては学校・職安経由の就職率が低い．

そこで学歴別に見ると，高卒の金融・不動産業，製造業，販売業，中卒の製造業，大卒の製造業で学校・職安の利用率が高い傾向を読み取ることができる．とくに，高卒者が金融・不動産業に入職する場合には，学校経由の割合が75％を越える．この金融・不動産業と並んで，製造業でも学校・職安経由の入職率が高くなる．前節までの分析でも見たように，これは，大量の新規学卒者を重要な労働力供給源としていた製造業の特徴といえる．以下，本書でより詳しく分析するように，学校を経由した職業斡旋は，マスとしての労働力を学校の出口のところで捕捉することを可能にする「システム」としての特徴を備えていたことがこのデータによっても確認できたのである．

つぎに表2-24のコーホート別のクロス集計によれば，多くの業種で40代のコーホートで学校・職安利用の就職率が高いことがわかる．1960年代～70年代に入職したこの世代が，学校や職安の職業斡旋制度をもっともよく利用した世代であることを示すこの事実は，新規学卒者の労働市場への参入がもっとも大量に行われた時期に，職業斡旋機関としての学校・職安の果たした役割が大きかったことを示している．

表 2-23 業種別・学歴別に見た学校・職安利用の初職入職率

	建設	製造業	運輸・通信	販売	サービス	金融不動産	専門	公務
全体	27.3	48.3	34.4	42.9	28.2	59.5	32.8	18.8
中卒	11.4	44.5	25.0	23.3	23.3		50.0	
高卒	34.4	57.8	44.0	52.2	36.6	78.6	39.1	22.9
短大・高専卒	37.5	26.7		39.3	25.0	38.9	32.7	
大卒	35.7	42.9	31.0	31.1	14.7	34.4	20.9	7.9

注:運輸・通信には公益（ガス水道電気）を含む.専門は,医療・法律・教育・マスコミ.
　ケース数が10人以下の場合には空欄とした.
　いずれの学歴も中退者および旧制学歴のものを除く.

表 2-24 業種別・コーホート別に見た学校・職安利用の初職入職率

	建設	製造業	運輸・通信	販売	サービス	金融不動産	専門	公務
20代	24.0	27.4	23.8	34.7	20.9	30.4	17.1	18.2
30代	25.0	60.7	37.0	47.1	33.3	45.5	25.6	
40代	40.9	57.4	50.0	52.3	37.0	72.1	41.3	8.3
50代	12.0	49.7	45.5	34.1	29.4	100.0	35.0	42.9
60代	22.2	35.8	15.0	37.5	17.9	50.0	44.1	37.9

注:運輸・通信には公益（ガス水道電気）を含む.専門は,医療・法律・教育・マスコミ.
　ケース数が10人以下の場合には空欄とした.学校中退者を除く.

　また，製造業の場合，労働力の供給源が中卒から高卒へと切り替わって以降の40代，30代で学校経由率が高いこと，ついで，中卒労働力が重要な供給源となっていた世代にあたる50代でも学校・職安経由率が高いことは，前述の製造業の特徴と符合する．と同時に，この知見は，本書が対象とする中卒者の職業への参入のしかたが，このSSM調査にも反映していることを示している．

　このような学校・職安経由の場合と比べ，表2-25に示すように，親や親戚の関係を利用した就職は，運輸・通信，建設といった，学校・職安利用率の少ない業種で多くなる傾向がある．とくに利用率が高いのは，中卒で建設業や運輸・通信業に就職する場合である．しかも，表2-26が示すように，年配のコーホートほどこれらの業種では家族・親戚のコネクションを利用した入職が多いのである（運輸通信の50代を除く）．

　以上見たように，業種別に見ても，学校の紹介と家族・親戚の紹介とでは，対照的な特徴をもっている．

表 2-25　業種別・学歴別に見た家族・親戚利用の初職入職率

	建設	製造業	運輸・通信	販売	サービス	金融不動産	専門	公務
全体	23.3	16.7	24.7	15.3	17.6	7.9	16.3	18.8
中卒	36.6	20.0	33.3	22.9	20.9	18.8		
高卒	20.8	14.3	21.3	14.6	18.2	4.2	18.1	22.9
短大・高専卒		23.3		6.3	17.6	11.1	18.9	
大卒	6.7	11.5	10.3	10.6	8.8	9.4	11.5	7.9

注：運輸・通信には公益（ガス水道電気）を含む．専門は，医療・法律・教育・マスコミ．
　　ケース数が10人以下の場合には空欄とした．
　　いずれの学歴も中退者および旧制学歴のものを除く．

表 2-26　業種別・コーホート別に見た家族・親戚利用の初職入職率

	建設	製造業	運輸・通信	販売	サービス	金融不動産	専門	公務
20代	7.7	9.5	9.5	9.6	9.1	4.3	5.7	18.2
30代	17.0	8.3	7.4	7.4	8.2	6.1	16.7	16.0
40代	22.2	16.9	27.5	16.6	18.0	7.0	19.5	19.4
50代	35.5	20.2	18.2	19.0	25.5	11.1	14.6	7.1
60代	35.0	22.0	45.0	25.0	29.0		22.2	27.6

注：運輸・通信には公益（ガス水道電気）を含む．専門は，医療・法律・教育・マスコミ．
　　ケース数が10人以下の場合には空欄とした．

c. 企業規模

　それでは，企業規模の点では，入職経路にどのような違いが見られるのだろうか．ここでも，学校・職安経由と家族・親戚利用のふたつについて分析結果を見よう．

　表2-27は本人の学歴ごとに，企業規模別の学校・職安経由の就職率を示している．「全体」を見ると，企業規模が大きくなるほど，学校・職安経由の就職者が多くなる．このことは，2つの面から解釈できる．1つは，企業側から見た場合，大企業ほど，学校の職業斡旋に依拠した採用活動を行っているということであり，もう1つは，求職者の側から見た場合，学校・職安の職業斡旋を利用することで，規模の大きな企業への就職チャンスが高まるということである．

　つぎに学歴別に見ると，どの学歴でも企業規模が大きいほど学校・職安利用の入職率が高まる．また，500人以上の大企業の場合，高等教育卒業者よりも，中等教育卒業者を採用する場合に，学校・職安の職業斡旋が利用され

2章　学校・職安・地域間移動

表 2-27　企業規模別・学歴別に見た学校・職安利用の初職入職率　（％）

	100人未満	100-499人	500人以上	官公庁
全体	20.8	45.7	50.6	23.8
中卒	24.9	58.1	52.2	
高卒	38.7	53.0	65.9	30.4
短大・高専卒	31.0	21.4	35.7	41.2
大卒	18.2	39.0	37.8	15.7

注：ケース数が10人以下の場合には空欄とした．
いずれの学歴も中退者および旧制学歴のものを除く．

表 2-28　企業規模別・コーホート別に見た学校・職安利用の初職入職率　（％）

	100人未満	100-499人	500人	官公庁
20代	23.6	25.4	32.7	10.5
30代	40.6	50.6	46.6	9.8
40代	32.8	58.6	70.7	21.8
50代	31.4	47.9	61.4	43.8
60代	20.7	48.6	40.7	36.4

表 2-29　企業規模別・学歴別に見た家族・親戚利用の初職入職率　（％）

	100人未満	100-499人	500人	官公庁
全体	19.4	15.5	11.9	17.3
中卒	22.0	11.6	15.2	20.0
高卒	18.0	17.9	8.5	22.9
短大・高専卒	18.2	17.9	12.5	17.6
大卒	14.1	11.9	9.6	6.7

注：いずれの学歴も中退者および旧制学歴のものを除く．

表 2-30　企業規模別・コーホート別に見た家族・親戚利用の初職入職率　（％）

	100人未満	100-499人	500人	官公庁
20代	11.5	10.4	2.0	15.8
30代	13.0	11.5	5.3	11.2
40代	21.8	18.9	11.0	18.2
50代	20.1	23.6	15.8	6.3
60代	24.3	8.6	26.9	29.0

ている．とくに，高校卒の場合にこの傾向があてはまるが，中卒でも高卒より10ポイントほど低い値を示すだけで，500人以上の大企業に入職した中卒の過半数が，学校・職安経由となっている．

表2-28をもとに，つぎにコーホート別の傾向を見よう．この表からわかるのは，中規模以上の企業では，学校・職安の職業斡旋を利用した就職が50代，60代のコーホートにも多いことである．学校・職安経由の就職者が規模の小さな企業（100人未満）に比較的多く就職しているのは，30代のコーホートである．他方，500人以上の従業員数をもつ大企業の場合，とくに40代のコーホートでは71％が，50代では61％が学校・職安利用による就職者であった．この世代が初職への入職を果たしたのは，労働需要がひっ迫した高度成長期の1960-70年代であった．学校・職安の職業斡旋を通じて，大量に供給される新卒者を学校の出口のところで捕捉したのが，これら大企業だったのである．

これに対し，家族・親戚の紹介による就職の場合，表2-29の「全体」が示すように，比較的規模の小さな企業ほど利用率が高い．さらに学歴別にみると，官公庁を除けば中卒で100人未満の企業に就職したもので，家族・親戚利用率がもっとも高くなる．

つぎに表2-30によってコーホート別の利用率を見ると，大企業でもかつては家族・親戚といったパーソナルなつながりを利用して就職したものが多いことがわかる．しかし，従業員数500人以上の企業の場合，世代が若くなるにつれて，家族・親戚利用の率が減少する．これほどの減少傾向は，他の規模の企業には見られないことから，大企業においては，少なくとも初職に関するかぎり，次第にパーソナルなつながりに依拠した就職機会が減少していったと見ることができる．

5. まとめ

本章では，次章以下の分析に先立ち，学校と職業安定所との連携による新規学卒者の職業紹介が，どのような課題を背負い，それにどのように寄与してきたのかを，量的な側面から確認する作業を行った．以上の分析から，産

業構造の大変動の過程で生じた農家出身の新規学卒者の労働移動が，労働力需要の期待に大きく応えるものであったこと，しかも，同時に彼ら・彼女らの就職は多くの場合地理的な移動を伴うものであったこと，そして，この点において，職業安定機関が重要な役割を果たしていたことを各種データの分析によって確認した．また，就中，製造業に限定して示したデータにおいて，これらの傾向が強まることも示した．

さらに，最後の節では，官庁統計とは異なるデータを用いて，こうした学校・職安を経由した初職への参入が，とりわけ高度成長期に広く活用されたことが確認できた．なかでも本書の分析対象である中学校卒業者に限ってみれば，産業別には製造業，企業規模別には大企業，職業別には比較的熟練度の高い職業への参入において，この学校・職安経由の職業紹介が比較的多く利用されていた．そして，それとは対照的な入職経路が，家族・親戚といったパーソナルな結びつきも利用したものであった．回答者の記憶に頼る回顧的情報をもとにしているため，この節で取り上げた数字自体は他の節の分析とは大きくかけはなれたものであったが，相対的に見た学校・職安経由の特徴とウエイトについてはある程度明らかにできたのではないかと思う．

以上みたように，職業安定機関は，戦後のかなり早い時期から新規学卒者の地域間労働移動を促すうえで一定の役割を演じており，しかも，その役割は，地域間移動が活発化する1960年代に入ると，より一層重要となっていった．これらは，市場の調整のいわば「結果」のみを示すものであり，それが，具体的にどのような「調整」プロセスを経て達成できたのかはわからない．この課題は，次章での詳細な検討によって応えることができる．

1) 本章におけるSSM調査（社会階層と社会移動）データの使用については，1995年SSM調査研究の一環として，1995年SSM調査研究会の許可を得たものである．なお，データの詳細については，1995年SSM調査研究会『現代日本の社会階層に関する全国調査研究成果報告書』(全21巻) を参照されたい．
2) たとえば，並木正吉「戦後における農業人口の補充問題」『農業総合研究』12巻1号，1958年，89-139頁，三治重信『日本の雇用の展開過程』労務行政研究所，1964年，を参照．

3) 国立教育研究所編『日本近代教育百年史(5)』1974年.
4) 並木, 前掲論文, および並木正吉『農村は変わる』岩波新書, 1960年, 34-35頁, を参照.
5) 並木, 前掲論文.
6) 「間断のない」移動については, 岩永雅也「若年労働市場の組織化と学校」『教育社会学研究』第38集, 1983年, 134-145頁, および岩永「新規学卒労働市場の構造に関する実証的研究」『大阪大学人間科学部紀要』第10巻, 1984年, 247-276頁, を参照.
7) 氏原正治郎・高梨昌『日本労働市場分析』上・下, 東京大学出版会, 1971年.
8) 小卒就職者(尋常, 高等小学校の卒業者, 中退者を含む)のうち, 戦前期の職業紹介所による職業斡旋によって就職した者の比率は, 被雇用者のみをとりだしても, 1935年＝11.1%, 1936年＝12.1%と戦後に比べかなり低い水準にあった. 詳しくは本書3章, 表3-1を参照.
9) 入職経路の分類方法については苅谷「学校から職業への移行過程の分析」『1995年SSM調査シリーズ11 教育と職業――構造と意識の分析』1998年, 25-55頁, を参照. ただし, この調査では多重回答を許す形式となっており, 以下で用いる入職経路の分類は, 相互に排他的ではない. 学校経由という回答者が同時に家族・親戚の紹介も利用したということもありうる. なお, 本節の分析は, この苅谷の文献をもとに若干の加筆修正を行ったものである.
10) ただし, 先行研究では学校経由の就職が高卒者では80%, 中卒者でも本章でみたとおり60-70%いることがわかっており, それに比べるとSSM調査の回顧式の質問では利用率がやや低めに出ている. 高卒については苅谷『学校・職業・選抜の社会学：高卒就職の日本的メカニズム』東京大学出版会, 1991年, 日本労働研究機構『高卒者の初期キャリア形成と高校教育：初期職業経歴に関する追跡調査結果』調査研究報告書No.89, 1996年, を参照.
11) 苅谷剛彦・沖津由紀・吉原惠子・中村高康・近藤尚「先輩－後輩関係に"埋め込まれた"大卒就職」『東京大学教育学部紀要』第32巻, 1992年, 89-118頁, Brinton, Mary C. and Kariya, Takehiko, "Institutional and Semi-Institutional Networks in the Japanese Labor Market," in Brinton, Mary C. and Nee, Victor, eds., *The New Institutionalism in Sociology*, Russell Sage Foundation, 1998.
12) 初職として農業と自営業に就いたものは除く. さらにケース数が少ないため管理職は表から除いた.
13) 学校経由の初職への参入は, 本書1章で用いた概念を使えば, 「制度的リンケージ」と呼ぶことができる. この概念の理論的含意と, それが, 労働市場において情報の精度を高める機能を果たしていることについては, Kariya,

Takehiko and Rosenbaum, James E., "Institutional Linkages between Education and Work as Quasi-Internal Labor Market," *Research in Social Stratification and Social Mobility*, vol. 14, 1995, pp. 99-134, を参照.

14) Granovetter, Mark, *Getting a Job*, New Edition, Mass.: Harvard University Press, 1974, New Edition 1995.

15) 苅谷剛彦, 前掲書, 参照.

3章　職業安定行政の展開と広域紹介

菅山真次・西村幸満

1. はじめに

1950-60年代の日本経済は，市場経済のもとでは他に先例がないほどの激しい産業構造の変動と雇用者の増加，労働人口の地域間移動を経験した．こうした戦後日本社会の構造変動が，農村から都市へと向かう若年労働力の巨大な流れによって可能となったことはよく知られている．先行研究は，なかでもこの時期に学校を卒業して直ちに就職した，新規学卒者の果たした役割に注目してきた[1]．これらの安価で，かつ適応力の高い若年労働力が，製造業を中心に労働市場に大量に供給されたことこそが，日本の高度成長を支えた重要な条件であるとみなされてきたのである．

日本の政府当局は，このような新規学卒者の供給が労働市場のうちに占める重要な意義に，つとに重大な関心を払ってきたといってよい．事実，戦後GHQの労働民主化政策のもとで再出発した職業安定行政は，新規学卒者の職業紹介を最重点課題の1つに掲げ，この事業の発展になみなみならぬ努力を傾けてきた．労働省がこの問題をどのように認識していたかは，同省が編集・出版した職業安定法の解説のなかにみられる次の一文によくあらわれている．

「新規学校卒業者は毎年新規労働力として労働市場にあらわれる最大のものであり，これらの者を適当な職業に就職せしめることは単に卒業生個人にとってのみならず，国家的にもきわめて重要な問題である」[2]．

本章の課題は，このような「国家的」な意義をもつとされた新規学卒者の就職＝ジョブマッチングが，職業安定行政の手によってどのように進められたか，その発展のプロセスを歴史的に跡づけることにある．その際，なかでも本章が注目するのが，1950-60年代の新規学卒労働力の激しい地域間移動を媒介するとともに，その全国的な需給関係を「調整」する役割を担った，職安行政の広域紹介のシステムである．

　職業安定所を媒介とする新規中卒者の地域間移動は，行政的な手続きからすれば，供給地と需要地の職業安定所間の求人，求職の連絡交換＝広域紹介によって可能となる．以下の分析で明らかにするように，戦後の職安行政においては，新規学卒者，とくに中卒者の職業紹介に関して，一般紹介ではみられない求人連絡の「特別の措置」が実施されていた．このような「特別の措置」の中心となったのが，関係者が一堂に会する会議の開催である．そのうち，「紹介あっ旋を全国的な広汎な地域に亘り，且つそれを計画的に行う場合職業安定局が主催して開催する」[3]のが，ここでその内容を詳しく検討する「全国需給調整会議」に他ならない．

　こうした全国需給調整会議がはじめて開催されたのは，敗戦からまだ間もない1947年のことであり，その対象となったのは新制中学校の第1回の卒業生たちである．このように戦後のきわめて早い時期に，政府当局が新規学卒労働力の労働市場に占める重要性に注目し，その全国的な需給調整に対して組織的な対応を行うことができたのはなぜだろうか．本章の前半では，このような問いを念頭において，行政による新規学卒者紹介の歴史的な展開過程を戦前に遡って跡づけ，全国需給調整会議をはじめとする戦後の職安行政における広域紹介の枠組みが，戦時計画経済のもとで行われた労務動員の「遺産」の継承の上に立つものであったことを明らかにする．

　こうしたシステムの成立過程の分析に続いて，本章の後半では，戦後のダイナミックな発展のプロセスを分析する．ここでは，まず，(1)職安行政による新規中卒者紹介が戦後短期間のうちに大きな成果をあげ，その後も1960年代後半にいたるまで一貫して拡大したこと，しかし，(2)職安行政をとりまく労働市場の需給関係は60年を境に一変し，そうしたなかで新規学卒労働力の需給調整にむけた職安行政の課題も大きく変化したこと，を明らかにす

る．さらに，こうした分析結果をふまえて，(3) 50 年代の需給調整がどのように行われたか，その目的と内容を明らかにしたうえで，(4) 60 年代に入って，かつてない「強力な需給調整」が実施されるにいたった経緯を分析し，その具体的な内容を詳細に検討することにしたい．

2. 国営前の少年職業紹介と広域紹介

　日本における公共職業紹介制度の発展の基礎を築いたのは，無料職業紹介を行う公営職業紹介所の設置を定めた 1921 年の職業紹介法である．よく知られているように，職業紹介事業が 1936 年に道府県に移管され，ついで 38 年に国営化されるまでは，日本の職業紹介所は市町村営が中心だった．職業紹介法は，これらの公営紹介所間の事務の連絡統一をはかる機関として，中央および地方職業紹介事務局を置き，内務大臣がこれを監督することを定めていた．

　1921 年の段階では 31 カ所にすぎなかった公営職業紹介所は，その後順調に発展をとげ，10 年後の 31 年には 372 カ所にまで増加した．翌 32 年には公共職業紹介所の紹介実績がはじめて営利職業紹介事業のそれを上回っている．このような順調な発展をうけて，当初東京（中央職業紹介事務局内に設置）・大阪・名古屋の 3 カ所に設けられるにとどまった地方職業紹介事務局は，1927 年に福岡，30 年に青森，そして 31 年に長野・岡山の各事務局が新設され，こうして中央と 7 つの地方職業紹介事務局が全国の市町村に点在する職業紹介所の連絡統一をはかる体制が確立した．だが，支出経費の 2 分の 1 以内の範囲で国庫補助を受けたとはいえ，それぞれが独立の経営主体をなしていた公営紹介所間の連絡事務は必ずしも円滑にはいかず，そのため関係者の間では，すでに職業紹介法が制定されて間もないころから紹介所の国営化を主張する有力な議論が現れていた[4]．

　これらの公営職業紹介所が新規学卒者の就職に関わることとなった，その発端は，1925 年に地方長官と中央職業紹介事務局長にあてて，内務省社会局と文部省普通学務局の連名で出された「少年職業紹介ニ関スル件依命通牒」にまでさかのぼることができる[5]．それは，職業紹介法の制定からわず

か4年後のことであった．誕生してまだ間もない公営職業紹介所は，この通牒によってとくに18歳未満の少年の職業紹介について，一般紹介とは区別して，専門的な取り扱いをすることをもとめられたのである．

こうした少年職業紹介の性格については6章であらためて論じるが，重要なことは，この事業が少年のなかでもとくに「小学校卒業後直＝求職セントスルモノ」，すなわち尋常ないし高等小学校（とくに後者）の新規卒業（中退）者を主たる対象にしていたことである．その具体的な内容は，職業紹介所が特定の小学校と提携・協力して，まず在学中の児童の「適職」を「科学的」な観点に立って判定し，それをもとに卒業後の就職の斡旋を行う，というものであった．大まかにいえば，適職の判定までは生徒や父兄に理解をもつ小学校が中心となり，その後の具体的な求人とのマッチングは原則として労働市場の状況に通じた職業紹介所が担当する．1925年の通牒が内務省と文部省の連名で出されたのは，そのためである．職業紹介所と提携関係を結んで，こうした新規学卒者の職業紹介事業に携わる学校は連絡小学校と呼ばれた．26年には全国で1925校だった連絡小学校の数は，34年には5685校にまで拡大した．

上の通牒から間もなく発せられた「少年職業紹介ニ関スル施設要領」によれば，職業紹介所は提携した連絡小学校から毎年「児童卒業期前」に，まず第1次調査として男女別の卒業予定数，および就職希望者数（希望職業別）を，そして「就職希望者略決定シタル時期」に，第2次調査として就職を希望する児童について個人別の報告をもとめる手筈になっていた．報告時期についての規定がきわめて大雑把だったことは，後段の議論との関わりで記憶しておいてよい．資料3-1は，第2次調査の書式を示したものである．希望職業の項で児童，保護者の希望職業を記入する欄とともに，「受持教師ノ適否ノ意見」をもとめた欄があることが目をひこう．と同時に，ここでの関心からすれば，希望就職地を記す欄が設けられていないことが重要である．実際，市町村営の職業紹介所間の連絡方法については，少年職業紹介においても，必ずしも効率的でなかった一般紹介の方法に準じることとされていた．新規学卒者の地域間移動に対して，職業紹介所がこのような通常の取り扱いの範囲を越えて組織的な対応を行うことは，当初の構想では予定されていな

3章 職業安定行政の展開と広域紹介

資料 3-1　就職希望児童調査票 (1925年)

就職希望兒童調査票							
第　　　號		學校名 大正　　年　　月　　日調				受持認印	
姓　　　名							
現　住　所							
家　庭	家長ノ氏名職業				經濟狀態		
	家長ノ續柄						
體　格	身　長	尺　　寸　　分			既住症		
	體　重	貫　　百　　匁			備　考		
	胸　圍	常　　擴　　收					
學業成績		一般成績	好メル科目	嫌ヒナ科目	優等科目	劣等科目	操　行
性　　　質							
希望職業	兒童ノ希望職業						
	保護者ノ希望職業並其理由						
	受持教師ノ見タル希望職業ニ對スル適否ノ意見						
特殊技能							
備　　　考							

本票ハ就職希望者略決定シタル後小學校ヨリ職業紹介所ヘ記入ノ上送付スルモノトス

かったのである．

　だが，内務省は，とくに農家の子弟にとって，当時すでに就職先として都会が重要な意味をもっていた事実を知らなかったわけではない．上の要領からやや遅れて，中央職業紹介事務局長から地方職業紹介事務局長にあてて通牒された「少年求人口調査要領」によれば，6 大都市（東京，横浜，大阪，京都，神戸，名古屋）およびその近接町村の職業紹介所は小学校新規卒業者の求人口を調査し，とくに採用希望地が他府県の求人については，遅くとも 12 月中旬までに所轄の地方職業紹介事務局に報告することになっていた．同要領の解説によれば，こうした措置がとられたのは，大都市では少年の求人が求職に比べて著しく多く，しかも求人者は地方出身者を希望する傾向にある一方，農村では求職が求人を大きく上回り，他地方への就職希望者も多数存在するためであった[6]．

　ところで，少年職業紹介の実績をみると，1926 年の就職数は 6300 人だったのが，30 年にはその 10 倍近い 6 万 400 人（うち新規学卒者 1 万 6700 人）に増え，不況が深刻化するなかにあっても取り扱い数がきわめて順調に拡大

資料 3-2　就職希望児童調査票（連絡用；1933 年）

表 3-1 新規小学校卒業(中退)者の就職状況 (単位:千人/%)

	非進学者数 A	うち雇用労働に就いた者 B	職業紹介所斡旋数 C	うち6大都市就職斡旋数 (%)	紹介所経由率(1) D=C/A	紹介所経由率(2) E=C/B
1930	930.0	260.0	16.7		1.8	6.4
31	948.3	276.8	20.5		2.2	7.4
32	955.1	296.3	24.0		2.5	8.1
33	960.6	304.5	26.0		2.7	8.5
34	1,000.1	341.8	31.7		3.2	9.3
35	1,043.6	385.8	42.6	7.4(17)	4.1	11.1
36	1,021.0	394.7	47.8	9.0(19)	4.7	12.1
37	999.3	416.1	61.0	14.1(24)	6.1	15.4
38	975.5	416.6	77.9		8.0	18.7
39			181.1	82.5(46)		

資料:厚生省『小学校児童就職に関する資料』1938,1940年,内務省社会局「昭和11年度少年職業紹介取扱成績」『職業紹介』4巻10号,1936年,より作成.

したことがうかがわれる[7]. このようななかで,農村の児童に都市の就職口を斡旋する広域紹介への組織的な取り組みもようやく日程に上り,地方職業紹介事務局間で活発な協議が行われた. その成果が,1933年に各地方職業紹介事務局から管下の職業紹介所に通牒された「大都市就職希望少年職業紹介連絡要綱」である[8]. これによれば,新規小学校卒業者のうち,先の6大都市就職希望者の求職を受け付けた職業紹介所は,「就職希望児童調査票」に履歴書等を添えて,「1月1日ヨリ4月末日迄」に希望地の管轄地方職業紹介事務局に送付することになっていた. 資料3-2に示したように,新しく作られた連絡用の児童調査票は,従来のものに比べて家庭状況,体格,性格,学業成績の記入欄が格段に細かく,また児童の就職希望地の欄は当然として,新たに知能検査の結果や,就職地の保証人,就職上の職業紹介所の意見を記載する欄が設けられていた. 求職者についての情報をきめ細かく求人者に伝えることで職業紹介所が行う斡旋の信頼度を高め,新規学卒者の都市での求人口を開拓しようとする意気込みを感じることができよう. 表3-1によれば,こうした求職連絡の特別な仕組みによって6大都市に就職した新規学卒者数は1936年の時点で9000人を数え,これは職業紹介所経由の就職者全体の19%に相当した. 各職業紹介事務局間の連絡事務を統一した要綱の制定から

表 3-2 職業紹介所経由の6大都市への就職者数 (出身府県別；1937年)

(単位：人／％)

	6大都市への就職数 A	新規学卒就業者全数 B	A/B		6大都市への就職数 A	新規学卒就業者全数 B	A/B
北海道	26	12,309	0.2	滋賀	228	4,859	4.7
青森	74	2,800	2.6	京都	736	8,052	9.1
岩手	94	4,283	2.2	大阪	152	20,515	0.7
宮城	198	4,997	4.0	兵庫	900	19,703	4.6
秋田	351	5,157	6.8	奈良	161	4,335	3.7
山形	733	7,957	9.2	和歌山	173	5,690	3.0
福島	165	8,740	1.9	鳥取	88	2,963	3.0
茨城	351	7,440	4.7	島根	18	4,682	0.3
栃木	272	8,190	3.3	岡山	52	6,000	0.9
群馬	86	9,150	0.9	広島	387	11,398	3.4
埼玉	280	11,965	2.3	山口	44	5,711	0.8
千葉	186	6,888	2.7	徳島	51	5,095	0.1
東京	13	31,360	0.0	香川	52	4,619	1.1
神奈川	1,847	11,469	16.1	愛媛	119	7,844	1.5
新潟	1,095	17,550	6.2	高知	62	3,217	1.9
富山	328	6,069	5.4	福岡	7	13,700	0.0
石川	252	5,835	4.3	佐賀	71	2,534	2.8
福井	172	6,016	2.9	長崎	0	6,260	0.0
山梨	180	6,489	2.8	熊本	5	5,407	0.0
長野	869	18,261	4.8	大分	33	4,253	0.7
岐阜	505	13,561	3.7	宮崎	83	3,998	2.1
静岡	252	15,928	1.6	鹿児島	109	11,006	0.9
愛知	2,000	20,630	9.7	沖縄	10	1,331	0.8
三重	510	9,844	5.2	計	14,380	416,060	3.5

資料：厚生省『小学校児童就職に関する資料』1938, 1939年，より作成．
注：新規学卒就業者は雇用労働に就いた者のみ．

　まだ間もないこの時期に，所轄を越えた地域間紹介が新規学卒者の就職斡旋業務のなかで無視できない比重を占めていたことは，注目されてよい．
　だが，こうした国営前の職業紹介所による広域紹介の試みは，まず紹介所が6大都市への就職希望者を受け付けることが前提となっていたから，その取り扱い成績は，それぞれの紹介所が遠隔地への就職希望者をどれだけ把握できるか，それにむけた各地の紹介所の具体的な取り組みにかかっていた．表3-2は，1937年3月卒業の新規学卒就業者のうち，職業紹介所経由の6

大都市就職者数を出身道府県別に示したものである．同表を一見して明らかなように，6大都市就職者数には出身地によるバラつきが大きく，愛知を筆頭に神奈川，新潟の3県が1000名を越した一方で，半数以上の県では200名に満たず，100名以下の県も18存在した．これを雇用労働についた新規学卒就業者総数との割合でみると，多くの県は2％前後からそれ以下の低い値に止まっていたことがわかる．なお，とくに愛知，神奈川出身の就職者が多いのは，同県内の名古屋，横浜への就職者が多数に上ったためであった．いくつかの先駆的な取り組みを行った府県を別とすれば，職業紹介所が把捉しえた農村から大都市への就職希望者はごく一握りの数にすぎなかったのである．

しかも，上の要綱の文言からも知られるように，6大都市就職希望者の希望の取りまとめ時期は「1月1日から4月末日まで」と遅く，卒業後にずれこむことも想定されていた．さらに，要綱には，求職受け付け紹介所は，「連絡紹介には相当日時を要するをもって求職者にその旨予告しおくこと」という注意書きが記されている．このように行政の対応が迅速を欠いたため，広域紹介では大量の求職取り消しが発生し，大きな問題点となっていた．事実，千葉県のケースでは，連絡紹介が成立した1938年3月卒業の児童738名中，実に291名が上京就職を取り消した．その後の追跡調査によれば，就職を取り消した者の多くは縁故によって他に就職し，その他の者はほとんどが就職をとりやめて家にとどまったという[9]．これが，国営化を目前に控えた時点における，新規学卒者の広域紹介の実情だったのである．

再び表3-1によれば，職業紹介所による新規小学校卒業者（中退を含む）の就職斡旋数は1930年代に急増したものの，これが雇用労働に就いた新規学卒就業者総数に占める割合は，職業紹介事業が道府県に移管される前年の1936年にはなお12％にとどまっていた．調査時点（36年10月1日現在）で家業従事者にカウントされている者や未就業・その他の者――その合計は非進学者全体の61％に上っていた――が，その後に就業するケースを考慮するならば，この数字はさらに割り引いて考えられる必要があろう．このように紹介所の経由率が低位にとどまったことは，新規学卒者の地域間移動に職業紹介所が果たした役割が十分ではなかったことと関連している．事実，

職業紹介所の国営化が実現した1939年には，新規学卒者の求人はすべて紹介所を経由することが関係者に通牒され，紹介所の就職斡旋数は一挙に前年の倍以上にハネ上がった．ところが，6大都市への斡旋数の増加はさらに著しく，これが同年の斡旋数全体に占める割合は46％に上った．職業紹介所経由で就職した新規小学校卒業（中退）者のうち，およそ2人に1人は出身地の紹介所の管轄を越えた，6大都市への就職者だったのである．

それでは，このような大規模な新規学卒者の地域間移動は，戦時の職業行政のどのような仕組みによって促進されたのだろうか．また，戦後の職業安定所による新規中卒者の広域紹介の仕組みは，こうした戦時期の歴史的な経験とどのような関係にあったのだろうか．それは，過去の何を否定し，そして――もしそこから受け継いだ「遺産」があったとすれば――過去の何を学んだのだろうか．次に，この点を具体的にみていくことにしよう．

3. 「統制」から「調整」へ：戦時から戦後への流れ

(1) 戦時計画経済と新規学卒市場の統制

1938年1月，職業紹介所の国営化を定めた改正職業紹介法が公布され，同年7月から施行された．この改正は，戦時における日本経済の〈計画化〉の一環として，生産力拡充計画の遂行を視野に入れて全国的な労働力の動員・再配置を行うための布石であった[10]．ところで，新規学卒者は毎年新たに労働市場に供給される労働力のうちでも最大の部分を占める．しかも，彼ら・彼女らは，既就業者に比べ職業の経験をもたない無垢の労働力であるだけに可塑性に富み，扶養家族をもたないことなどから地域間の移動もはるかに容易である．実際，翌年に策定された労務動員計画では，新規小学校卒業者は最大の労働力の供給源として位置づけられ，質・量ともに生産力拡充計画の遂行を支える，要の労働力と考えられていた．

1938年10月に新設の厚生省と文部省の連名で出された訓令[11]は，このような重要な意義をもつ新規小学校卒業者の就職を，職業指導の一層の強化・徹底によって，「国家ノ要望ニ適合セシ」めるよう指示したものであった．要するに，少年職業紹介の目的は，年少者に「個性」の科学的な判定にもと

3章　職業安定行政の展開と広域紹介

資料 3-3　小学校卒業者就職希望調査表（1938年）

づいて適職を斡旋することから、「国家の要望」に適合する職業に学卒労働力を配分することへと、大きく転換したのである．

　上の訓令に付帯して出された通牒は、このような新たな観点に立って、国家が新規小学校卒業者のジョブマッチングを一定のスケジュールに基づいて計画的に行うための、具体的な手続き・方法を提示していた．それによれば、小学校は卒業後就職を希望する生徒の状況を調査し、前年の10月末までに、その数を資料3-3の書式によって職業紹介所を経由して所轄の県庁に報告することになっていた．従来の書式とは違って、児童の求職希望者数を就職希望地別に、自県内／外に分けて記述する様式になっていることが注目されよう．職業紹介所は、こうした求職状況調査によってはじめて、すべての求職児童の就職希望地を把握することができるようになったのである．

　他方、求人動向については職業紹介所が調査し、これも10月末までにそ

資料3-4 児童求職票（1938年）

（表面）

（表に児童求職票の様式図）

（裏面）

（裏面の児童求職票の様式図）

備　考
1. 本表ノ表面ハ職業紹介所ニ於テ裏面ハ小学校ニ於テ記入スルコト
2. 體格及性能ハ成ルベク最近ノ調査ヲ記入スルコト
3. 學業成績性格其ノ他ノ欄ハ學籍簿記入ノ例ニ依リ記載スルコト
4. 性能欄ハ特ニ調査シタルモノアル場合之ヲ記入スルコト

3章 職業安定行政の展開と広域紹介

の申込み予定数を自県内／外に分け，所轄県庁に報告することになっていた．求人・求職のそれぞれの数字は，いずれも11月10日までに厚生省に上げられ，厚生省はこうして集約した情報を整理して全国的な新規学卒労働力の需給状況を把握し，今度はこれを各道府県庁に流して，求人，求職をバランスさせるよう促すのである．

　38年の通牒のいま1つのポイントは，こうした労働需給の調整を，最終的には末端の職業紹介所が中心となって求職児童に対する職業指導を徹底・強化することで，達成しようとした点にあったといってよい．そのため，この通牒では，新たに職業紹介所が求職児童の「選職相談」を実施することが定められていた．それによれば，職業紹介所はまず管轄内の小学校に「児童求職票」（資料3-4）を送付し，その裏面に個々の児童に関する詳細な情報を記入するようにもとめる．そのうえで，紹介所の職員が2月末日までに各学校を訪問し，求職児童の一人ひとりに面接を行う．面接は求職票の学校記載事項を参考にしながら進められ，その結果，各人の「希望職業」および「希望地」が「決定」されて，係員がこれを求職票表面の該当欄に記入する，という手筈になっていた．「適職」の最終的な決定権は，——少なくとも原則の上では——いまや生徒と父兄に教育的な観点から理解をもつ学校から，全国的な労働市場の需給状況についての情報をもつ，職業紹介所の手に移ったのである．紹介所は，こうした「適職」の決定にもとづいて具体的な就職先を斡旋するが，さらに通牒では，その際「求人数ト紹介員数トノ按配ニ付テハ多数ノ不採用者ヲ出スガ如キ事ナキ様留意スルコト」が指示されていた．要するに，職業紹介所は，みずからが求職者の選抜を行う，そうした事実上の権限を与えられたのである．

　以上にみたような新規学卒者の職業紹介の仕組みが，求職・求人の状況（見込み数）調査をもとに，全国的な学卒労働力の適正配置を「職業指導ノ強化徹底」によって実現することを狙いとしたものであったことは，もはや明らかであろう．以下にみるように，それは，戦後の職業安定行政が新規中卒労働力の需給調整を行う際にも，活用された手法であった．1938年の通牒は，とくに他地方に就職する者に対して，需給両地の職業紹介機関が出発の日時，場所，引率者の有無，引き取り方法などを打ち合わせておくことを

もとめていたが，こうしたくだりは高度成長期の集団就職の情景を彷彿とさせて興味深い．

戦時期の政府は，しかし，このような情報の管理・媒介と，そして求職児童の自由な職業選択に対する「指導」に，自らの役割を止めるつもりは毛頭なかったといってよい．翌39年になると，小学校新卒者を主要な労働力の供給源と位置づけた労務動員計画がいよいよスタートし，これに伴って9月には厚生省から地方長官にあてて新たな通牒[12]が出され，国家による新規学卒市場の〈統制〉は一挙に本格化した．この通牒によれば，小学校新卒者の求人は必ず国営の職業紹介所に申し込まねばならなかった（その旨は，すでに1939年1月に厚生省から関係者に通牒されていた）．さらに，紹介所はこれらの求人が年少者の就職先として相応しいか，また求人数が適正であるか否かを査定する権限をもっていた．以上の手続きを経て紹介所が受け付けた求人は，所轄県庁を経由して，その数が採用希望地別，および産業種類別（軍需／生産拡充計画関連／輸出・生活必需品／運輸通信／その他）に厚生省へと報告される．厚生省は，これをさらに査定したうえで，最終的な求人数・採用地を決定する仕組みになっていた．

他方，求職については，その数が所轄県庁から求人の場合と対応する様式で厚生省に報告され，厚生省はこれをもとに各県の「供出スベキ児童数」を決定して通知することが定められていた．供出数は，今度は各県庁からこれが所管する紹介所へと下りていき，最終的には全国の小学校一校一校に割り当てられる．紹介所と学校が協力して行う職業指導は，国家的要請の表現である「割当」の充足を目的とするものへと変質したのである．

1941年に制定された労務調整令は，こうした強力な統制を一片の通牒によって行うのではなく，これに法的根拠を与えることで，すみずみまで徹底させることを目的としていた．この法令によって，小学校卒業者（中退者を含む）は，卒業（退学）から2年間は国民職業指導所（職業紹介所を改称）の紹介による以外，採用＝就職することができなくなったのである．国民職業指導所の一技師は，同令の解説のなかで，今後の職業指導は求職児童の「自由意思のみを根幹とする」従来の考え方を修正して，「身勝手な自己本位のみの立場からする要求に対しては，断固矯正する必要がある」が，しかし，

割り当てられた事業場には「純真なる青少年の職場として寒心に堪えぬものもある」と率直に告白した[13]．このエピソードは，戦時下における少年職業紹介事業が行き着いた先がどのようなものであったかをよく物語っているといえよう．

(2) 職業安定行政の「民主化」と広域紹介

1947年11月に制定された職業安定法は，第2条で「何人も，公共の福祉に反しない限り，職業を自由に選択することができる」と宣言し，また第8条で，政府が「無料で公共に奉仕する公共職業安定所を設置する」ことを定めていた[14]．衆議院労働委員会での提案趣旨説明によれば，この法律の基本精神は，個人の基本的人権を尊重し，労働者の保護を図ることで，労働の民主化を促進することにある．同法が，政府以外の者が行う職業紹介についてはすべてこれを許可制とし，とくに「他人の勤労の上に存在する」労働者供給事業を禁止したのは，このような個人の自由な活動と労働者保護の観点のバランスの上に立って，弊害のない限りは広く労働者の紹介事業・募集活動を認めるが，弊害のあるものに対しては厳罰で臨むという姿勢を打ち出したためであった．職業選択の自由，サービスとしての行政，そして個人活動の自由と労働者の保護．──職業安定法の骨格を形づくるこれらの一連の理念は，自由な求人・求職活動の保障を前提とする労働市場の働きへの信頼にもとづいて，政府の介入はそこで生じる弊害の除去に限定する，個人の尊重を基調とした行政を目指したものと解釈することができる．そこには，労務の動員配置を目的として労働市場の徹底した統制を行った戦時の職業行政に対する，確固とした訣別の姿勢が込められていたのである．

だが，敗戦直後の荒廃と混乱のさなかに制定されたこの職業安定法は，いま1つこれとは原理を異にする考え方を孕んでいた．それは，同法の第1条の規定のなかに象徴的に示されている．これによれば，職業安定所が労働者に適当な職業の斡旋を行うのは，そのことで「工業その他の産業に必要な労働力を充足し，以て職業の安定を図るとともに，経済の興隆に寄与することを目的とする」からに他ならない．第4条は，これを受けて，政府の行う事業として，第1に，「国民の労働力の需要供給の適正な調整を図ること及び

国民の労働力を最も有効に発揮させるために必要な計画を樹立すること」を
あげていた．公共職業安定所が労働大臣の直属機関とされ，職業安定局が全
国一貫した運営を行うことになったのは，そのためである．ここには，経済
再建を最優先して，場合によっては市場への介入や調整も辞さない，いわば
「国家」や産業の側に立った考え方を見いだすことができよう．

　これら2つの異質な原理のせめぎあいを鋭く表現したもの，それが広域
（地域間）紹介の問題であった．というのも，職業安定法は，第19条で，職
業安定所が行う紹介はできるだけ求職者の通勤圏内に限るよう努力すること
をもとめていたからである．紹介先が通勤圏内であれば，事業内容や労働条
件を詳しく知ることができるので求職者にとっては不安が少ないし，またそ
れが見込みと違っていた場合にも求職者の不利を最小限に止めることができ
る．要するに，通勤圏内紹介の原則は，労働者保護の観点に立ったものだっ
たのである．職業安定法が制定された翌48年には，労働省は全国を5つ
（石炭鉱業の場合は3つ）の「採用地域」＝ブロックにわけ，職業安定所が行
う労働者の紹介は通常通勤できる地域とするが，その地域では「適当」な求
職者が見当たらない場合に限って，設定されたブロック内で求人連絡を行う
ことを原則とする――ブロック外への求人は労働省の許可事項とする――方
針を打ち出した[15]．このような採用ブロックの設定は，募集慣行の民主化の
観点から，とくに弊害が大きい繊維産業の遠隔地募集の是正を念頭においた
措置であり，その実施にはGHQの強い指示があったといわれている[16]．

　だが，このような方針は，国家的，ないし国民経済的観点に立って，労働
力の需給調整を積極的に図ろうとする立場にとっては，大きな制約とならざ
るを得ない．結局，49年には労働省はブロック制度を撤廃し，全国的な職
業紹介への道を開くとともに，地域間紹介の新たな手続きを定めた[17]．これ
によれば，繊維，石炭，鉄鋼等の「重要産業」の労働者，さらには新規学卒
者など「質的又は量的にみて重要な求人について労働力の需給調整上必要が
ある場合は」，所轄の都道府県は適当と認める他の都道府県に自由に求人連
絡を行うことができるようになっていた．

　それだけではない．経済再建の要石となるこれらの労働力の求人連絡に際
しては，「特別の措置」として，関係者が一堂に会する会議の開催要領が定

3章 職業安定行政の展開と広域紹介　　　　　　　　　　　　　　81

められたことが重要である．このような会議形式の求人（ないし求職）の連
絡交換は，戦後新たに義務教育となった新制中学校の新卒者については，す
でに前年度の第1回卒業生から実施されていた．同要領や他の文書資料，ヒ
アリング調査の結果から判断すれば，1950年代には全国レベルの「全国需
給調整会議」とこれを前提に行われる各県の需給調整会議，および東京・中
京・京阪神・北九州の4大労働市場地域を中心とするローカルレベルの「学
卒LM (Labour Market)」からなる，重層的なシステムが整備されたと考
えられる．このうち学卒LMは，(東京労働市場地域の場合を例にとれば)
東京都が事務局となって東京・神奈川・茨城・群馬・埼玉・千葉に広がる指
定地域内の職業安定所および県職業安定課の担当係員を集めて，定例的に
(要領では毎週)開催される．会議の場では，情報交換を行った上で「未結
合」の求人――それぞれの管轄内では適当な求職者がみつからない求人，あ
るいは他の採用地域を希望した求人――を読み上げ，これを参集した他の県
ないし職安にもちかえらせることになっていた．新規中卒者の職業紹介は，
学卒LMの地域内であればまったく自由に，管轄内におけるのとほとんど変
わらない感覚で行われていたのである．

　これに対して全国需給調整会議は，労働省が主催して各県の職業安定課係
員を集め，日時を定めて年に2回開催される．その基礎となるのは，会議の
開催スケジュールに合わせて全国で一斉に実施される，求職および求人状況
(見込み数)調査である．その結果は，自県内／外に分けて県庁を経由して
労働省に画一的なフォーマットで報告される．労働省は，こうした情報をも
とに全国的な求人・求職の需給状況を把握し，さらに全国需給調整会議にか
けられる連絡求人のとりまとめを行う．当日の会議は，労働省が提出する資
料にもとづいて，学卒LMの場合と同様に需要県が求人を読み上げ，これを
供給県が手をあげてもちかえるという仕方で進められる．こうして各県がも
ちかえった求人は，全国会議の終了後ほどなく開催される県レベルの需給調
整会議を通じて，さらに管轄内の各職業安定所へと配分されていくのである．
このような仕組みが，既述の1938年の通牒が作り上げたシステムを継承・
発展させたものであったことは，みやすいであろう．

　もとより，戦後に整備された広域紹介のシステムは，自由な「市場」の存

在を前提にして,「未結合」の求人,求職を結合させるための〈場〉を政策的に設けるという手法をとった点で,戦時計画経済のもとで行われた徹底した労務統制とは原理的にまったく異なっていた.このことは,戦後の職業安定機関が行う新規中卒市場の全国的な「調整」が,労働市場の需給関係によって大きな影響をうけざるを得なかったことを示唆している.事実,労働市場の需給関係が比較的緩慢で,求人口の開拓が職業安定機関の大きな課題となっていた1950年代と,労働力不足が深刻化するなかで学卒者獲得にむけた企業間競争が激化し,むしろ求人指導,求人秩序の確立が重要なテーマとなった1960年代とでは,一口に需給調整といっても,その目的と内容,さらにアプローチの仕方に大きな違いがあったといってよい.

それでは,1950年代の需給調整は,どのような目的で,またいかなる手法を用いて実施されたのだろうか.さらに,60年代にはいって本格的な労働力不足の時代を迎えるなかで,職安行政の全国的需給調整のシステムはどのように変化したのだろうか.そして,そのことはどのような意味をもっていたのか.以下,このような問題を念頭におきながら,戦後のシステムのダイナミックな発展の過程を跡づけることにしたい.

4. 新規中卒者の職業紹介:発展のプロセス

新規中卒者の職業紹介は,戦後の職業安定行政が最重点課題の1つに掲げた重要政策であった.はじめに,こうした中卒者に対する就職の斡旋の試みが,1950-60年代にどのような発展をとげたか,そのプロセスを職業安定所の業務統計によって概観しておこう.

表3-3は,職安・学校が協力・連携して行う新規中卒者の職業紹介の動向を,「職業安定機関扱い」で示したものである.ここにいう「職業安定機関扱い」とは,職業安定所の取り扱い分に加えて,その業務を一部分担する職業安定法25条の3による中学校のそれを含めた数値を指している.すでにみたように,1947年に制定された職業安定法は,政府が行う以外の職業紹介事業はすべて労働大臣の許可を得なければならないと定めていた.この条は,しかし,49年には学校に対する社会の厚い信頼を背景として改正され,

33条の2項に学校が労働大臣に届け出て無料の職業紹介を行うことができるとする規定が追加された．さらに，職業指導について定めた25条には新たに2項・3項が付け加えられ，職安が学校と協力して職業指導を実施し，就職の斡旋を行うこと（2項），ただし職安が必要と認めた場合はこうした斡旋業務の一部を学校に分担させることができること（3項）が規定された．要するに，学校は，(1) 33条の2によって自ら卒業生の就職の斡旋を行うか，(2) 25条の2によってこれを職安の手に委ねるか，それとも(3) 25条の3によってそうした職安の業務を一部分担するか，いずれかの立場を選ぶことができるようになったのである．文部省の『産業教育調査報告書 昭和27年度』によれば，中学校の大部分，7割弱は25条の2による学校であり，次いで25条の3による学校が3割弱を占めていた．これに対して，33条の2による学校はほとんど無視してよいほどの数であり，実際に1964年までには消滅した．したがって，ここでのデータは，職安・学校経由で就職した中卒者のほぼ全数をカバーしているとみてよい．

さて，表3-3によれば，職安・学校の紹介によって就職した新規中卒者は1950年の時点で15万2000人に上っており，これは非農林水産業部門への就職者全体の54％にあたっていた（職安経由率(2)）．戦前の職業紹介所が国営化される直前（1936年）の，これに対比される数値は12％だったから，敗戦後の新規学卒者紹介は，職業紹介所経由以外の就職を法的に禁じた戦時統制の「遺産」の上に立って，かなり高いレベルからスタートすることができたといえよう．もっとも，当時は中学校を卒業して直ちに就職した者はまだ少数派にとどまっており，非進学者を母数にとってあらためて職安経由率(1)を算出すれば，その値は16％にすぎなかった．中学校を卒業後も進学も就職もせず，家のなかにとどまって農業をはじめとする家業に従事した者のなかには，機会があれば雇用されて働くことを希望する者が数多く存在していた．事実，この年の職安への求職申込数は33万7000人に上り，このうち職安の紹介によって就職できた者はその半数に満たなかった．その最大の理由は，求人数が著しく不足していたことにある．この年の新規求人数は19万3000人で，求人倍率は0.6倍に止まった．しかも，極端な買い手市場にもかかわらず，求人充足率は8割を切っており，申し込まれた求人のなかに

表3-3 新規中卒者の職業紹介状況（男女計）

	求職申込数 (A) 人	新規求人数 (B) 人	就職数 (C) 人	求人倍率 (B/A)倍	就職率 (C/A)%	充足率 (C/B)%	職安経由率 (1) %	職安経由率 (2) %
1950	337,005	193,600	152,347	0.6	45.2	78.1	15.6	54.6
51	398,136	323,686	256,071	0.8	64.3	79.1	25.4	67.8
52	415,158	386,569	254,679	0.9	61.3	65.9	26.5	61.8
53	385,161	408,736	271,319	1.1	70.4	66.4	27.7	58.2
54	353,165	427,472	265,132	1.2	75.1	62.0	32.5	64.6
55	389,643	426,863	293,518	1.1	75.3	68.8	33.7	61.7
56	517,419	509,634	375,458	1.0	72.6	73.7	38.5	64.1
57	575,579	680,617	442,100	1.2	76.8	65.0	42.6	65.4
58	547,971	668,015	405,846	1.2	74.1	60.8	43.9	65.4
59	555,853	668,301	424,402	1.2	76.4	63.5	45.2	65.1
60	488,124	949,231	414,852	1.9	85.0	43.7	52.0	70.4
61	388,521	1,060,035	332,647	2.7	85.6	31.4	58.3	73.7
62	478,531	1,399,070	414,013	2.9	86.5	29.6	52.8	70.3
63	532,328	1,395,682	459,048	2.6	86.2	32.9	51.1	66.6
64	478,148	1,713,809	432,815	3.6	90.5	25.3	52.8	67.7
65	448,119	1,668,473	412,935	3.7	92.1	24.7	53.7	71.3
66	360,886	1,032,816	328,093	2.9	90.9	31.8	49.9	69.0
67	315,624	1,088,201	290,412	3.4	92.0	26.7	51.8	70.0
68	281,184	1,233,084	259,305	4.4	92.2	21.0	52.7	72.3
69	245,743	1,178,502	227,501	4.8	92.6	19.3	54.4	74.8
70	198,678	1,143,505	196,934	5.8	99.1	17.2	55.4	76.6

資料：『戦後労働経済史（資料篇）』，『労働市場年報』（各年度版），『学校基本調査』（各年度版）より作成．
注：数字は職業安定機関扱い．職安経由率(1)は対非進学者数を，同(2)は対非農就職者数を示す．

は労働条件がかなり劣悪なものも相当数ふくまれていたと推測される．当時，神奈川県職業安定課で学卒者紹介業務を担当した飯土井清久の回想によれば，求人のほとんどは零細企業で，職安の係員はそれでも「求人さえあれば」という気持ちで総出で求人開拓に取り組み，一軒一軒，小さな企業をしらみつぶしに訪問したという[18]．

翌51年には，しかし，朝鮮戦争の特需ブームのなかで求人数は一挙に32万4000人にハネ上がり，その後も50年代を通じて急速に拡大した．他方，求職申込数もまたそれにつれて大きな伸びをみせ，非進学者を母数とする職安経由率(1)は，50年の16％から59年の46％へと急上昇した．職安・学校の斡旋によって就職した者の就職先をみると，製造業への集中が年々高まり，

59年には非農就職数全体の7割に上った．非農就職数を母数とする職安経由率(2)は，50年代後半には65％前後で推移したが，製造業だけに限ればその割合はさらに高く，75％ほどに上った．高度成長の時代が本格的に幕を開けるなかで，中学校を出て工場へと向かった若者の4人に3人までは，職安・学校の紹介によった勘定になる．要するに，職安は，農業から製造業へ，農村から都市へとむかう中卒労働力の巨大な流れをつかまえることに成功したのである．

このように職安が大量の求職者を把捉するのに成功した結果，高度成長のブームが展開するなかで求人数が急速に拡大したにもかかわらず，新規中卒者の需給関係は比較的緩慢な状況で推移した．求人倍率は53年に1.0倍を越えてからも50年代を通じて低水準に止まり，その数値は1.0-1.2倍の範囲に収まっていた．他方，就職率は50年の54％から54年の75％へと急上昇したものの，その後は伸び悩み，求人倍率と同様にほぼ横ばいで推移した．求職の申込を行ったにもかかわらず，就職しなかった者のほとんどは途中で求職を取り消しており，その理由の主なものは「縁故で就職したため」であった．

ところが，60年代にはいると，大型の岩戸景気が展開するなかで求人数が飛躍的な伸びをみせ，職業安定行政をとりまく環境は大きく変化した．59年に66万8000人だった新規求人数は，翌60年には94万9000人にハネ上がり，その後も直線的に増加して64年のピークには171万3000人を記録した．他方，求職申し込み数は60年代前半までは高水準を保っていたものの弱含みで推移したから，求人倍率は一気に上昇した．それにつれて求人充足率は直線的に下落し，59年には64％だったのが64年にはわずか24％にまで低下した．

こうしたなかで，新規中卒者の獲得をめぐる企業間競争がかつてないほど加熱化したのは当然のことだったといえよう．61年の『職業安定広報』に掲載された一記事は，学卒者の獲得にむけた企業による「事前運動あれこれ」を，次のように伝えている．

「もっとも一般的に行われたものが，"家族の慰安会"と称するもので，

これを通じて家族にコネをつけ，さらにはその知人にまでＰＲしようというネライから大分オオッピラに活用されたようだ．

また従業員を一時帰郷させて，その友人，知人，後輩に働きかけさせる会社があらわれれば，他の会社は"手紙戦術"によって勧誘するといった具合に——絶えず競走だ．

就職支度金をつりあげれば，他の方ではその先をいって本人に前払いしてくるといった始末である（以下，略）」[19]．

このように企業が職安を飛び越えて直接求職者，ないしその家族とコンタクトをとるという動きが広まれば，職安・学校が介在するジョブマッチングのシステムは後退せざるを得ない．これまでの求人開拓にかわって，60年代に求人指導ないし「求人秩序の確立」が職安行政の最大の課題として浮上した（後述）のは，そのためである．結局，60年代に起こったことは，職安が主役を演じる新規中卒市場の「制度」の後退ではなく，むしろそのさらなる拡大・深化であった．職安経由率は，60年代に対非進学者，対非農就職者とも5ポイントほど上昇した．さらに興味深いのは就職率の動向である．就職率は50年代後半には75％ほどであったのが，60年には一気に85％にハネ上がり，その後もじりじり上昇して64年にはついに90％を越えた．いったん職安に申し込まれた求職は，ほとんど取り消されることがなくなったのである．しかも，申し込まれた求職に対して職安が行う職業紹介の数は，求人数が飛躍的に増えたにもかかわらず，60年を境に顕著に低下した．いま，職業紹介数を就職数で割ってジョブマッチング率を算出すれば，その値は53年から59年までは1.8ないし1.9できわめて安定的に推移していたのが，60年には1.5に急落し，61年も1.4とさらに低下した[20]．要するに，職安は，求人と求職のマッチングを自らの手で，より確実に行うことができるようになったのである．このことは，職安行政が新規中卒市場の需給調整を計画的に，かつ円滑に進めるうえで，重大な混乱要因が取り除かれたことを意味している．以下でその内容を詳細に検討する，60年代の「強力な需給調整」のシステムは，こうした客観的条件の変化を前提として有効に機能することができたのである．

3章 職業安定行政の展開と広域紹介

表3-4 1957年3月中学卒業生に対する求人,求職数の年間推移

(単位:千人／％)

	求人求職状況調 (1956年10月30日現在)	第1回需給調整会議結果 (1956年11月30日現在)	第2回需給調整会議結果 (1957年1月30日現在)	最終結果 (1957年6月30日現在)
求職数(A) (うち県外就職希望)	487.9(134.2)	433.2(126.3)	462.2(132.1)	575.6
求人数(B) (うち県外採用希望)	318.6(73.6)	256.8(66.4)	444.7(105.6)	680.6
求人倍率(B/A) (県外)	0.7(0.5)	0.6(0.5)	1.0(0.8)	1.2
備考	求職数は職業安定機関で調査したもの．求人数は職業安定機関で受理したもの，**または申込を受ける予定のもの**を示す．	求職，求人数は職業安定機関で受理した数を示す．県外採用希望求人数は他県へ連絡ずみの数(会議調整分を含む)を示す．	同左	求職，求人数は累積数．したがって**取消分を含む**ことに注意．

資料:『職業安定広報』1957年2月，1957年3月，『労働市場年報』(1957年版)より作成．

5. 1950年代の需給調整:鹿児島県のケース

本節では，1950年代における新規中卒市場の需給調整が職業安定機関の手によってどのように進められたか，この点をとくに鹿児島県のケースをとって検討する．

ところで，以上にみた表3-3の数値は，職業安定機関による需給調整を経た後の，6月30日現在における職業紹介の最終結果を示すものにすぎない．ここからは，需給調整を行う正にそのプロセスで，職安行政が直面していた問題をうかがい知ることはできないのである．

そこで，こうした最終結果にいたる過程で，職安が把握する求人，求職数がどのように変化したかを，需給調整プロセスの節目となる3つの時点をとって示したものが，表3-4である．これによれば，1957年3月卒業生に対する求人倍率は，最終結果では1.2倍だったが，10月30日現在の求人，求職状況調では0.7倍に過ぎず，著しい求人不足の状況を示していた．しかも，

この調査では申込予定求人が算入されていたから，その1カ月後に開かれた第1回全国需給調整会議の結果では求人数は減少し，求人倍率は0.6倍とさらに低下した．『職業安定広報』に掲載された記事は，こうした需給調整の結果を，「このように現在までの状況ではなお需給に相当の懸隔があり，新たに学窓を巣立つこれら卒業者の就職目的を達成するためには，今後の努力に待つ所がきわめて大きい」[21]と総括している．このように第1回の需給調整会議で求人が著しく不足するという事態は，この年だけにとどまらず，50年代を通じて見られた普遍的な現象であった．たとえば，1954年3月卒業生を対象とした需給調整会議では，求人の出方は「戦後始めての油の乗り方」と評されるほど好調であったが，それでも求職者35万2000名に対して求人は14万4000名にすぎなかった．会議の席上，本省の雇用安定課長は，各県に対して「学校卒業者の就職確保」のために，次のような要望を出した．

「その第1は，この会議に報告せられている数字の少なくとも二倍以上の求人口を確保することが先決問題であること．このためには需要地都道府県では，供給地府県が提出している求職者の職種別人員に匹敵する求人口を是非確保するように努めて欲しいことである．一方供給県では，自らも自管内の求人を極力開拓して欲しいことである．第2は求人求職交換会の活用である．求人求職交換会は東京，名古屋，大阪および福岡に設ける予定であるが，名古屋と大阪については本省からも係員を駐在せしめて，府県間の調整指導にあたらせる方針である．（中略）第3は職業相談であるが今後の問題は再相談又は紹介相談の段階である．この場合には求職者との面接のみならず，場合によっては父兄とも面接を行い，その意向を十分確かめた上で紹介せられたいものである（後略）」[22]．

求人開拓，求人求職交換会（いわゆる学卒LM），そして職業相談．――これらの3つは，実のところ，50年代には需給調整会議の席上で重点課題として毎年取り上げられる，そうしたいわば定番のテーマであったといってよい．それでは，需給調整会議に参加した都道府県は，このような労働省の要望をうけて，「就職確保」のために具体的にどのような方策をたて，管下

の職安に対していかなる指示を出していたのであろうか．こうした問いに十分に答えることは，しかし，たいへん難しい．というのも，このような問題を解明するためには県レベルの行政史料にあたらねばならないが，この類の史料は概して保存期間が短く，残されることがごくまれだからである．

われわれが唯一探し出すことのできた材料は，労働省の機関紙である『職業研究』誌上に掲載された鹿児島県のレポートである[23]．ここでは，1956年3月中学校卒業予定者に対して，鹿児島県が前年11月30日に開催された需給調整会議の終了後に作成した今後の需給計画のあらましが，具体的な数字をあげて説明されている．その概要を示したものが，表3-5である．以下，レポートの説明にしたがって，その内容を男子の場合を例にとって具体的にみることにしたい．

まず，求職者数の推移をみよう．表3-5にみられるように，10月末日現在で県が求職状況調べによって把握した求職者数は4837名だった．ところが，過去の例をみると，「その中には進学と併せ希望している者，その他求職意思の曖昧な者等が，相当数含まれているため，あっ旋の段階において求職を取り消す者が現れ，需要地側に多大の迷惑を及ぼした」．そこで，「本年は特に当初の職業相談の過程において，真に求職意思の確固な者のみをあっ旋の対象者として取り扱うことにした」．12月10日現在で受理した求職数が3672名に減少したのは，そのためである．内訳を見ると，県内希望1245名に対して県外希望が2427名に上り，県外希望が全体の66％を占めていた．レポートは就職希望地についても男女計のデータをあげている．これによれば，就職希望地はとくに愛知，大阪の2府県に集中しており，この2府県で全体の74％に上っていた．

これに対して，12月10日現在で受理した求人数は614名にとどまっていたが，他に「今後確保できる見込み求人数」が1316名存在した．ここで「今後確保出来る見込み求人数」とは，「県内においては，さきに実施した求人開拓月間中の業務活動結果に基くものであり，……県外の分は，すでに需要地府県あるいは求人者からの情報により，ほぼ確定した求人」を指す．そこで，両者を合計すると，1930名となるが，そのうち県内求人が1582人で，これは県内就職希望の求職者数を337名上回っており，県内だけで求人倍率

表 3-5　1956 年 3 月中学卒業生に対する需給調整計画（鹿児島県）

(単位：人／％)

		計	男	女
10 月末日現在求職見込数		12,674	4,837	7,837
内訳	県内希望者	2,807	1,753	1,054
	県外希望者	9,867	3,084	6,783
12 月 10 日現在求職者数		10,086	3,672	6,414
内訳	県内希望者	2,013	1,245	768
	県外希望者	8,073	2,427	5,646
12 月 10 日現在求人数		3,754	614	3,140
内訳	県内求人数	498	336	162
	県外からうけた連絡求人数	3,256	278	2,978
今後確保出来る見込求人数		2,417	1,316	1,101
内訳	県内	1,747	1,246	501
	県外から情報受けた数	670	70	600
求人合計数		(61%) 6,171	(53%) 1,930	(66%) 4,241
内訳	県内求人	(112%) 2,245	(127%) 1,582	(86%) 663
	県外求人	(49%) 3,926	(14%) 348	(63%) 3,578
需給調整	県外就職希望者を県内希望へ振向けるべき数	337	337	—
	県外から更に連絡を必要とする求人数	3,824*	1,756**	2,068

資料：「中学・高校卒業者の求人求職状況」『職業研究』1956 年 2 月, 34 頁より引用.
注：( )は就職に対する求人の比率を示す.
　　*は 3,810, **は 1,742 の誤りと思われるが, そのまま掲げる.

を算出すれば127％に上っていた．これに対し，県外求人はわずか348名で，県外の求人倍率は14％にとどまっていた．要するに，県内と県外では，需給バランスの著しい不均等が存在したのである．表 3-4によれば，全国ベースの数値でも県外の求人倍率は県内のそれを下回っており，鹿児島県ほど極端ではないにせよ，こうした状況が50年代にはごく一般的であったことが推測される．

　さて，以上のような現状認識にもとづいて，県が新規中卒者の「就職確保」にむけて打ち出した需給調整方針は，次のようなものであった．

(1) 県外就職希望者のうち，337名を「県内求人に振り向けるための指導を行」う．
(2) 1756名分の県外求人を新たに確保する．

　すなわち，県は，12月10日現在の求職，求人数をもとに，県内，県外とも求人倍率が1.0倍になるように員数あわせを行ったのである．重要なことは，こうした作業によって，県外から県内への希望地変更の指導を行う求職者数，および新たに獲得すべき県外求人数の目標値が具体的に設定されたことであった．このうち懸案の県外求人の確保については，レポートは既述のような求職者の就職希望地にふれ，「大阪，愛知，東京，福岡等，広域労働市場をもつ都府県にこれを求めなければならない」と述べ，これらの地域における学卒LMの活動への期待を表明していた．レポートは，これに続けて，

　「それのみに漫然と依存することは当然許されるべき筈のものではないので，更に積極的な求人開拓と並行し，求職者の求職条件の緩和ないしは，希望地変更の措置をとる必要がある．このことについては，適切な職業相談を再三繰り返して実施し具体的な求職情報を逐一関係府県に通報して今後，更に一段の協力をお願いすることにいたしたい」

と述べ，報告をしめくくっている．
　以上，鹿児島県の需給調整計画の内容を詳しくみてきたが，その特徴は次の3点にまとめることができよう．まず第1に，県が需給調整計画をたてるにあたって，就職倍率が県外，県内とも1.0となるように員数をあわせるという手法をとったことが注目される．このことは，50年代における需給調整の目標が何よりも新規中卒者の「就職確保」にあったことを，雄弁に物語っている．同時に，こうした手法によって曲がりなりにも具体的な数値目標を設定したことは，管下の職安の指導にむけて少なからぬ意味をもったと考えられえる．第2のポイントは，こうした「就職確保」という目標にむけて，求人開拓月間を設けたり，4大労働市場地域の学卒LMに参加するなど，積

極的な求人開拓の試みが実施されたことである．とくに学卒LMの活用は戦後の職安行政が得意とした方法であり，これが新規中卒者のジョブマッチングに果たした役割は注目に値する．これを定量的に評価することは容易でないが，われわれが行った職安の関係者のインタビューでもその重要性を強調する発言をしばしば耳にすることができた．

しかし，第3に，本書の観点からみてより重要な意味をもつのは，県が中卒労働力の需給調整にむけて求職者に対する積極的な指導を掲げたことであろう．こうした「指導」は，求職意思の曖昧な者に対する確認（ないしは取り下げ）にはじまり，就職希望地の変更，希望職種の変更と多岐にわたり，そのために職安係員は求職者との面談＝職業相談を再三行うようもとめられることとなった．とくに就職希望地については，数合わせの結果算出された目標値をメドに，かなり強力な「指導」が行われたことが推測されよう．このような求職者に対する指導が，「職業選択の自由」という戦後の職安行政の根底にある原理を，実質的に浸食する側面をもっていることは否定できないと考える．

以上，鹿児島県のケースは，「就職確保」の理念といい，求人開拓や学卒LMの活用，さらには求職相談の重視といい，概して県が第1回需給調整会議の場で出された労働省の要望をうけて，これを忠実に反映させる形で県内の需給調整計画をたてていたことをうかがわせる事例といえよう．求人倍率1.2倍という最終結果の数値は，このような県，そしてその指示をうけた第一線の職安の，「需給調整」にむけた努力の総和を示すものに他ならなかったのである．

ところが，1960年代にはいると，職安行政をとりまく環境は大きく変化した．表3-6をみよう．これによれば，60年には，求人，求職状況調査時にすでに求人が求職を大きく上回り，求人倍率は1.6倍に上っていた．翌61年にはこうした傾向はさらに明確になり，求人，求職調査時の求人倍率は2.6倍に達し，これは最終結果をわずか0.1ポイント下回ったにすぎない．「就職確保」が職安行政の課題となる時代は，もはや過去のものとなったのである．さらに，興味深いのは，県外の求人倍率が3.0倍と平均を大きく上回り，県内・県外の需給バランスが50年代とは正に逆になったことである．

表3-6 求人・求職状況調査時の需給状況　　（単位：千人／倍）

	求職数（うち県外）	求人数（うち県外）	求人倍率（県外）	求人倍率最終結果
1957	487.9(134.2)	318.6(73.6)	0.7(0.5)	1.2
58	471.9(151.7)	364.0(96.1)	0.8(0.6)	1.2
59	487.4(－)	382.8(－)	0.8(－)	1.2
60	439.5(152.7)	699.3(253.0)	1.6(1.6)	1.9
61	325.4(125.7)	859.1(372.0)	2.6(3.0)	2.7

資料：『職業安定広報』1957年2月，1958年2月，1959年3月，1960年1月，1961年1月，『労働市場年報』（各年版）より作成．
注：－は不明を示す．

50年代に鹿児島県が県外求人の不足に苦しんだのとは反対に，供給地県はいまや大量に押し寄せる求人の波にどう対処するか，に悩むこととなった．

それでは，このようなまったく新たな事態が展開するなかで，職安行政の課題はどのようにシフトし，そして，新しい目標に向けて新規中卒市場の需給調整のシステムはどのように再構築されたのだろうか．次に，節をあらためて，この点を検討することにしよう．

6. 労働力不足経済への転換と「強力な需給調整」

(1) 「新規学校卒業者（中学）需給調整要領」

以上にみたように，新規中卒者に対する求人数は1960年を境に飛躍的な伸びを示し，これまで求職と求人がほぼ均衡していた新規中卒市場は求人超過へと一気に傾いた．同年3月卒業生の求人倍率は前年の1.2倍から1.9倍へとハネ上がり，他方求人充足率は64％から44％へと20ポイントも低下した．しかも，翌61年3月の卒業生は敗戦直後の出生率の激減期に出生した世代にあたっていたため，その数は前年に比べて20％ほども少なく，求人超過の傾向がさらに加速化することは必至であった．このようななかで，60年5月，労働省は都道府県知事にあてて新規学卒者紹介に関する新たな通達を発し，従来の需給調整方式の大幅な見直しを行った．なかでも，この通達に添えられた「新規学校卒業者（中学）需給調整要領」は，全国需給調整会議の運営を中心とした新規中卒労働力の需給調整の新たな仕組みを具体的に定式化した文書として，画期的な意義をもつものであった[24]．

この要領は，しかし，——『職業安定広報』に「雇用安定課・水沢」の署名入りで掲載された記事が自ら認めたところによれば——「必ずしも所期の目的に達」せず，翌年さらに重要な改定が加えられた．新たな需給調整要領は，職業安定局内で60年11月ごろから検討が始められ，各需要県・供給県の意見を十分斟酌するために近県から数回の意見聴取を行い，さらに全国からも意見書をもとめたうえで作成されたという[25]．翌62年に出された要領は原則としてこの年の方式を踏襲し，これに若干の「技術的な」——しかし，見方によっては重要な（後述）——修正を加えたにとどまった[26]．その後，再び「需給調整要領」と題する文書が作成された形跡はなく，残された文書資料からは，以後1960年代に開催された全国需給調整会議がおおむねここで定式化された手続きに沿って運営されていたことを知ることができる．

　このような事実経過からすれば，1961年の需給調整要領こそは，労働省による新規中卒市場の需給調整方式が行き着いた，ひとつの到達点を示すものとみることができよう．『広報』に掲載された前記の署名記事は，同要領の詳細な解説という性格をもっている（以下，「解説」と略記する）．「解説」は，その冒頭で，この要領に込められた労働省の狙いがどのようなものであったかについて，次のように述べている．

　「新規学校卒業者を対象とする求人，求職の需給関係は，全国的な立場で，調整が行われなければならないことは，いまさらいうまでもないが，従来ややもすると，本省で行ってきた需給調整会議は，それは需給の調整ではなくて，ただ単なるカード交換に過ぎないから求人交換会と呼んだ方が，より適切ではないか——という意見もなくはなかった．
　たしかにそういわれてみれば，需給調整会議と名がついていても，内容は各需要地の求人読み上げ，結合という方式がとられていたのだから，その意見ももっともである．ここ2,3年前までは，求人・求職のバランスも比較的ノーマルの状態であったし，自然の流れにまかしておいても極めてスムーズに調整が図られる結果となっていた．（中略）
　ところで昨今では，どうもこの状況が違ってきた．好景気による求人の増加と，戦後最も出生率の低かった"終戦っ子"といわれる卒業生で，そ

3章 職業安定行政の展開と広域紹介　　　　　　　　　　　　　　95

表 3-7　労働省主催の会議

	1954年3月 卒業生	1960年3月 卒業生	1961年需給調整要領 (1962年3月卒業生)
就職対策打合会	7/21	6月	4/5・6
求人・求職情報交換会	—	—	7/13
全国需給調整会議(第1回)	12/14・15	11/5・6	9/25・26
全国需給調整会議(第2回)	東日本　2/8・9	東日本 12/9・10	10/25・26
	西日本　2/12・13	西日本 12/9・10	
全国需給調整会議(第3回)	—	—	11/28・29
全国需給調整会議(第4回)	—	—	必要あれば別途指示

資料：『職業安定広報』1954年2月，1954年6月，1959年5月，1960年1月，1961年7月，より作成．

のバランスは著しくくずれてしまったのである．
　したがって，これに対する強力な需給調整が必要とされてきたのである．試みに，昨年には，かつてなかった需給調整要領を始めてつくり，これが実施をみることになった」．

　この文章は，1960年代に入って日本経済が本格的な労働力不足経済へと転換するなかで，労働省が新規中卒労働力のこれまでにない「強力な需給調整」にのりだしたこと，そしてそのための手段として新たに「需給調整要領」が策定されたことを，率直に物語っている．それでは，ここでいわれた「強力な需給調整」とは，具体的にはどのような内容をもっていたのだろうか．労働力不足時代の到来のもとで，労働省が目指した「単なるカード交換」にとどまらない，真の「全国的な立場」に立つ需給調整とはどのようなものだったのか．こうした問いに答えるためには，まず61年の要領によって定式化された新規中卒労働力の全国的な需給調整の仕組みを，それまでの方式との違いに注意を払いながら，具体的に明らかにする必要がある．以下，こうした全国的需給調整にむけた行政的な手続きの詳細をみることにしよう．

(2)　年間計画
　新規中卒労働力の全国的な需給調整は，労働省が都道府県の職業安定課係員の出席をもとめて開催するいくつかの会議を軸として進行する．表3-7は，

こうした労働省が主催する会議の開催日時の変遷を示したものである．図3-1にみられるように，これらの会議の運営は，県の職業安定課を介して第一線の職業安定所の活動と有機的に結びつけられており，各県はその開催時期に合わせて年度当初に学卒者紹介業務の年間計画の大綱を定め，これをもとに管下の職安にそれぞれの地域の事情を加味してより詳細な年間計画を作成するよう指示していた[27]．以下に見るように，県外向けの求人，求職の連絡は原則として県職業安定課の手を経て行われており，職業安定機関による新規中卒市場の需給調整活動の中核を担ったのは，これら県レベルの係員たちだったといってよい．

　はじめに，1960年に需給調整要領が作成される以前の需給調整方式のあらましを，こうした年間業務の流れに沿って確認しておこう．『職業安定広報』掲載の記事によれば，1954年3月卒業生に対して職業安定機関が行った就職斡旋の経過は，おおよそ次のようなものであった．

1．1953年4月—6月：「各安定機関において過去の経験に基づく詳細，綿密な年間計画を樹立」．
2．1953年7月21日：新規学校卒業者就職対策打合会開催（於労働省）．「前年度業務取り扱いの反省，検討を行い，更に都道府県間の協力に関する問題点の協議並びに業務改善五項目の指示が行われ，この結果決定された方針に基づき公共職業安定所と学校との間における連絡，就職希望者に対する職業指導（職業講話，職業相談及び職業適性検査等），並びに求人見込調査，求人開拓等の活動が開始された」．
3．1953年12月14，15日：第1回全国需給調整会議（於労働省）．「就職あっ旋の基本的取扱方針を確認するとともに，爾後の業務の一層円滑な推進のため必要な指示，協議，情報の交換及び求人求職の需給調整等が実施された．……その後，需給都道府県間において，活発な求職見込情報の通報や求人業務連絡が行われ，本年（1954年）1月にはいってからは（選考開始日に関する文部・労働次官の通達をうけて——引用者注）関係学校との緊密な協力の下に適職へのあっ旋業務も開始された」．
4．1954年2月：第2回全国需給調整会議（8・9日　東日本ブロック於

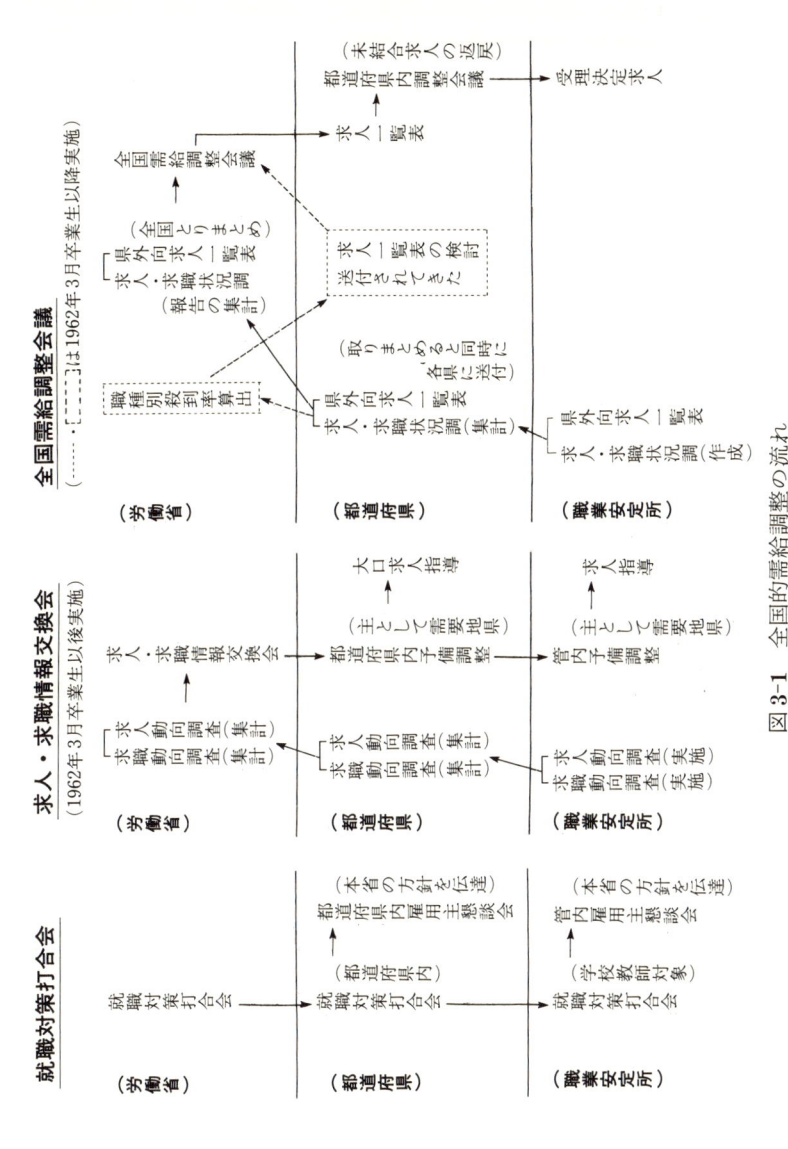

3章　職業安定行政の展開と広域紹介

図 3-1　全国的需給調整の流れ

資料出所：雇用安定課・水沢『新規学校卒業者の年間計画と需要調整』『職業安定広報』1961年7月号、16頁、の表を一部修正のうえ作成。

仙台，12・13日　西日本ブロック於岡山).「職業紹介活動の最盛期に入」り,「本年3月卒業生に対する最終的な需給関係の調整を図った」[28].

　表3-7によれば，1960年3月卒業生についても，年1回の就職対策打合会と2回の全国需給調整会議が開催されており，スケジュールが全体としてやや前倒しされた――1月の選考開始の前に2回の需給調整会議が終わる手筈となった――ことを除けば，就職の斡旋がほぼ同様のプロセスを経て行われたことがうかがわれる．ところが，1960年に需給調整要領が制定されると，こうした新規中卒者の紹介業務の流れは大きく様変わりした．同要領は翌年さらに重要な改定が加えられたが，新たに定められた年間計画は従来の方式に回帰するのではなく，前年に打ち出された新方針をさらに徹底する方向で作成されることとなった．以下，年間計画の流れに沿って，1961年の需給調整要領の特徴を整理してみることにしたい．

　さて，第1に，新しい年間計画では，例年6，7月に行われていた就職対策打合会の開催日が4月の年度初めに設定されたのを皮切りに，スケジュールの進行がこれまでに比べて著しく早期化した．第1回の全国需給調整会議は前々年よりも1ヵ月以上も早く9月末日に設定され，さらにこのような日程の早期化を前提として開催回数も3回ないし4回へと増加した．こうした措置が，60年代に中卒労働力の需給のアンバランスが一挙に拡大したことに対する行政的な対応であったことはみやすいであろう．

　ところで，学卒者紹介業務の年間計画は，労働省が主催する会議の開催日時を軸に組み立てられている．61年の要領の「解説」によれば，しかし，従来労働省は会期近くにならないとこれらの会議の期日を決定することができず，そのため県はしばしば年度初めに建てた年間計画を変更することを余儀なくされていた．県が作成する年間計画は，『手引』にそのひな型がのせられているにもかかわらず，こうした事情もあって実際は各県バラバラで，第一線の職安でも勢い年間計画の作成が形式化する傾向がみられたという．そこで，61年の要領では，県が年間計画を作成する以前に就職対策打合会で本省の年間計画を示し，「事務打合会の時期，職業講話，適性検査，本省の行う需給調整会議，都道府県が行う需給調整会議，職業相談の時期等を画

一的に決めて,全国いっせいに足並みが揃うようにした」.就職対策打合会が年度当初に設定されたのはこのためであった.要するに,労働省は,職業紹介業務の年間計画の早期化とその統一化・画一化を強力に押し進めることで,全国的な立場に立った新規中卒市場の需給調整の効率化を図ろうとしたのである.

(3) 求人指導

1961年の要領の第2の,そしてもっとも重要なポイントは,以上のような年間計画の早期化・画一化を可能とするためにも,同要領がこれまでにはみられない,積極的な求人指導の実施をうたったことであった.従来においても,新規中卒者の職業紹介は,その対象が15歳の少年・少女たちであることから,求人企業の労働条件を労働基準法に照らしてチェックすることは職安の重要な業務の1つとみなされてきた.だが,労働市場の需給関係が比較的緩慢で,労働条件が劣悪な小・零細企業からの求人申込が多数を占めるという状況のもとでは,こうした指導を行うことは現実問題として著しく困難であった[29].表3-8は,新規中卒者の就職先を規模別に示している.とくに,就職先が比較的大規模な紡績業に集中していた女子(後述,5章参照)に比べ,男子の就職先は圧倒的に小・零細企業にかたよっていたことがわかる.データが得られる最初の年である1956年をみると,この年の男子卒業生の過半は従業員14人以下の小・零細企業に就職しており,これに15-49人規模の企業に就職した者を加えれば全体の8割近くに上っていた.すでに5.でみたように,第一線の職安の努力は,50年代には「就職確保」にむけて少しでも多くの求人を開拓することに向けられており,求人指導にまで手がまわらなかった――より正確には手がつけられなかった――のも,当然だったといえよう.

ところが,60年を境に求人数が飛躍的に増加すると,こうした状況は一変した.求人,求職状況調べで把握された求人数は求職数を大きく上回り,就職先企業の規模も大幅に大規模化した.職安行政の側からすれば,年来の課題の実現にむけて,絶好の条件が整ったことになる.労働省は,すかさずこの年の通達で新規中卒者の求人条件の向上を目標に掲げ,求人受理時に職

表 3-8 新規中卒者の規模別就職者数 (1956-61年)

(千人:％)

	計	100人以上		15-99人		15人以下	
		500人以上	100-499人	50-99人	15-49人	5-14人	4人以下
男女計							
1956	367.7(100.0)	96.2(26.2)		39.9(10.9)	75.8(20.6)	78.3(21.3)	77.6(21.1)
58	401.9(100.0)	43.4(10.8)	71.0(17.7)	139.6(34.7)		147.8(36.8)	
59	421.7(100.0)	55.6(13.2)	78.7(18.7)	148.2(35.1)		139.2(33.0)	
60	411.3(100.0)	97.2(23.6)	109.3(26.6)	124.7(30.3)		80.1(19.5)	
61	329.7(100.0)	99.4(30.1)	98.3(29.8)	90.0(27.3)		42.0(12.7)	
男子							
1956	181.0(100.0)	22.7(12.5)		17.6(9.7)	43.3(23.9)	50.1(27.7)	47.2(26.1)
58	201.2(100.0)	12.3 (6.1)	22.7(11.3)	77.6(38.6)		88.7(44.1)	
59	209.2(100.0)	13.9 (6.6)	27.6(13.2)	85.6(40.9)		82.1(39.2)	
60	199.7(100.0)	24.7(12.4)	46.0(23.0)	79.9(40.0)		49.1(24.6)	
61	163.7(100.0)	33.7(20.6)	49.5(30.2)	57.2(34.9)		23.3(14.2)	
女子							
1956	186.7(100.0)	73.5(39.4)		22.2(11.9)	29.5(15.8)	28.1(15.1)	30.4(16.3)
58	200.7(100.0)	31.1(15.5)	48.3(24.1)	62.1(30.9)		59.2(29.5)	
59	212.5(100.0)	41.6(19.6)	51.2(24.1)	62.6(29.5)		57.1(26.9)	
60	211.5(100.0)	72.5(34.3)	63.3(29.9)	44.7(21.1)		31.0(14.7)	
61	165.9(100.0)	65.7(39.6)	48.8(29.4)	32.8(19.8)		18.7(11.3)	

資料:『労働市場年報』(各年度版) より作成.
注:数字は職業安定機関扱い. ( )内は構成比を示す.

安の窓口で「賃金,労働時間,休日,賞与,昇給,宿舎等の労働条件について,労働基準監督官と緊密な連絡のもとに適当な指導を加え」よう,県に指示を行った[30]. さらに,この通達に添えられた需給調整要領では,労働省はみずから労働条件の基準を定め,この基準をクリアしない求人は全国需給調整会議の対象外とし,県内で適当な求職者がみあたらない場合でも他県に求人連絡はしないとする方針を打ち出した.こうした方針は,もちろん翌年の要領でも受け継がれることとなったのである.

それだけではない.当時,労働省は,新規中卒者の獲得をめぐって企業間の激烈な競争が起きており,そのため特定の供給地に無用の混乱が起こっていると認識していた[31]. 61年の要領の年間計画が,4月の就職対策打合会に続いて,新しく7月に求人,求職情報交換会を設定したのは,こうした認識

の上に立って，求人受理時に採用希望地についても指導を加え，その予備的な調整を行うことで「求人秩序の確立」を図るためであった．要領では，そのために県に対して，管下の職安を指示して新たに求人，求職動向調査を実施し，その調査結果を集約して他県からの採用／他県への就職希望の見込み数（推計）を6月25日までに労働省に報告することを義務づけていた．労働省はこれらの数値を集計し，新規中卒者の全国的な需給の動向を男女別，そして職種別に整理して，その結果を求人，求職情報交換会で県に提示する．ちなみに，新規中卒者の求人，求職を6つの職種——販売，対人奉仕，繊維製品，金属加工，電機機器，その他の職業——に分けて把握することは，61年の要領が打ち出した新機軸であった．県は，こうして得たデータをもとにみずから県内の大口求人の指導にあたり，また特定の地域に求人が集中している場合には，管下の職安に当該地域から採用を希望する求人者に対してその緩和指導を実施するよう指示していた．「解説」は，こうした求人，求職動向調査にもとづく求人指導の狙いを，次のように説明している．

「何か科学的な全国的な資料をもとに，求人者を指導したら，もっとよりよい紹介ができるのではないかと考えられたわけである．
例えば『新潟県は，4倍も求人がいってますから……どうでしょう？　山形県あたりからおトリになっては？　山形県はまだ2倍位ですからね．……』といえば，特別な事情のある求人者を除いて納得するのではなかろうか，それに従来からの実績を加味した指導が行われれば，やる方もやられる方も甚だ都合がよろしいのではなかろうか」．

さて，新しい年間計画では，このような準備を経て，いよいよ職安の窓口で求人の受理が行われる．61年の要領は，中卒者の斡旋を計画的に行うために，こうした求人の受理に際して次にみる全国需給調整会議の開催日時に合わせて，第1期（8月31日），第2期（9月30日），第3期（10月31日），第4期（11月30日）の目標期限を定めたうえで，さらに求人の早期把握に向けて「できるだけ第1期目標期限までに受理できるよう求人指導をする」よう，県に指示していた．職安の担当者を集めて1958年8月に開催

されたある座談会によれば,当時は新規中卒者の求人受理日は10月1日に設定されていた[32]から,61年の要領はこの点でも従来のスケジュールをかなり繰り上げていたことがわかる.

ところで,従来は,職業安定法25条の3による中学校は,職安の業務を一部分担して,みずから求人の受理を行うことができた.61年の要領では,しかし,――これも前年の要領の方針を受け継いで――中学校が県外からの求人を受理することは禁止され,県外向けの求人はすべて職安に申し込まねばならないとされた.労働省は,学校経由の就職は早期に離職するケースが多く,その理由の一斑が「労働条件に関する求職者の指導の不十分,内容の誤解」にあると見ていたのである[33].

しかし,さらに重大な理由は別のところにあったと見るべきであろう.もし,企業と学校が職安を飛び越した形で直接に結びついて,新規中卒者の就職＝採用が行われるようになれば,労働省がいくら「求人秩序の確立」を掲げたとしても,これが尻抜けになることはまぬがれない.事実,後に4章で詳述するように,こうした特定の企業と中学校の結びつき＝「実績関係」は,すでに50年代前半までには,かなりの広がりをもって存在していた.労働省は,かねてからこうした「学校経由」の就職は「学校縁故」につながり,それは「一般の『縁故経由』と同様の問題があ」る,とみなしていた[34].学卒者の獲得にむけた企業間の競争が激化するなかで,このような動きが一気に拡大する可能性があることは,十分予測されたといってよい.先の60年の通達が,採用地域として特定の職安ないし中学校を指定する求人(指名求人)についてとくに注意を払い,このような求人の受理にあたっては地域指定の理由を詳細に尋ねたうえでその緩和指導を行い,またやむを得ない事情があると認めた場合でも,県の指定に止めるよう指導する旨指示したのは,そのためである[35].60年代半ばになると,こうした自由な求人活動に対する規制は一層拡大し,中学校は県内からのものを含めてすべての求人を受理することを禁止された.さらに,新規中卒者については委託募集はもちろん,通勤圏外からの直接募集,新聞・広告等による文書募集を行うことが禁じられ,また縁故募集についても一定の枠が課せられることとなった(後述,6章参照).中卒者の募集に関する限り,大口の求人はもはや職安に出すより

他にほとんど手がなくなったといえよう．

　以上，要するに労働省は，新規中卒者に対する求人を出来る限り職安で一元的に把握し，労働条件や水増しの恐れのある求人数，そして採用希望地を厳しくチェックしてこれに「適切な」指導を加えることで，「純真な少年少女達が他県に出て就職するに必要な労働条件を確保する」とともに，「全国的な視野に立った需給調整」の円滑な進行を図ろうとしたのである[36]．このように，「求人源を採用経路の如何に係わらず，全般として把握し，求人求職の需給調整に資したいとの希望は」，実のところ，「職業安定機関にとって年来のものであり，特に給源の明確な新規学卒者の場合その要求は強」かった[37]．労働市場の需給関係の劇的な変化は，職安行政がこうした「年来の希望」を実現する絶好のチャンスをもたらしたのである．

(4) 全国需給調整会議

　1961年の要領の第3の特徴は，こうした積極的な求人指導の実施をうけて，さらに全国需給調整会議の運営の仕方に重要な変更を加えたことであった．ごく単純化すれば，全国需給調整会議は，労働省の主催のもとで各県の学卒者紹介担当の係員が一堂に会して，自県内では充足することのできない求人をもちよってその場に提示し，それを充足できる可能性が高い他の県に割り振って持ちかえらせるという内容をもっている．会議の場では，まず労働省から新規中卒労働力の全国的な需給状況を表す資料が提示され，求人を割り振るための大まかな目安が示される．これをうけて，実際の調整作業は，需要県が自県内では充足できない求人を読み上げ，これに県外就職を希望する求職者を抱える供給県が手をあげてアプライするという仕方で進められるのである（いわゆる読み上げ方式）．

　それにしても，全国的な求人連絡の調整を，2日間というごく限られた開催期日のなかで行うことは容易なことではない．2章でみたように，職安の斡旋で就職した新規中卒者のうち，県外で職をみつけた者は，岩手県や福島県のような供給県では1950年代後半でも3-4割に上り，60年代ともなると優に5割を越えていた．宮城県の職業安定課で長く学卒者紹介業務に携わった岩佐久典の回想によれば，全国需給調整会議で持ちかえった求人票（副

本)は最盛期には段ボール5箱ほどにも上り,宅送業者に依頼して宮城県に送ってもらったという[38]。

にもかかわらず,わずか2日間でまがりなりにもこうした全国的調整を行うことが可能だったのは,実は,かなりの数の他県向け求人については,全国需給調整会議が開催される前に,すでに求人連絡の実質的な手続きが終了していたからである。というのも,既述のように,東京・中京・京阪神・北九州の4大労働市場地域をはじめとして,中卒労働力の主要な需要地域では,特定の県がホストとなって近隣の──とはいえ,ときにはかなり広い範囲に及ぶ──諸県の職業安定課員,職安係員を集めて,求人,求職連絡交換会(いわゆる学卒LM)を定期的に,かつかなり頻繁に開いていた。自県内で充足が困難な求人は,まずこのようなシステムを利用してその連絡先をみつけることができたのである。ここで連絡先がみつかった求人については,その場で求人票副本が相手先の県,ないし職安に手渡され,求人連絡の手続きはこれで完了する。したがって,これらの求人が全国需給調整会議へとあげられることはない[39]。

他方,こうした学卒LMのシステムを利用できない,ないしは利用しても連絡先がみつからない求人は,原則としてこれを受理した職安から所轄の県へと連絡され,それにともなって求人票の副本が送付される。1950年代に用いられた『手引』の定めるところでは,県は連絡をうけると,「速かにこれを適当と認める他都道府県に求人連絡」を行い,さらに連絡を受けた採用地の県は,「なるべく求人者の希望する採用地域を尊重して,速やかに適当と認める」管下の職安に連絡することとなっていた[40]。このようなプロセスを経て連絡先がみつかった求人は,全国需給調整会議へとあげられはするものの,実際の需給調整の場で読み上げられることはなく,そうした作業が一段落したあとで,新たに連絡先が決定した求人と一緒に求人票副本が相手先の県へと手渡されるのである。

ところで,61年の要領では,こうした事前の求人連絡の方式に対して,一見したところでは些細な──しかし,実は重要な含意をもつ──変更が加えられた。新たな方式では,求人の受理目標期限が設定されたことをうけて,県はその4つの目標期限ごとに受理した求人のうち他県に連絡するものを決

め，これをもとに「求人一覧表」を作成して各月15日までに全国各県に到着するよう送付することとなった．全国需給調整会議が開かれるのは各月25日であるから，その10日前までに，各県の手もとに，全国の連絡求人の一覧表が届く計算になる．もっとも，求人一覧表の作成はそれ以前にも行われた形跡があり，そのこと自体が目新しかったわけではない．重要な意味をもっていたのは，むしろ，求人一覧表の作成の補足として，カッコ書きでさりげなく添えられた次の一文であった．

「連絡先を調整した場合はその指定先県を該当欄に記入する」[41]．

「解説」の表現によれば，県は求人一覧表のなるべく全求人について地域指定を行うものとするが，その地域指定は「求人者の地域指定ではなく職業安定機関の内部での地域指定」に他ならない．これは，他県向け求人の連絡先＝採用地を決定する最終的な権限が，求人を受理した職安，およびこれを所管する県にあると宣言したに等しい．要するに，61年の要領は，県に採用地決定の最終的権限が行政側にあるというメッセージを流すことで，求人者に対する採用希望地の指導の徹底を期したのである．

だが，それにしても，求人者の採用地の希望にはそれぞれの歴史的な経緯があるのがふつうだから，窓口での指導だけで特定の地域に求人が集中するのを防ぐことは難しい．そこで，61年の要領では，さらに一歩踏み込んで各県が全国需給調整会議で持ちかえる求人数の数値目標を設定することで，各県の求人倍率を全国一律にする強力な施策が実施されることとなった．その基礎をなすのが，県から報告される求人，求職状況調の結果をもとに，労働省が算出する全国平均の職種別「殺到率」（＝求人倍率）である．その数値は，全国需給調整会議の開催前に，電報で各県に知らされる．県はこの情報をもとに送付されてきた求人一覧表の検討を行ったうえで，需給調整会議に出席する手筈になっていた（図3-1参照）．

いま，仮に「繊維製造の職業」の全国平均の殺到率が3倍であるとしよう．これに対してM県には，他県の「繊維製造の職業」への就職を希望する求職者が1000名いるものとする．すると，1000×3＝3000名が，M県の担当係

員Xが全国需給調整会議に出席して持ちかえらなければならない求人数となる。Xは，このことを念頭において，まず求人一覧表から自県を指定している求人のうち適当な求人を選びだし，これを相手先の県に通知する（これらの求人は，この手続きをもって連絡先が決定したとみなされ，需給調整の場であらためて読み上げられることはない）。この場合，求人一覧表に自分の県が指定されている数が多ければ，Xはそこから3000名分だけを選びだし，残りの求人はその他の県向けに需給調整会議にかけられることとなる。反対に，指定されている数が少なくて3000名分に満たなければ，会議当日に読み上げられる求人を持ちかえることで，不足数を埋め合わせる必要がある。そこで，Xは，求職状況調で把握した求職者の就職希望地を考慮して，例えばA県から150名，B県から80名というように，あらかじめアプライ先のメドをつけて，会議に臨むこととなるのである。

　このような簡単な例解からもわかるように，ある求人がかりにM県を指定したとしても，M県に同職種の求人が殺到していれば，その求人は自動的に他県むけの求人へと振り替えられる可能性がある。要するに，労働省は，「求人倍率の全国平均化」[42]にむけて求人者の採用希望地の強制的な変更も辞さない，強力な調整方式を採用したのである。

(5) 「強力な需給調整」の意義とその行方：むすびにかえて

　以上，61年の要領によって定式化された新規中卒労働力の全国的な需給調整の仕組みを，年間計画の流れに沿って詳しくみてきた。年間計画の早期化と全国画一化，積極的な求人指導と予備調整の実施，自由な求人活動の制限と職安による求人の一元的把握，そして全国需給調整会議の運営方式の改革と求人倍率の全国平均化。——これらの内容は，まさに「強力な需給調整」とよぶにふさわしい。すでに指摘したように，60年代初めには，学卒者の獲得にむけた企業間の競争が激化するなかで，企業が職安を飛び越して，求職者やその家族，さらには学校に直接コンタクトをとる動きがみられた。もし，労働省が，この時期にこうした思い切った需給調整システムの再構築を図らなければ，新規中卒市場の「制度」は大きく後退した可能性が高い。その意味で，60年代は，職安行政にとって，新規中卒者の就職を自由な求

人，求職活動の保障を原則とする市場メカニズムの働きに委ねるか，それとも自由な求人活動を規制して求人を一元的に把握し，これを基盤にみずから中卒労働力の流れをコントロールする役割を担うか，そうした重大な選択を迫られた時期だったといってよい．

　しかし，職安行政にとっては，いずれの道を選択すべきかは，それまでの行政のスタンスからして自明のことがらであった．すべての求人を職安が把握して，中卒労働力の需給調整をできるだけ計画的に，かつ円滑に行うことこそ，職安行政の「年来の希望」だったからである．確かに，1950年代には，求人者に対する積極的な指導はほとんど行われなかった．だが，それは，職安が求人活動の自由を尊重したからではなく，労働市場の需給関係が緩慢だったために，求人者に対して行政が強い影響力を行使しえなかったからにすぎない．他方，求職者に対しては，——鹿児島県のケースからもうかがわれるように——労働市場の需給調整にむけて職安によるかなり踏み込んだ「指導」，すなわち希望職業，就職地の変更の働きかけが行われた節がある．すでにみたように，職業安定法第4条は，政府の行う事業として「国民の労働力の需要供給の適正な調整をはかること及び国民の労働力を最も有効に発揮させるために必要な計画を樹立すること」をあげていた．職業安定法を形作るいま一つの理念である，自由な求人，求職活動の保障は，「国家的」な意義をもつ新規中卒者に関しては，上のような重要な課題の達成を犠牲にしてまで職安行政が追求すべきものとは考えられていなかったのである．

　60年代にはいって労働市場の需給関係が劇的に変化したことは，それゆえ，職安行政にとってこれまでは実現できなかった求人者に対する「指導」を行う絶好の機会として映じたといってよい．50年代の職安行政の目標であった中卒者の「就職確保」が達成されようとしているまさにその時に，自由な求人活動に対する制限が強まり，職安が主役を演じるジョブマッチングの「制度」が強化されたことは，このような事情を抜きに理解することはできない．61年の需給調整要領に定式化された「強力な需給調整」のシステムの導入は，求人の飛躍的増加によって生じたまったく新たな事態に対する対応であったと同時に，戦後の職安行政の「年来の希望」を体現する企てでもあったのである．

だが，このような職安行政の意図は，必ずしも何らの摩擦もなしに現実のものとなったわけではない．実際，翌62年に出された新たな需給調整要領は，61年要領の目玉の１つだった全国需給調整会議の運営方針の改革が，特定の採用希望地に固執する求人者の反発を呼び起こした様を，彷彿とさせる内容になっている．新たな要領では，基本的に前年の方式が踏襲されたものの，そこにはいくつかの「技術的な」修正が施されることとなった．その１つが，既述の求人一覧表による求人連絡方式の改正である．同要領の内容を詳細に報じた『紡績労務月報』の一記事は，こうした「技術的修正」が必要となったのはなぜかを，次のように説明している．

　「従来のいわゆる連絡求人（他県宛求人）の処理については，需要府県において受理される求人の実情が，当該府県の行政的操作により，正確な形で関係供出県に連絡されない欠陥があり，これは９月以降の全国需給調整会議の段階でカバーされるににすぎなかった．そこで今回からは，早期求人の受理（７月以降）に努めると共に，受理した求人票の『副本』を，各月10日毎にそれぞれの連絡先県に送付することにした」[43]．

　すでにみたように，61年要領の方式では，県は他県向けの求人連絡を行うにあたって，各県に送付する求人一覧表に「求人者の地域指定ではなく職業安定機関内部での地域指定」を記入することになっていた．新たな措置は，このような方式のもとで，求人者の採用希望地が実際に所在地職安の管轄県の「行政的操作」によって変更されたことに対する，批判をうけて行われたものだったのである．求人一覧票にかえて直接求人票の副本を関係県に送ることで，求人者の採用希望県にはひとまずは必ず連絡が行われるようにすること，これがここでの修正の要点であった．
　しかし，このように必ず連絡が行われたとしても，供出県が他県向け求人を受理できる数は職種別の殺到率によって定められているから，その求人は連絡先の県によって受理されない可能性がある．その場合は，需給調整会議にかけられることになり，自動的に求人者の採用希望県とは異なる県に求人票が回っていくことになる．62年要領の修正点のいま１つのポイントは，

このような事態を念頭において供出県の他県向け求人受理数の基準となる殺到率自体に,「所要の修正」を行ったことであった．もし,この修正が大幅なものであれば,各県の求人倍率を「全国平均化」するという,職安行政の狙いそのものが覆されざるをえない．「修正」の実態はどのようなものだったのだろうか．

『職業安定広報』に雇用安定課の署名入りで掲載された記事によれば,その内容は,63年3月卒業生の場合,殺到率に「上下10％の幅をもたせる」というものであった[44]．その結果は,「最終的には,各職種群とも,ほとんど本省指示倍率とおりの求人受理状況になった」．同記事は,この結果をうけて,「調整に融通性が生まれ好ましいものとなった」と総括している．要するに,職安行政は,求人者の要請に一部譲歩しながらも,そのことによって求人者の協力をとりつけて,「強力な需給調整のシステム」を円滑に運行させることに成功したのである．このように企業が職安行政によって課される規制に同調したのは,企業にとっても行政が用意する「制度」にのっかって採用活動を行う方が,学卒者の獲得にむけて競争が無制限に激化した場合に比べて,メリットが大きいと判断したためと考えられる．だが,このような条件が満たされるためには,行政の規制の枠の外で「自由に」求人活動を行うアウトサイダーのうえに,できるかぎり「制度」の網の目をかぶせる必要がある．60年代半ばに自由な求人活動に対する職安行政の規制がさらに拡大したことの背景には,このようなメカニズムが働いていたと推測されるのである．

こうした職安行政にとっての〈黄金時代〉は,しかし,長くは続かなかった．60年代後半になると,高校進学率が急伸したために中卒就職者数自体が激減しはじめたからである．再び表3-3によれば,新規中卒者の求職申込数は65年には44万8000人に上っていたのが翌66年には36万1000人に急減し,70年には19万9000人にまで落ち込んでいる．この間,非農就職者数を母数とする職安経由率(2)は大きく上がり,就職率も順調な伸びをみせて,70年にはそれぞれ77％,99％という驚異的な数字を記録した．「金の卵」となった中卒就職者のほとんどが,職安の手で,確実に就職していったのである．だが,このように新規中卒市場の「制度」がさらに深化し,洗練されて

いく一方で、いまや大衆労働力の主役となった新規高卒者の就職に対しては、職安行政のコントロールはほとんど及ばなくなっていた。

このような事態は、どのようにして、そしてなぜ生じたのだろうか。また、そのことは、どのような意味をもっていたのか。これらの問題については、6章であらためて詳細に論じることにしたい[45]。

1) 氏原正治郎・高梨昌『日本労働市場分析』上、東京大学出版会、1971年．
2) 労働省職業安定局編『職業安定法解説』雇用問題研究会、1956年、168頁．
3) 労働省「地域間の紹介」『職業安定行政手引』1949年．『手引』の成立過程、およびその性格については、後述、6章を参照．
4) 川野温興編『国営前の職業紹介事業』豊原又男氏古希祝賀会、1941年、414-419頁．
5) 以下、少年職業紹介事業に関する基本的な通牒については、とくに断りのない限り、東京地方職業紹介事務局『少年職業紹介施設要領』1927年、糸井文庫（東京大学社会科学研究所所蔵）、請求番号210-20、によった．
6) 中央職業紹介事務局『少年職業紹介施設及取扱成績　昭和5年2月』1930年、18頁．
7) 中央職業紹介事務局『職業紹介法施行拾年』128頁．
8) 名古屋地方職業紹介事務局『大都市就職希望少年職業紹介連絡要綱』1938年、糸井文庫（前掲）210-18．なお、同要綱の歴史的意義について論じた先行研究としては、高瀬雅弘「戦間期日本における少年職業紹介の制度化過程」『東京大学大学院教育学研究科紀要』第38巻、1999年、がある．
9) 木川進「農村児童の大都市就職に就て」『職業紹介』6巻7号、1938年．
10) 改正職業紹介法の制定の経緯については、河棕文『東京大学日本史学研究叢書2　戦時労働力政策の展開』東京大学日本史学研究室、1996年、参照．
11) 厚生省職業部「小学校卒業者の職業指導並びに職業紹介に就いて」『職業時報』1巻2号、1938年．
12) 厚生省職業部『昭和14年　小学校卒業者の職業紹介関係通牒』1939年．
13) 根岸晃平「労務調整令下に於ける新規学校卒業者の配置と指導」『職業指導』15巻6号、1942年．
14) 工藤誠爾『職業安定法解説』泰流社、1948年．以下、職業安定法の性格の理解については、苅谷剛彦・菅山真次・石田浩・村尾祐美子・西村幸満「新規学卒労働市場の制度化過程に関する研究(1)」II-2（苅谷執筆分）、『社会科学研究』49巻2号、1997年、を参照した．
15) 労働省「地域間紹介（未定稿）」『職業安定行政手引』1948年．

16)『東洋紡績百年史』上，1986年，514頁．なお，この点については，本書，5章で関説する．
17) 労働省「地域間の紹介」『職業安定行政手引』1949年．
18) 飯土井清久氏とのインタビュー（1997年12月19日実施）による．
19) 雇用安定課・水沢勇「学卒の求人難とその対策」『職業安定広報』1961年4月号．
20)『労働市場年報』各年度版，より算出．数字は職業安定所扱い．1962年以降は不明である．
21) 「新規学校卒業者の求人求職見込状況」『職業安定広報』1957年2月号．
22) 雇用安定課長・富山次郎「学校卒業者の就職確保に望む」『職業安定広報』1953年2月号．
23) 「中学・高校卒業者の求人求職状況——新潟・神奈川・愛知・兵庫・福岡・鹿児島」『職業研究』1956年2月号．
24) その全文は，「本年度中卒者需給調整要領とその問題点」『紡績労務月報』1960年7月1日，に収録されている．
25) 雇用安定課・水沢「新規学校卒業者の年間計画と需給調整」『職業安定広報』1961年7・8月号．
26) 「昭和38年3月新中卒の職業紹介に関する労働省通牒について」『紡績労務月報』1962年5月1日．
27) 前掲，労働省「地域間の紹介」．
28) 「新規学校卒業者の職業紹介を顧みて」『職業安定広報』1954年6月号．
29) この点については，たとえば，「座談会　第一線エキスパートが語る"地域連絡"虎の巻」『職業安定公報』1958年7月号，を参照．
30) 「新規学校卒業者の職業紹介業務取扱要領」『職業安定行政手引』1960年（労働省図書館所蔵）．
31) 雇用安定課「新規学校卒業者の職業紹介」『職業安定広報』1960年7月号．
32) 「座談会　第一線エキスパートが語る　新規学校卒業者の就職斡旋」『職業安定公報』1958年11月号．
33) 前掲，「本年度中卒者需給調整要領とその問題点」．
34) 「創刊10周年記念特集　労働市場の研究——各論その2　労働力供給の構造と特徴」『職業安定広報』1959年2月号，43頁．
35) 前掲，「本年度中卒者需給調整要領とその問題点」．
36) 労働省雇用安定課「来春新卒就職希望者の需給調整について」『職業指導』1960年9月号．
37) 雇用安定課「新規学校卒業者の就職あっ旋をめぐって」『職業安定広報』1956年4月号．
38) 岩佐久典，川井幸二両氏とのインタビュー（1996年8月5日実施）による．

39) 飯土井清久氏とのインタビュー（前掲）による．
40) 前掲，「地域間の紹介」．
41) 「(昭和) 36 年度新中卒者需給調整要領（案）の概要」『紡績労務月報』1961 年 4 月 1 日．ここに引用されているのは正確には 61 年の需給調整要領の原案であるが，その内容は前記「解説」やその他の資料が伝える 61 年要領のそれとぴったり一致しており，その後変更が加えられた形跡は見当たらない．
42) 水沢勇「来春中卒就職希望者の需給調整」『職業指導』1961 年 7・8 月号．
43) 前掲，「昭和 38 年 3 月新中卒の職業紹介に関する労働省通牒について」．
44) 雇用安定課「新規労働力の需給状況をみる」『職業安定広報』1962 年 11 月号．
45) 本章 2, 3 は，菅山真次「〈就社〉社会の成立」『日本労働研究雑誌』1998 年 7 月号の一部に大幅な加筆修正を加えたものである．

（付記）　本章は，1-4 を菅山，5, 6 を西村・菅山が執筆した．

4章　中卒者就職のミクロなメカニズム

石　田　　　浩

1.　はじめに

　本章では，1950年代前半に中学校を卒業した生徒たちが，どのようにして仕事についたかというプロセスに着目した社会学的分析を試みる．1950年代は戦後の経済復興を達成し，高度成長へのステップを確実に歩みはじめた時期にあたる．敗戦後，再建の中軸として登場した石炭・鉄鋼を中心とした傾斜生産方式，電力業・海運業・化学肥料工業などへの価格差補給金・生産奨励金などの財政資金の重点的配分は，戦後経済の基盤を着実に形成していった．しかし，1949年のドッジ政策によって一転，財政・金融引き締めの実施が強行され，行政部門の整理・縮小，民間の人員整理など大量の過剰人口が創出された．ところが1950年に勃発した朝鮮戦争とそれに伴う朝鮮特需により，この不況を抜けだし，1950年代中頃には戦災の傷跡から完全に回復することになる．経済指標としてよく引き合いにだされる1人当たりの実質国民総生産も1955年に戦前の水準を上回った[1]．労働市場の需給関係も，産業別のちがいはあるが1953年あたりを転換点として，1960年代の高度成長下の売り手市場へとつながる需要の拡大傾向があきらかとなってきた．

　この時期の労働市場の特徴のひとつに豊富な若年労働力の存在がある．『労働異動調査報告』[2]によれば，1956年には新規入職者（学卒者と一般採用の両方を含む）のうち19歳以下の割合は43％，24歳以下は3分の2以上を占めていた．その中でも特に新規学卒者が労働力の供給源としてもつ意味は極めて大きかった．1950年代の新規学卒就職者の主力は中学校卒業者であ

った．すでにこれまでの章でも明らかになったように，中学校は1950年代を通して，男女あわせて毎年平均70万人強の就職者を労働市場に供給していった．特に非農林水産業（以下非農林業とする）就職者は，1950年の（男女計）28万人から1958年の62万人へと急激な増加を示し，1960年代の半ばまでこの高水準を維持していく．少なくとも1950年代当時は，男女ともに中卒者は新規学卒就職者の圧倒的多数を占め，労働市場に参入する労働力として極めて重要な位置を占めていた．中卒労働力の新規学卒労働市場に占める優位性は1960年代中頃まで続き，男女とも1965年にはじめて新規中卒労働力が新規高卒労働力を量的に下回ることになる．このような大きな歴史的な変化の流れの中で，本研究が1950年代前半の中卒者の就職に注目する理由を以下検討しておきたい．

2. 1950年代前半の中卒就職への着目

すでに1950年代における中卒者の新規学卒労働市場における重要性については述べたが，1950年代前半に注目する最も大きな理由は，新規学卒者の職業斡旋に関して，職業安定所と学校の役割が法的に明示されたのが，1947年の職業安定法と1949年の改正によるからである．職業安定法は1947年11月30日，法律第141号をもって制定され，同年12月1日より施行された．これにより，新規学校卒業者の職業紹介は全面的に職業安定所において行われることになり，また職業安定所は学校の行う職業指導に協力しなければならないことが明記された．さらに，1949年5月20日の改正により，学校は職業安定所の行う業務の一部を分担したり，無料の職業紹介を行うことが法的に認められた．すなわち，すでに述べたように，学校は生徒の職業紹介にあたって3つの方法を選択することが可能となった．

(1) 職業安定法第25条の2により，学校としては職業紹介業務を行わず，職業安定所に委託する方法で，安定所は一般的な視野から所轄管内の全学校に対し緊密な連絡を保ち，援助協力に努めるという方法．

(2) 職業安定法第25条の3により，学校の長が公共職業安定所の業務の一部を分担する方法．

(3) 職業安定法第33条の2により，学校が届け出をして無料の職業紹介を全面的に実施する方法．

1949年の職業安定法の改正後，労働省が発行している『職業安定行政手引』によれば，学校長が自由に上記3つの方法のうち自校に最もふさわしいものを選択することができる．選択の基準として「中学校等でその地域に産業が発達しておらず公共職業安定所の努力による地域間の連絡によらなければ，卒業者の就職が円滑にいかない学校においては1の方法を，中学校及び高等学校の一部で直接求人申込を得られる地域の学校においては2の方法を，その他求人の申込も多く且つ財政的にも組織的にも独立して職業紹介事業を営むことのできる機能を持つ学校にあっては3の方法を選択することが適当である」という指針をだしている[3]．

25条の3により学校が分担する業務の範囲は，職業安定法第25条の3第2項によると，(1)求人申込を受理しそれを職安に連絡，(2)求職申込を受理する，(3)求職者を適当と考えられる求人者に紹介する，(4)職業指導を行う，(5)就職後の補導を行う，(6)公共補導所への入所の斡旋，の6点にわたる．これらすべての業務を学校が代行しなければならない訳ではなく，学校の力量や職安側の業務運営の実状を鑑みて，一部については，範囲を制限したり削除したりすることができた[4]．しかし，当時職業指導・斡旋を行っていた職安職員や学校の担当者のインタビューなどから推察すると，これらはいわば原則であり，実際は25条の2を選択した学校でも，上記の6点に含まれる就職指導，求職受理はもとより，積極的な求人開拓などで求人申込を受理したりしていた現状があった．このため25条の2と25条の3の違いは実質的にあまりなかったようで，中卒者の就職過程は以下に明らかになるように，職安と学校が相互に緊密に連絡を取り合いながら，いわば一体となった形で，ここに記述されている業務が行われていたと考えられる．

さらにもうひとつ学校における職業指導・斡旋を制度化する出来事が1953年に起こった．文部省は『学校教育法施行規則等の一部を改正する省令』により，1953年10月31日から中学校，高等学校に職業指導主事を設置することを正式に決定した．この省令によれば，就職指導を行っていた「担当者の位置が従来必ずしも明確でなく，職業指導の活動にも支障が少く

なかったので，このたび担当者の制度の明確化を図るため」の改正とされ，職業指導主事は「学校において職業指導を運営するための組織の中心者であり，職業指導の活動を計画的かつ継続的に運営するための責任者であるばかりでなく，職業指導に関する対外的な任務も合わせ受持たねばならない」と定義されている[5]．この改正により，職業指導・斡旋が学校教育体系の中に明確に位置づけられることになり，制度としての基盤が形成されることになった．

　このような学校による職業指導・斡旋を，法的に容認し制度化していくようになった背景には，苅谷が指摘する社会からの学校への絶大な信頼を見てとることができる[6]．1949年の職業安定法改正の直後に，日本職業指導協会が発行した職業指導に関する概説では，学校は生徒の個性・背景を長年にわたり理解しているため，生徒に同情し，また誠意，熱意をもって就職を斡旋することができるという．学校の職業指導もあくまで教育の一環としてなすもので，その特色は「それが継続的の過程であり，生徒・学生が個性に応じて進路を選択する能力を養うにつとめるところにある」[7]．さらに，「学生・生徒の就職あっせんは，従来は原則として所轄の公共職業安定所がこれを行うことになっていたが，もともと手塩にかけた学生・生徒であってみれば，これをもっともよく知っている学校当局が，その卒業後の進路指導の一環として就職あっせんもこれを行なうのが，もっとも自然であるわけである．そこで昭和24年の職業安定法の一部改正が行なわれ，学校が独自の立場で，卒業する学生・生徒の無料の職業指導をすることができるようになった」[8]．

　学校が職業紹介業務にかかわる重要性は，労働行政側の資料によっても確認することができる．たとえば，1956年に労働省職業安定局が編集した『職業安定法解説』は，改正の主旨について，次のようにその背景を説明している．

　　「これら学生，生徒又は学校卒業者の就職問題を解決するためには，職業安定行政の第一線機関たる公共職業安定所と，学生，生徒について教育の責任を負い，卒業生の前途を見守る学校とが緊密な協力の下に相互にその長所を生かし，短所を補いつつその機能を充分に発揮して学生，生徒又

は学校卒業者の職業あっ旋に適当な措置を講ずる必要があった」[9].

また，25条の2の規定の主旨の解説部分に，学校と職安に関して次のような説明がある．

「学校の学生等の就職問題は，学校における教育課程又はその結果として重要な意義を有するものであるが，在学中の学生，生徒が内職を求める場合は勿論のこと，学校を卒業し新たに職業に就こうとするものにとっても最も相談しやすいのは学校である．したがって，学生，生徒等の職業紹介を円滑に行うためには，職業紹介の専門的機関である公共職業安定所が学校とタイアップして学校を通じてこれらの者に職業選択に必要な情報を提供し，適切な助言援助を与えることが最も効果的である」[10].

すなわち，「卒業生の前途を見守る」学校の役割を認めつつ，学校は労働市場の情勢に疎く，その動向を的確に把握しにくい欠点があるので，その点については職安との緊密な協力関係を維持し，まだ未熟な生徒への指導と援助を教育の一環として行う必要があると考えられていた．
さらに職安行政は，学卒者の就職は「年少者の就職斡旋」として特別な位置づけを与えていた．学卒者を含む年少者は心身共に未熟であるので，法律的観点から労働基準法の年少労働者に対する保護規定を十分考慮して，その斡旋を行う必要があると認識されていた．また，新規学卒者は就業経験が欠如しているため，職業生活に関する正確な知識が少なく，職業選択に対する判断力が乏しいので特別の援助・指導が不可欠であり，就職は職業人としての出発点を意味するので，将来の発展計画を視野にいれた指導が望ましいと考えられていた[11]．そこで職安は単に求職者と求人者を事務的に結びつけるのではなく，学卒者に関しては学校との緊密な連携を基盤とした適切な職業指導，援助を念頭においていた．
ここで注意しなければならないのは，職安行政の言う「援助を必要とする学卒者」とは，中学校卒業者をさすことであり，彼らの就職には並々ならぬ熱意をもって取り組んでいたのである．これとは対照的に，高等学校卒業者

の就職に関しては，職安行政側は学校のイニシアチブに任せていた形跡がある．すなわち，中卒者の就職に関しては，職業安定行政の積極的な関わりと学校との緊密な連携と協力に特徴があり，今日高卒者の就職に典型的に見られるような職安の形骸化した役割とは明らかに異質なものであった[12]．

以上述べてきたように，1947年の職業安定法の制定と1949年の改正，1953年の職業指導主事の設置の決定などの法的処置を通して，職業指導・斡旋の制度の基盤が1950年代の前半に整えられたと考えられる．現場で職業指導・斡旋にあたっていた，教員，職安職員の生の声からもこの制度が1950年代前半に機能してきたことがうかがえる．例えば，東京都港区立愛宕中学校長は，雑誌『職業研究』の誌上で次のように述べている．長いが引用しよう．

「かつて戦前の職業指導においては『学校の職業指導の最大の欠点は，子供たちに実現性のない，アテのない職業をすすめることだ』という非難をしばしば聞いたものである．その非難の真意は，当時テストや本人の浮動的希望のみを主たる拠りどころとして，性急にも求人の有無を顧慮せずに，君にはこれこれの職業が向いていると思うなどと示唆する教師があるが，その職業に対して求人が無くて余儀なく次善三善の職業につくこととなれば，その子供は生涯満たされざる興味や希望に心を寄せながら，日常の職業活動に身が入らぬ結果となり，本人は勿論社会的にも禍根を残すこととなる，という趣旨である．近年の学校職業指導に対して，この種の非難をほとんど聞かなくなったことは，極めて喜ばしいことであるが，それはおそらく，安定所と学校との協力関係が格段に改善され，正確な情報が適時迅速に，学校及び生徒に提供されるようになったことを物語るものと思う．安定所と学校の関係が改善されたのは，昭和24年の職業安定法改正によって，学校における職業指導の位置づけが明確にされたことに由来するものと思う」[13]．

さらに，同じく『職業研究』誌上での東京都労働職業安定部の就職斡旋状況報告でも，「本年（1954年）の新規学校卒業者の就職状況は，中学につい

て見るならば，安定所と学校間の連絡体制も，安定法改正以来，すでに5年，関係者の努力によってようやく緊密化の度を加え，業務運営もまた軌道にのり，更に客観的諸条件も中卒者に幸いして，順調に進展している」[14]と職安と学校という制度に基づいた職業斡旋業務が，当時効率的に機能していたことを示唆している．

このように，学校と職安が緊密に連携した就職斡旋のメカニズムの基盤が，1950年代の前半に形成されていったと考えられる．そこで本章では，1953年3月卒業の中卒者がたどったであろう就職にいたる過程を事例として取り上げる．この年度の卒業生を取り上げる理由は，東京大学社会科学研究所が神奈川県下の中学卒業生に，その進路についての悉皆調査を行っており，その調査資料を手がかりにすることができることによる．進路の統計資料だけでなく，この調査には神奈川県下200余りの中学校の職業指導担当者による自校の職業指導・斡旋状況，問題点についての自由回答がふくまれており，学校現場での活動の一端を知ることができる[15]．さらに，調査票を記入した学校の就職指導担当の教員，当時神奈川県の職安で新規学卒者担当であった職員，そして企業側中卒採用担当者を，数は少ないながらインタビューし，当時の様子を語ってもらっている[16]．そのほか，当時の具体的事例が掲載されている『職業指導』，『職業研究』などの雑誌も貴重な資料を提供している．これらの材料を縦横に用いながら，1950年代前半の中卒者の就職のメカニズムを解明していきたい．

3. 学校と職安の連携

表4-1は1953年3月卒業の中卒者の職業指導・斡旋の年間スケジュールを要約したものである．年間計画表の原型は，労働省職業安定局編集の『学生生徒等の職業紹介手引』に詳しく掲載されている[17]．この『手引』は，1949年版『職業安定行政手引』[18]の中から新規学卒者と年少者の職業紹介業務に関連する項目を抜粋収録したもので，そのはしがきには「文部省においても本手引中『学生生徒等の職業紹介』の項についてはその作成に参画，協力するとともにその業務の遂行に関して重大なる関心をもっており，本手引

表 4-1　年間計画表

	学校		労働行政（職安，労働省）
4月	新学期進路調査		
	就職指導委員会編成		
5月	職業興味調査実施		次年度3月卒業職業指導協議会
	知能検査，クレペリン検査実施		
	卒業生の「体験発表会」		
6月	「卒業予定者把握調査」	→	求職者数把握
	「労働省編職業適性検査」	←	職安職員の派遣，器具の貸しだし
			本省主催就職対策協議会
	職業指導担当者派遣	→	職業指導講習会，適性検査実施訓練会
7-8月	職場見学，夏期実習		
9-10月	「課外講話」	←	職安幹部職員を学校へ派遣
	「求人票」開示	←	「求人票」配付
	「職業相談票」表面記入	←	「職業相談票」配付
	「求職者見込数調査」	→	求職者（希望職種，就職地）の把握
11月	職業相談	←	職安職員の派遣
			「求人見込数調査」
12月			本省「全国需給調整会議」
	最終就職予定者個人調書	→	最終求職者数の把握
1-2月	事業所での採用試験		
			本省「全国需給調整会議」
			東京，大阪，愛知，福岡に学卒求人，求職交換所開設
2-3月	求人開拓		未就職者，未充足求人の把握
4-5月			未就職者に対する就職対策協議会
			就職者に対する補導対策協議会
	就職後の補導		就職後の補導計画作成と実施
			（訪問補導と文書補導）
			他管内，他都道府県間補導情報連絡
6月	就職斡旋経過の整理	→	最終斡旋結果の記録
			就職補導結果の取りまとめ
			補導結果記録を関係都道府県に送付
			反省会

資料：労働省職業安定局編『学生生徒等の職業紹介手引――職業安定行政手引抜粋』1952年，21-24頁，をもとに作成．

の発行に積極的な賛同を表しその有効な活用と適切な業務遂行を希望しているものであります」とあり，労働行政だけでなく，学校現場でも参照されていたと推察される．この1952年版の『学生生徒の職業紹介手引』は，1953年3月卒業の生徒に対する職業指導・斡旋上のひとつのガイドラインとして

用いられた重要な資料であり，以下『職業紹介手引』として参照していきたい．

　まずはじめに確認しなければいけないことは，職業安定行政側が学校，企業の協力を得て，このような年間計画表を年度のはじめに作成している事実である．もちろん学区域，地域などによって多少の違いが予想されるが，全国のすべての中卒者の就職は，大枠においてこの計画表をガイドラインとして進められたといえる．高校進学者と同じように，ひとりの落第者をだすことなく卒業から就職への切れ目のない移行を目指すことが目標であり，そのためには第3学年のはじめから周到な準備を行い，学校の行事日程を考慮しながら，就職指導・斡旋活動を学校教育の中に組み込んでいった．前年度の反省をふまえ，当年度の雇用の見通しを立てながら，それぞれの職業安定所ごとに職業指導協議会（学校側）及び雇用主懇談会（企業側）等の意見を聞き，年度のはじめに計画表が最終的に樹立されていった．そしてひとたび年間計画表が作成されると，労働行政側，学校側，企業側の3者が極めて忠実にこの計画表に従って行動していたことがわかる．

　それでは，職安，学校が中卒者の就職に果した具体的な役割をこの計画表にそって確認していきたい．表4-1にもあるように，すでに第3学年のはじめから多くの中学校では職業に関する興味調査や「職業・家庭科」の科目やその他の時間に「働くことの意味」や「様々な職業に関する情報」などを授業のなかに組み込み，職業指導を教育の一環の中に位置づける努力をしていた[19]．さらに職業指導主事あるいはそれに該当する担当者が中心となって，その年度の学内職業指導委員会等の組織を編成するとともに，新学期の進路調査を通常実施していた．熱心な学校では「知能検査，クレペリン，職業興味，適性検査等の科学的調査」（藤沢市立明治中学校）や「卒業生の体験を聞く会」（横浜市立本郷中学校）を実施したり，「求人関係及び各種職業及び職種が一見してわかる様職業相談室を完備」（愛甲郡小鮎中学校）したりしていた．

　学校側を代表する就職指導主事あるいは就職担当者と職安行政側が通常最初にコンタクトをもつのは，年度はじめ5月頃に開催される「職業指導協議会」においてであった．この会議は，公共職業安定所が「職業指導業務を円

滑に行うため，随時，学校教職員，雇用主，学識見識者等」を集めて「適職選択の指導方法，就職時の援助及び就職後の補導の方法等について研究協議を行い，若しくは情報の交換を行う」[20]場であり，前年度の就職実績，当年度の雇用状況についての資料等があわせて配布された．その後，学校では5月から6月の時期に「卒業予定者把握調査」が実施された．卒業見込み者数，進学希望者数とともに翌年3月の就職希望者数，すなわち求職者数がはじめて具体的数字として把握され，学校から管轄の職業安定所に報告された．

学校と職安の連携が緊密になっていくのは，学校での職業指導が本格化する時期である．多くの学校では6-7月期に「労働省編職業適性検査」を実施していた．この検査は，もともと学校における職業指導に用いることを考慮して，学校の授業1時間内に実施できるように考案されており，1950年の発表以来広く全国の中学校，高等学校で就職指導用の適性検査として利用されてきた．11の筆記検査と手先作業検査板と指先器用検査板の2種類の器具により行う計15の検査からなり，知能・言語能力，数理能力，運動速度，器用さなどに関する得点を算出し，20の職務群の中のどれに適し，また不適格であるかを判定することができた[21]．職安は器具を貸し出したり，職員を派遣したり実施に関して学校への協力を積極的に行った．

当時，職安行政側は，「職業適性検査」等を通して生徒の適性を科学的に判断し，それにあった職業を見つける「適職紹介」をうたっていた[22]．多くの学校では，この方針にしたがって各種検査を行い，その結果を就職指導に生かしているという事例が神奈川県の調査でも，『職業研究』などの雑誌でも数多く紹介されている．しかし，この方針が現場でいつも機能していた訳ではなく，「本校に於いては，適性検査，知能，作業素質等々を十分活用して個性を把握して職業相談をしてきたが，求人が少なく本人をして適職に就業せしめ得ないことは残念である」（横浜市立宮田中学校）とあるように，せっかくの検査も求人が限られており有効に活用できないという指摘もあった．

第1学期のおわりまでに，各職業安定所は学校の職業指導担当者のための職業指導に関する講習会，職業適性検査の実施・活用のための訓練会などを主催していた．また，夏休み中には，就職予定生徒の職場見学・実習を行う

ことが年間計画表にはもりこまれており，学校によっては夏期実習や職場見学など実際の職業経験を積む機会を設けていたことが報告されている[23]．

　第2学期にはいると，職安と学校の協力関係はますます緊密になる．9月から10月頃にかけて，職安の所長をはじめとする幹部職員が管内の中学校をくまなくまわり，卒業予定者全員に「課外講話」あるいは「職業講話」といわれる集団的説明会を開いた[24]．学校側の要望があれば父兄の参加も求めた．講話では，全般的な雇用動向，労働事情，前年度卒業者の就職実績と就職後の状況といった客観的状況の説明だけでなく，「正しい職業観の啓培」，「不健全職業とそのおちいりやすい誘惑，いわゆる人身売買，非民主的労働関係について啓蒙する」[25]ことをその主旨とした．

　「課外講話」が開催される時期，すでに第1学期に実施された「卒業予定者把握調査」に基づいた数の「職業相談票」が，管轄職安から各学校に配布される．図4-1は，当時用いられていた職業相談票である．黒枠で囲まれた項目1から4の基本事項は本人か保護者が記入した．基本事項には，保護者をはじめとする家族の職業を記入する欄が用意されていた．学校は相談票の表面にあるその他の学業成績，欠席日数，体力，本人の希望，「職業適性検査」の結果，本人に適する進路などの項目について記入した．このように詳細な情報が，就職を希望するひとりひとりの生徒に関して収集され，（職安に業務を委託する25条の2の学校の場合）管轄職安に提出されたのである．そしてすべての中学校は，「職業相談票」にある個人情報を集約した求職者見込数調査を管轄職安に提出した．この調査は，10月段階の学校ごとの就職希望者，希望職種，希望就職地に関する数値の集約である．特に就職地に関しては，地元管轄職安内での就職か，県内での就職か，あるいは遠く遠隔地での就職も厭わないかについて職安は注意を払っていた．これは，職業安定行政側が県外就職希望者の割合を県外求人数との調整を考慮する際の重要な指標と考えていたからに他ならない．学校―管轄職安―都道府県レベル―本省全国レベルと求職者に関する数値が労働行政機構の中を上がっていった．そして，1952年11月20日時点で，翌年3月中学校卒業予定の就職者に関して，表4-2にあるような全国レベルの数字がすでに報告されていた．最末端の組織である全国津々浦々の中学校から，全国的な労働市場の需給調整に

資料 4-1　職業相談票

4章 中卒者就職のミクロなメカニズム

表 4-2 1953 年 3 月新規学校卒業者求職見込状況（1952 年 11 月 20 日現在）

	男女計	男子	女子
(a) 卒業見込者	1,726,935	880,371	846,564
(b) a の中の就業希望者	812,212	399,561	412,651
(c) b の中 他人に雇用されることを希望する者	435,863	225,627	210,236
(d) c の中 安定所の紹介により就職しようとする者	276,395	137,977	138,418
(e) c の中 学校の紹介により就職しようとする者	73,791	38,018	35,773
(f) e の中 25 条の 3 の学校の紹介により就職しようとする者	73,590	37,914	35,676
(g) d の中 他の都道府県に出て就職しようとする者	74,491	34,406	40,085

資料：『職業安定広報』1954 年 4 月号．

とって欠くことのできない情報が，整然と収集されていたという驚くべきシステムである．

　労働行政は企業側に対しても，求人情報の集中化と採用日程に関する徹底化をはかっていった．5-6 月頃から各職業安定所は，所轄管内の雇用主を対象とした懇談会をもうけ，全般的な雇用動向の説明とともに採用依頼を行っていた．知事名による求人申込依頼状を雇用主個人，団体に郵送し，職安職員が雇用主に働きかけ求人を開拓した．また，早期の選考，採用，使用についての弊害防止の指導を行った．申請のあった求人申込については，賃金，労働時間，職務内容，昇給，宿泊施設などの採用条件が労働基準法に沿っていることを確認し，必要があれば雇用主と協議し改善に努めた．秋口の職安の最も重要な業務のひとつが，求職見込数調査と並行して行われた求人見込数調査であった．管轄職安に提出された求人申込を集約し，職種，事業所所在地・採用地別求人見込数等の情報を県レベルでまとめ，本省に報告していた．

　県単位の求人情報の集約と調整について，当時の神奈川県の例について現場の職安職員は次のように述べている．「例えば，A という企業は川崎から，概ね（全採用人数が）100 人だとすると，概ね半分．横浜から何がし．それから，東京から何がし．また少し飛んで戸塚とか藤沢ぐらいまでですね．せいぜい行ってもね．その辺から集めると．これはだから県単位の，我々は学卒の LM（Labor Market の略）という言葉を使っていましたですけれども，担当者が集まりまして，……横浜は何人ぐらい，東京は何人ぐらい，戸塚は

何人ぐらいという形で割り振るわけなんです」(括弧内引用者，職安職員インタビュー)．さらに県単位の求人と求職に関する調査結果が，12月11・12日に本省で開かれた「全国需給調整会議」の場で検討されたのである．一般就職者の場合の文書による「連絡求人」と違い，新規学卒者の場合は各都道府県の職安職員，担当者が一堂に集まり，会議の席上で，自県内では求人数が求職数を大きく下回る「供給県」とその逆の立場にある「需要県」の間の調整を行った．すなわち，全国的なレベルで中卒就職希望者とその求人の数量調節を目指し，地域的需給のアンバランスの是正に努めたのであった．

　採用日程についても文部，労働両省の事務次官による共同通達という形で1952年6月にはじめて「採用選考開始日」が1月以降に設定された．これは後の「就職協定」にあたるもので，1953年3月卒業の中卒者に関しては，採用選考は積雪地帯を除いて1月10日からであった．この日程は中卒者に関しては概ね順守されていたようで，1月10日に大企業の採用試験が一斉に行われた．早期の採用選考は，生徒の勉学に悪影響を及ぼすおそれがあると認識されており，教育的見地から問題性が指摘されていた．さらに，早期に採用を決定しても，その後の経済状況の変化により採用を取り消すという事態を引き起こすことが過去にあった．職安行政は紡績業などの大口求人が操業短縮などを理由に新規学卒者の採用を卒業直前に取りやめる事態がおこることを懸念していた．さらに，見習い期間中の講習，訓練と称して，学校の教育課程修了以前に学卒者の使用をはじめる例もあり，これらの採用に関する日程については労働行政は企業側が順守するよう留意していた．このように新規学卒者の採用に関しては，労働行政は特別の配慮を払い学校から職場への移行が容易に行われるように企業側への積極的な指導を展開していたと考えられる．

　労働行政は，需給についての動態を極めて正確に把握する仕組みを持っており，しかも収集された情報を集中しておきたいという意図があった．職業紹介業務を職安に委託する25条の2の学校はもちろんのこと，「又公共職業安定所の業務の一部を分担する学校においても，無料の職業紹介事業を行う学校においても，他の学校との間において求人，求職の連絡を行うことができず，公共職業安定所と学校間の求人，求職の連絡も公共職業安定所の業務

の一部を分担する学校とその業務の一部を分担させた公共職業安定所間においてのみ連絡ができるだけであるから，新規学校卒業者に対し，学校で求人，求職の調整を行うことは困難である」[26]と明記している．さらに，「公共職業安定所の業務の一部を分担する学校においては求人，求職の開拓は行わず」[27]，企業からの求人申込が学校に直接あった場合は，それを管轄下の職安に報告しなければならなかった．求人だけでなく，求職者に関しても「学校においてあっ旋が困難であるものについては特に速かに公共職業安定所に連絡しなければなら」[28]ず，就職が決定し求人が充足された場合には，「公共職業安定所に連絡する最も早い機会を捉えて，その旨の通報をしなければならない」[29]とし，求人・求職双方のマッチングの実態を刻一刻と把握する仕組みを用意していた．

4. 学校内選考と企業による選抜

それでは就職を希望する生徒が応募する具体的な求人先は，どのように決定されていったのであろうか．まず各学校に配布される求人について検討しておきたい．9-10月の時期に，管轄職安に属するすべての学校の就職担当教員が，安定所に一堂に集められ求人票が配布された．教員は分厚い求人票の束を持ち帰り，その中から自分たちの学校の生徒にあったものを拾い出すという作業をおこなっていた．神奈川県の場合，京浜工業地帯近辺の中学校では配布された求人数も多く，その中からかなりな程度絞り込む作業が必要であったようである．選択する基準は，通勤時間，労働条件，給与などの要因とともに，卒業生の就職先かどうかという点も考慮されたという．他方，純農村地帯の中学校では配布される求人票が少ないだけでなく，例えば「小田原中心の大工場も通勤費の負担や残業等の考慮から採用に於いて，遠距離の者を取らぬ故に本校卒業生として大きなハンディキャップをうけている」（足柄下郡橘中学校）などの記述に見られるように地理的条件のため，応募ができない求人が多数あった．

すでに「職業相談票」を記入する段階で，学校側は生徒・父兄の希望を聞くとともに各種の検査結果を参考にしながら適職の発見に努めている．そし

て，求人票と照らし合わせながら，11月の段階では各生徒が応募する具体的事業所についても第1希望，第2希望という形で生徒・父兄と検討をおこなっている．求人と生徒を対応させる作業は，11月末に職安の職員が学校に出張して行われる職業相談と呼ばれる面談で大筋が決められていった．面談は通常生徒自身，父兄，就職担当教員あるいは担任の教師の3者と職安職員の話し合いであった．生徒，父兄の希望は考慮されたが，「私は紡績工場を希望したのですけれども，先生や安定所の方々が適性検査の結果などで，事務の方に向いているからと云われたので事務を希望しました」[30]というように，適職紹介という視点からの指導が行われた．職安職員は，すでに提出されていた「職業相談票」を見ながらそれぞれの生徒に適切な職種を判断し，特定の企業名までふくめた相談に応じ，面接結果を「職業相談票」の裏面に記入した．

当時の職業指導担当教員，職安職員の話によれば，職安職員との面談の場でそれまでの教員と生徒・父兄との話し合いが確認されると同時に，問題があった場合には職安職員による調整と指導が行われたという．「あんまり先生の方でね，あれもいけないこれもいけないって，先生，受けさせてくれなかったなんてことになっちゃうからね．職安の方で無理なのはね，ちょっと職安は立場があれだけどね，ある程度職安でいってもらうように」（教員インタビュー）指導をお願いしたという．職安側もこの点には十分心得ており，「もう，先生がそういうふうに言って下さいというふうな，前もって打ち合わせがあるんですよね」．「例えば，ご本人が私は日本鋼管にはいりたいんです．まだ子供ですからね．そういう情報は非常に少ないから，何をやるとか，機械工をやるか，電気工をやるか，組立工をやるかという知識がないわけなんですよね．ですから，まず会社名なんですよ．だから，日本鋼管にいきたい．それで，わたしどもには個人票（職業相談票）がついていますから，いやぁあんたちょっと無理だよと．それでこの辺のところはどう，というふうな宥め型の相談ですね」（括弧内引用者，職安職員インタビュー）．職安職員は面談後，「職業相談票」の「備考欄にですね，この方は東芝オーケーだよ，日本鋼管オーケーだよと，大手の企業でも十分対応できるというふうに記入しちゃいます．それで，先生がそれを見て，当然割り当てがいきますから，

それを見て本人と相談しながら，個々にまた先生は相談しますからね．こういうことで，あなたは受けなさい．あなたはちょっと止めた方がいいよと．……それで12月の末までに採用選考の履歴書，個人調書が出てくるわけですね」(職安職員インタビュー)．

　10月から12月25日までの間，職安と学校との間で最終的な各学校への求人割り当てに関する打ち合わせが何回かもたれた．「1週間に一遍ずつくらい各学校の就職担当の先生がいたわけですけれども，その方を集めていわゆる需給調整，割り当てをやるわけなんですよね．ですから例えば，日本鋼管が（採用予定人員）100名ですけれども，県内割り当てはせいぜい2割くらいですね．あとは県外ですね，80人は．その20人をどういうふうに分けるか．一応，会社が要求する基準をだしまして，あとは（各学校の）就職希望者の数で割り振るわけですよね」(括弧内引用者，職安職員インタビュー)．この間，ある特定の求人には求職者が殺到しそうだ等の求人・求職の全体的動向に関する情報が職安から学校側に流されていった．「(職安の方は) ここは結構人数が多いよとかね，そういうのも言ってくれるわけなんですね．要するに，求人と求職のね人数の調節なんて，これはうち（学校）の方じゃ分からないから，そういうのを言ってくれる」(括弧内引用者，教員インタビュー)．ここで重要なことは，職安行政が，需給に関する詳細な情報をコントロールし，学校への微妙な指導・調整をおこなっていた点である．

　11月の面談とこの間の情報をもとに，各学校の生徒と特定求人のマッチングが学校で最終的に決定されていった．この間の過程について，東京都北区王子中学校の具体例を引用しておくと，「(職安での) 定例の職業安定担当者会議に於て示された求人は，学校に持ち帰り，ただちにこれを就職希望関係ホーム・ルームの指導者会議に移し，それぞれ求人先により責任分担を決定する．各ルームの指導者は求職者名簿中適当と思われる生徒を選抜して，本人の希望を確かめた上で，分担責任者を通してこれを求人先に紹介する手順になっている」[31]．

　事業所への応募・受験に関しては，原則として「1人1社」主義で，1人の生徒が複数の事業所を掛け持ち受験することはほぼ不可能であった．というのは応募の際には，学校から職安を通して，履歴書と「職業相談票」と同

じょうな内容をふくんだ個人調書が,事業所側に渡されていた.ほかの企業を受験するためには履歴書と個人調書を返却してもらい,再度別の企業に提出せねばならなかったからである.もちろん,職安を通さない縁故等による就職であれば,このような選考書類の提出はなかったので,掛け持ちはある程度可能であったようである.

大手の優良求人には当然希望が殺到し,学校内での選考・調整は不可欠な作業であった.選考の基準としては,成績,適性検査,体格,性格,欠席日数,家庭環境などが考慮されたという.大企業の養成工に応募するためには,5段階評価の成績で5と4,「職業適性検査」の知能,言語,数理能力の項目が90点以上,クレペリンテストの結果がA段階,体格もよく性格温厚,家庭環境も良いという厳しい基準であったという.しかし,本人,父兄の希望が強く,応募先を固執する場合もあり,採用試験を「受けさせて落ちなきゃ納得しない生徒もいた」(教員インタビュー).ここで考慮しておかなければならないのは,学校内選考はあくまでも第1次のスクリーニングであり,事業所の採用試験で最終的な採否が決定されたという点である.大手企業の場合,採用試験での競争率は概ね3倍程度であり,落ちる生徒の方が受かる生徒より圧倒的に多かった.このため,第1希望の受験に失敗し,第2希望の応募先を受験するという「優秀な」生徒がかなりいたことになる.

それでは「1人1社」主義の原則の下,これらの「優秀な」生徒にいかにして第2,第3の機会を与えることができたのであろうか.この点に関しても実は職安の指導,調整があったことが,当時の神奈川県職安職員の回想から明らかになっている.当時は管轄所管内の企業を規模とそれまでの一般職業紹介の実績から,Aランク企業,Bランク企業,Cランク企業などと序列をつけていた.そして,「採用試験の時期もね,予め企業と相談しておいて,例えば大手の企業は1月10日解禁ですから,1月の10日にやって,だいたい15日ぐらいまでの間に終わって下さいと.それで,採用決定は長くても1週間以内にやって下さいと.そうするとだいたい1月の20日から25日ぐらいまでに第1次のですね,A段階(企業)と,B段階(企業)の一部の選考をはじめてもらいます.それで採否が決定します.で,第2段階でそれ以下の企業にこれからまた(生徒)を振り向けていくわけですよね」(括弧内

表 4-3　1953年3月中学校卒業者職業安定所取り扱い就職者の紹介状況

	男子	女子
全求職申込件数	137,103	145,462
求職取消件数	34,025	31,177
縁故就職による取消	14,626	10,811
学校紹介による取消	3,252	3,020
進学による取消	7,281	5,876
有効求職件数	103,078	114,285
紹介件数	172,656	205,032
有効求職件数に対する紹介率	1.68	1.79
全求職申込件数に対する紹介率	1.26	1.41

資料:『労働市場年報』1953年度.

引用者,職安職員インタビュー).採用試験の時期を企業規模により巧みにずらすことにより,大企業での優秀な人材の選抜を可能にすると同時に,その選抜から漏れた人材にも1回限りでない就職チャンスを与えるような仕組みを用意していた.

さらに,採用試験に受かった場合は,管轄職安の全中学校が申し合わせた「内規」として必ず採用された企業に入社することが了解されていた.特に大企業では保証人を含めた「受書」の提出を求め,職安・学校側も「出来るだけ定着を図るという意味合いもふくめて,まあ原則ですけれどもね,一度受かったところはなんとかまっとうしてもらいたい」(職安職員インタビュー)という指導をしていたという.そして,採用された企業を断った場合は,その生徒に第2,第3の職業紹介はしないという取り決めを職安と学校の間で取り交わしていたという.

表4-3にもあるように,求職取消件数は全求職申込件数の男子は25%,女子は21%で,そのうち縁故就職のための取消件数は男子43%,女子35%であった.表4-3には全求職申込件数から求職取消件数を引いた有効求職件数と紹介件数の実数と割合も示してある.有効求職件数に対する紹介率は,男子1.7倍,女子1.8倍,全求職件数に対する紹介率は男子1.3倍,女子1.4倍となっている.これらの数値は,第1希望の応募先の受験に失敗する生徒がいるにもかかわらず,大雑把に言うと,生徒1人あたり1.5社程度の紹介率というかなり低い水準を維持しており,選りすぐられた形での求人紹

介が行われていたことが推察される．このように，新規学卒者の就職は個人の自由な職業選択という原則とは，かなり対極に位置するような形で行われていたといえる．

学校内選抜を経た後の各企業における選抜はどのように行われたのであろうか．大手企業では12月末の段階で職安経由で提出された履歴書，個人調書（学業成績証明と身上調査），戸籍謄本，卒業見込証明書，健康診断書などをもとに書類選考し，倍率を3倍程度にして翌年1月10日に解禁される各企業での採用試験を受験させた．企業のなかには1次書類選考は職安委託で「無駄な手数を省く為に，学校成績順位並びに当方の身体規格以外の者を安定所に依頼して排除して貰った」[32]といった例も報告されている．

当時出版されていた雑誌『職業研究』や『職業指導』には，企業の採用方針・選考についての特集記事やアンケートの結果が掲載されているので，その記述を参考にしながら，各事業所での選考基準を検討してみたい．最も競争率が高く選考も厳しい大手企業の男子養成工の採用は，どの企業も概ね身体検査，学科試験，作文，面接といった項目について数日にわたってじっくり選考している．現場での肉体労働に耐えられる身体剛健な人材を選考することは，どの企業も最も重要な要素のひとつと考え，身長，体重，視力，色盲，聴力などに関しては厳しい基準を設け，それに満たない者は書類選考の段階や本選考で振り落としたり，職安で事前にスクリーニングしてもらったりしていた．学科試験は，国語，数学，理科，社会などの科目が出題された．面接では風貌，言葉遣い，礼儀，性格などが判定されるとともに，家庭環境，友人交際などの点も考慮された．そして最終的採用予定者に関しては，家庭調査が徹底して行われたことが，企業側でも当時はかなり公な形で雑誌の記事等でも認めるところであった．

女子の採用選考については，広域採用をしている紡績業の富士紡績を例にとると，全国8ヵ所にある本社労務出張所で，職安を通した応募者を一堂に集めて職安職員立ち会いのもと紡績独特の作業適性検査を実施後，身体検査と健康診断（特に結核患者の発見に努めたという），「最後に家庭調査をなして，思想，環境，家庭内和合度等具さに点検して，仮選考を終わり，これに合格した者のみを希望工場に引率致しまして，工場において，本選を致すの

であります」[33]. 工場での本選考は, 学科試験, クレペリン検査, 器具検査, 専門医による診断の結果を総合判定し, 採否を決定したという. 女子に関しては, 百貨店・保険・金融などの業種では, 面接の際の観察点として容姿, すなわち「顔立ち. 身嗜み. 全体の感じ」[34]などを挙げている企業が目についた.

　家庭調査と関係して, 当時職安行政, 学校がくり返し問題としていた点に, いわゆる「母子家庭」の生徒の就職の厳しさがあった. 1952年『職業安定広報』誌上の「職業指導の問題点を語る座談会」で, 当時の労働省雇用安定課長は優秀な生徒が「母子家庭」出身であったために採用されなかった数多くの例について「こういう場合は先生方も安定所側も受からなかったことを合理的に説明することが出来ませんので非常に困ることがあります. 私の方では去年辺りから求人条件だけでなく, 実際の選考方法まで詳しく調べるようにしてくれ, そうしてもしそういうことを発見したら, それはいいことではないし, 又理屈のないことだからそういう考え方は是非改めて貰いたいと指導しているのですけれども, 実際には仲々思うようにいかないので困っております」[35]と告白している. 労働省は通達等の手段で, 両親または片親を欠く生徒の募集採用にあたって差別する傾向を是正するよう再三にわたり雇用主に求め, 1954年11月にはこれらの生徒を保護し援助する目的の対策要綱も決定された[36].

　もうひとつ職安行政, 学校を悩ませていた企業の採用・選考に関する問題に縁故採用があった. 神奈川県では, ある大手食品メーカーは縁故採用しかしないというので, 職安, 職業指導担当教師の間では有名なところがあった. このような極端な例は少ないにしても, 1954年の『職業指導』誌上に掲載された30社ほどの大手「各社における中高学卒者の採用方針アンケート」によれば, 原則として公募が中心であるが縁故による採用も受け付けると回答している会社はかなりの数に上った. 職安行政側は, 縁故による採用は優秀な人材を公平に選考することができないので, できるだけ職安を通した斡旋ルートでの採用をするように一貫して指導してきたという. これに対して「縁故募集は学生からも学校からも不明瞭だと非難されている向きもあるが, 雇用者側から見れば身元調査の一部が省略出来る有利な要素がある. すなわ

ち身元調査には多くの時間と労力を必要とし，身体検査や学科試験より技術的な困難さがあるゆえんである」[37]といった反論が経営者側からあった．しかし，なかには「試験は競争しけんを原則とし，たとえ『社長の縁故といえども，ハンディはつけません』」[38]という大手製薬会社の記述も見受けられる．

5. 学校による求人開拓と「指定校制度」

第3学期にはいり事業所での採用試験が本格化する時期，多くの学校では独自の求人ルートの発掘を積極的に行っていた．神奈川県の中学校は，一部の例外的ケースを除いてすべて25条の2の学校であり，職業斡旋は職安に全面的に委託した形態となっていた（職安職員インタビュー）．そのため，法的には学校による求人開拓，求人受理は禁止されていたはずである．しかし，東京大学社会科学研究所の神奈川県中学校の悉皆調査の中で，就職担当教員による自由回答には，学校による求人開拓の実態が如実に記述されている．

校長，職業指導担当教員等が熱心な学校の例では「卒業年度後半以降においては事業主特に安定所のあっせんから漏れている中小企業者に対し，ＰＴＡその他の協力のもとに，全職員特に職業指導主任，3年主任等は担当授業の殆どを他の教師に委ね，求人開拓と就職あっせんに連日献身的努力を傾注している」（川崎市立西中原中学校）と書かれている．学校で発掘された求人に関しては，法律的に忠実に職安を通じて求人票を提出してもらうようにお願いしていた学校の場合と，職安とは独自に直接学校が事業所への就職斡旋を行っていた場合との2通りがあった．前者の場合は，形式的にであれ求人票が職安を通過し，「職業安定所経由」の就職として最終的には記録され，後者の場合は「職業安定所外」として処理されていたと考えられる．いずれの場合も，当時の職安職員のインタビューによれば，職安行政側も学校が求人を開拓していた事実は十分承知していたという．

しかし，このような学校による求人開拓について，教師の側でも「毎年3学期になると，教師が教室を留守にして求人開拓をしなければならない有様は何となくむじゅんを感じる」（下線原文，横浜市立宮田中学校）というよ

うに，職業斡旋業務には本来かかわらないはずの学校が，生徒の将来を考え奔走せざるを得ない姿が浮かび上がってくる．多くの学校の記述からは，職安というフォーマルな組織を通した就職が困難な場合，就職を希望する生徒に適職を探し出すことは学校の責任であり，学校は積極的な求人の発掘を行い，卒業までに希望者全員を就職させなければならないという責任感と熱意が感じとれる．

　実際神奈川県は，当時毎年県内の学校で卒業生の就職率が高く優秀な学校を表彰していた．就職担当教員のインタビューからも，「その頃もね，学校同士でもね，早く就職がゼロ，要するに残ったものがね，未就職者がゼロというのが一番早く上がったのがね，これが学校でも競争みたいなものだったんですよ」(教員インタビュー)．当時の地方紙には就職関係の優秀校が掲載され，「学校の名誉をかける程大げさでないにしても，かなり厳しい」(教員インタビュー) 評価が下されたという．

　また，学校による求人開拓は，神奈川県内での地域的需給のアンバランスと密接に関連していたことが明らかになっている．純農村地域の学校は京浜工業地帯に隣接する地域などの学校と比べ，職安から紹介される求人数が圧倒的に少なかった．企業は通勤費や残業の関係で近接地域の中学校を優先し，遠隔地の中学校出身者は敬遠されがちであった．そのため農村地域の学校では，職安を経由した就職よりも学校，縁故を通じての就職がいきおい多くなった．神奈川の内陸部に位置する村立の中学校のように「会社，工場を希望するものが多いが，遠距離のためいつも最後に不採用になり，職安を通じての就職は未だ1人もない．随って職安の求人にたよるものは1人もなく，保護者，ＰＴＡ，学校職員の紹介によって就職している」(中郡成瀬村立成瀬中学校) という極端な例も報告されている．地理的な理由から管轄職安ではなく隣接する職安の管轄や他都道府県への就職を希望する生徒が多いために，例えば「川崎市より東京都に出る方が便利であり，東京都世田谷区，北多摩郡などの中小工場に……主として副校長及び就職斡旋の職員が個別的に訪問して解決する方法をとっている」(川崎市立柿生中学校) というような学校もあった．

　神奈川県下の中学校では，基本的には職業安定所という制度にのっとった

就職斡旋が基本であったが，純農村地域の学校にみられるように，職安からの求人では不十分で学校で独自の求人開拓を行わざるを得ないところもあった．学校による求人開拓と就職斡旋は，学校，特に校長や就職担当教員の熱意に大きく影響され，学校間の競争という枠組みにより助長されていたと考えられる．それと同時に，需給バランスの谷間での防衛策としての色彩をもっていたことも指摘されよう．

学校による求人開拓では，学校と企業の直接的コンタクトが明らかになったが，職安行政の組織を通しながら，特定の企業と学校の間の継続的結びつきが当時からもあったことが確認されている．企業側が採用する学校を特定化するいわゆる「指定校制度」の存在は，当時，学校，職安，企業の3者ともに公に認めるところであった．神奈川県中学校の悉皆調査の例では，指定校に数えられている学校からは「毎年の就職は100％であり，且つ実直で良いというので，横浜から萩中の生徒をほしいとの指定も来ている」（愛甲郡萩野村立萩野中学校）という記述と同時に，逆に指定校からはずされた学校からは，「大工場会社も一部学校を指定せず，広く門戸を開いて欲しい」（高座郡御所見村立御所見中学校）という要望が記述されていた．職安職員のインタビューでも「これは現在でも，大学はそうでしょうけども，指定校制度というのがあって，会社で確かに指定してきます．そのへんは，私どももですね，やはり，そのへんは自由に応募させてもらいたいと．学校なんかも相当働きかけをしましてね，指定校からはずれてますと．ところが企業の体質というのは，当時は非常に古うございましてね．やはり，伝統を重んじるというか，やはり，そこの出身の子供がいいということなんですよね」．職安は12月末に企業からの求人を学校に割り当てる際に，大手企業の場合には指定校に考慮しながら，管内の限られた学校に指定された数の採用予定者に応じて応募者の選定を学校側に指示していた．すなわち，ある学校から1人の採用が予定された時には，その約3倍の3人程度を学校から推薦してもらうようにしていたという．

職安行政側は，とくに技能者養成制度を持ち中卒者を大量に採用していた優良大手企業が特定学校の生徒を優先的に採用する行動について何とか是正し，広く公募による採用をするよう働きかけていた．しかし，学校の指定は

職安システムを通した上での「指定」であり,「職安を利用しなくても縁故採用というのができるわけですよね.ですからできるだけルートを通してもらうというために,まあ,ある意味じゃ非常に弱い立場だったんですよね」(職安職員インタビュー)と告白している.

企業側は「指定校制度」の効用について,かなりはっきりと公の場で主張している.中卒者を技能者養成工として採用していたある大手企業の見解を引用しておこう.

「或る学校が優秀な卒業生を送り込むと,その学校は会社でも注目するようになる.一般に新入者には色々と品定めが行われるがそれについて廻るものはその者の出身校の名前である.『○○校のは良い』『○○校はさっぱりだ』といった具合に,いわば学校のコンクールみたいである.良いのに当たると会社では,『○○さんのような人を送って下さい』と特に注文をつけるようになり学校としても『今年は去年と劣りません』とか『あまり良くないのです』といった風に話が突込んでなされる」[39].

この特定の企業と学校の結びつきを東京大学社会科学研究所の調査データを手がかりにして検討してみよう.1953年3月卒業の中卒者の就職先企業名が明らかになっているので,それを会社ごとに集計し直してみたのが,表4-4である.ここでは,当時の中卒採用に携わっていた人事担当者のインタビューや,社史などの資料により集計データを補完できた3つの会社の採用実績を示してある.これら3つの会社では,中卒者は基本的には養成工として採用していた.そこで当時の男子中卒者にとっていわばあこがれの職業のひとつであった養成工について簡潔にふれておきたい.

養成工とは,1947年に職安法とともに制定された労働基準法の70条の規定によって定められた,長期の教習を必要とする特定の技能職種に従事するものを養成する目的で雇用された中学校卒業者を意味した.1953年の段階では,121の技能職種が指定されており,養成期間は一部をのぞき3年間とされていた[40].事業所が養成工制度を導入しようとする場合には,はじめに所轄の労働基準監督署において,「養成しようとする技能習得者の員数,教

習方法,契約期間,労働時間,賃金,指導員の資格等について認可を受けなければなら」ず[41],実施にあたってはそれぞれの技能職種ごとに教習すべき事項が義務づけられている.表4-5は,労働基準局の定める機械工の教習内容と日本鋼管での養成工制度の教習事項を示したものである.教習内容からもあきらかなように,技能者養成制度は,単なる労働現場での実習を行うのではなく,理数系の科目とともに社会,国語,外国語など幅広い学科について学ぶ教育制度であった.実際,中堅技術者を育成する全日制工業高等学校のカリキュラムと日本鋼管の教習事項を比較すると,高校は春夏休暇の関係で年間35週に対し,日本鋼管は48週で13週も多く,基礎学科の物理,化学,数学,工業に関する教科は高校の基準より250時間も多くなっていた[42].養成教員は,日本鋼管では高卒,大卒の実地経験を備えた会社の従業員であった.事業所は各年度ごとに技能検定を実施し,3年間の課程を修了し検定に合格した者には,その技能職種についての技能者養成修了証明書を発行した.「この養成修了証明書は都道府県労働基準局長の裏書によって,公的証明書として全国的に認められるように取り計らわれている」[43].企業が従業員として雇用し給与を支払いながら,基礎学科をふくめた高度な訓練を企業の負担で施した養成工制度が,当時の男子中卒者にとって最も好ましい就職先と考えられていたのも納得ができよう.

　それでは表4-4に戻り,日本鋼管の採用実績について見てみよう.川崎製鉄所ではこの年神奈川県下から60名ほどの採用があった.このうちはっきりと養成工として採用されたと記入のあるものが40名ほどである.日本鋼管のデータ[44]によれば1953年入社の養成工は82名ということで,その半数近くが県内であったことになる.就職経路で目につくことは縁故採用の多さである.日本鋼管従業員の子弟であるとはっきりわかっているケースは13名である.川崎市立E中学校は,日本鋼管の従業員住宅のある地区の中学校であり,保護者の職業「工員」と記述されているうちの多くは日本鋼管工員の子弟であると考えられるので,子弟の数は20名近くとなろう.さらに,就職経路が「縁故」と記入されていたケースが6-7名を数え,養成工で採用された40名のうちの3分の2強が縁故採用という推計になる.実際当時の日本鋼管の中卒採用担当者の話でも,「日本鋼管は縁故採用が絶対的に多か

表4-4 日本鋼管，いすゞ自動車，プレス工業における1953年3月中学校卒業者の採用実績

学校名	性別	続柄	保護者の職業	他出・通勤	就職経路
日本鋼管川崎工場					
川崎市立A中学校	男	三男	沖仲仕	通	縁故
川崎市立B中学校	男	長男	保健婦	通	学校
	男	長男	工員	通	学校
川崎市立C中学校	男	長男	日本鋼管守衛	通	学校職安（縁故）
川崎市立D中学校	男	長男	昭和電気工員	他（寮）	学校
	男	二男	日本鋼管	他（寮）	職安
	男	四男	日本鋼管	他（寮）	職安
	男	長男	なし	他（寮）	職安
	男	四男	日本鋼管工員	他（寮）	職安
	男	長男	日本鋼管工員	他（寮）	縁故
	男	二男	日本鋼管	他（寮）	縁故
	男	長男	日本鋼管	他（寮）	縁故
	男	長男	日本鋼管	他（寮）	縁故
	男	長男	工員	他（寮）	縁故
	男	二男	工員	他（寮）	縁故
川崎市立E中学校	男	二男	工員	通	職安
	男	三男	工員	通	職安
	男	四男	工員	通	職安
	男	二男	工員	通	職安
	男	二男	工員	通	職安
	男	長男	工員	通	職安
	男	三男	工員	通	職安
	男	二男	工員	通	職安
川崎市立F中学校	男	長男	事務員	通	職安
川崎市立G中学校	男	長男	日本鋼管	通	縁故
	男		沖仲仕	通	知人
川崎市立H中学校	男	二男	日本鋼管	通	職安
川崎市立I中学校	男	長男	日本鋼管	通	縁故
川崎市立J中学校	男	五男	工員	通	
川崎市立K中学校	男	長男	日本鋼管		学校
	男	五男	帝国造機	他（寮）	学校
	男	長男	料理夫	通	縁故
川崎市立L中学校	男	二男	鉄筋業	通	
	男	二男	なし	通	
横浜市立A中学校	男	三男	なし	他（寮）	縁故（兄）
横浜市立B中学校	男	二男	工員	他（寮）	親（父）
	男	長男	無職		知人
横浜市立C中学校	男	三男	漁業	通	知人
横浜市立D中学校	男	長男	無職	他（寮）	縁故
横浜市立E中学校	女	長女	会社員		学校
横浜市立F中学校	男	四男	会社員	他（寮）	学校
横須賀市立A中学校	男	長男	関東電気	他（寮）	職安
横須賀市立B中学校	男	長男	日本鋼管	通	知人
藤沢市立A中学校	男	長男	守工	他（寮）	学校
	男	長男	郵便局員	他（寮）	学校
	男	長男	なし	他（寮）	職安

4章 中卒者就職のミクロなメカニズム　　　　　141

学校	性別	続柄	父職	通/寮	経路
相模原町立A中学校	男	四男	農業	他（寮）	縁故（兄）
相模原町立B中学校	男	二男	鍛冶工	他（寮）	職安
中郡町立A中学校	男	二男	会社員	他（寮）	PTA就職委員会
中郡町立B中学校	男	長男	無職	他（寮）	縁故
	男	長男	工員	通	職安
中郡町立C中学校	男	二男	無職	他（寮）	縁故
中郡町立D中学校	男	長男	官吏	通	学校職安
小田原市立A中学校	男	長男	乳業工員	他（寮）	職安
	男	長男	大工職	他（寮）	職安
	男	二男	電気修理	他（寮）	職安
	男	二男	警察事務員	他（寮）	職安
	男	長男	かまぼこ製造	他（寮）	職安
	男	長男	工員	他（寮）	職安
足柄下郡A中学校	男	三男	漁業	他（寮）	職安
足柄下郡B中学校	男	長男	呉服店	他（寮）	職安

いすゞ自動車川崎工場

学校	性別	続柄	父職	通/寮	経路
川崎市立A中学校	男	長男	社員	通	縁故（父）
	男	二男	小売商人	通	縁故（叔父）
	男	二男	社員	通	縁故（叔父）
川崎市立C中学校	男	長男	日本鋼管工員	通	学校
	男	長男	深堀製作所	通	学校
	男	三男	いすゞ自動車	通	縁故
川崎市立D中学校	男	長男	昭和運輸工員	通	縁故
川崎市立E中学校	男	三男	工員	通	職安
川崎市立G中学校	男		日本鋼管工員	通	学校
川崎市立H中学校	男	三男	農業	通	縁故
川崎市立I中学校	男	二男	農業	通	学校
川崎市立M中学校	男	三男	公務員	通	学校
	男	三男	公務員	通	縁故
川崎市立N中学校	男	二男	会社員	通	職安
川崎市立O中学校	男	三男	農業	通	学校
	男	長男	農業	通	学校
横浜市立G中学校	男	二男	農業	通	縁故
横浜市立H中学校	女	長女	会社員	通	職安
横浜市立I中学校	女	二女	いすゞ自動車社員	通	知人

プレス工業

学校	性別	続柄	父職	通/寮	経路
川崎市立A中学校	男	長男	無職	通	学校職安
	男	三男	工員	通	学校職安（縁故兄）
	男	長男	大工	通	学校職安（縁故知人）
	男	四男	無職	通	学校職安（縁故兄）
	男	長男	無職	通	学校職安（縁故兄）
	男	四男	工員	通	学校職安（縁故兄）
川崎市立C中学校	男	三男	日本鋼管	通	学校職安
	男	三男	東亜タイプライター工員	通	学校職安
川崎市立E中学校	男	長男	工員	通	職安
川崎市立G中学校	男		日本コロンビアロール	通	職安
	男	長男	大工	通	職安
川崎市立M中学校	男	二男	農業	他	縁故

表 4-5 技能者養成制度教習内容

教習科目	教習年度（時間数）		
	第 1 年度	第 2 年度	第 3 年度
労働省技能者養成規定「機械工」			
1 社会科	70	70	70
2 体育	35	35	35
3 関連学科	280	210	175
(1)工学数学	◎	◎	
(2)物理及び化学	◎	◎	
(3)実用外国語	◎	◎	
(4)機械工学大意	◎		
(5)電気工学大意			◎
(6)機械工作法	◎	◎	
(7)金属材料		◎	◎
(8)材料力学			◎
(9)機構学		◎	
(10)製図	◎	◎	
4 実技	1085	1155	1190
(1)基本実習			
a 工具使用法			
b 計測及びケガキ			
c 仕上基本作業			
d 各種工作機械基本作業			
e 刃物研磨作業			
f 安全作業法			
(2)応用実習			
a 機械部品製作			
b 精度検査			
c 機械調整			
d 治具使用法			
e 製品検査			
日本鋼管技能者養成工教習内容			
社会科	120	96	96
体育（情操）	96	96	48
国語（作文）	96	24	0
数学	168	96	48
化学	96	0	0
物理	48	48	0
実用外国語	72	48	48
製図	120	72	0
機械工学大意	96	0	0
工業材料	96	0	0
電気工学大意	0	72	0
工業化学大意	0	72	0
製鉄法概要	48	0	0
製鋼法概要	48	0	0
圧延法概要	0	48	0
専門学科	288	168	96
実技	624	1176	1680

資料：労働省労働基準局技能課監修『指定技能及び養成期間の表，就業可能業務及び防護方法の基準の表並びに教習事項の基準』日本技能協会，1953 年．折井日向「日本鋼管の養成工教育」『技能者養成』ダイヤモンド社，1954 年．

った」といわれ，定着性を考慮した場合「永年勤続者である従業員の子弟を優先的に採用することも一応の解決策であろう」[45]と会社側は考えていた．しかし，この表からもわかるように，保護者が日本鋼管従業員であっても，採用の経路は概ね職安となっている．行政側は「養成工をおこなっているところは，やっぱり監督局（労働基準局）にお願いいたしまして，できるだけというか，全面的に職安を通していただくと．ですから例えば，従業員の子弟の場合は縁故採用になるわけですけれども，それも形式的に職安に一時書類を集めてそれで会社の方に出したと」（括弧内引用者，職安職員インタビュー）いう方法をとっていた．企業側も労働基準局との関係で，職安ルートは無視できなかったようである．

2つ目の企業であるいすゞ自動車は，新規中卒者については当時「いすゞ自動車工業専門学校」の生徒として養成工契約を結んでいた．いすゞ自動車工業専門学校は，労働基準法に定める技能者養成規定に基づき，各種学校として1950年に発足した．1953年度は第3期生にあたり，川崎，鶴見，末吉，大森各製造所ごとに合計100名が採用された[46]．表4-4は1953年度の川崎製造所採用実績を示してある．この年度川崎製造所への養成工の入社は40数名であり，川崎・横浜地区から17名の採用となっている[47]．卒業者名簿から推察すると，残りの採用のほとんどは大田，品川を中心とした東京地区からであり，明らかに地元優先の採用計画であった．

就職経路が縁故，あるいは父親がいすゞ自動車社員である者が8名であり，採用者の半数弱が縁故採用となる．3分の2強が縁故採用であった日本鋼管と比較するとその割合は少ない．さらに日本鋼管と比べると，非縁故については1校あたり1-2名の採用であり，特定の学校から大量に採用するというパターンは見られない．しかし，川崎，横浜市内のすべての学校から万遍なく採用しているわけではなく，リストにはいっていない学校もあり，何らかの選択が行われていた可能性は否定できない．

3つ目の企業であるプレス工業は，当時従業員規模が400人あまりの中規模企業で1953年は12名の養成工を採用している[48]．その学校別内訳をみるとすべて川崎市内の中学校であり，A中学校が6名，C中学校とG中学校が2名ずつ，E中学校とM中学校から1名となっている．A中学校の卒業生は

ほとんどが縁故採用であり，純粋な学校・職安経由は他の学校と同レベルの1名であった．当時の人事担当者のインタビューによれば，戦前は青森，秋田などの東北諸県から中卒者を受け入れていたが，養成工のための寄宿舎が戦時中の火災等で使えなくなったため，戦後は通勤可能な地域で地元優先の採用をせざるを得なかったということであった．

プレス工業は当時神奈川県下では「5指に数えられる優良技能者養成所であり，(昭和)29年11月に県下の優良技能者養成実施事業所として，神奈川県労働基準局長賞を受けた」(括弧内引用者)[49]優良事業所であった．このため競争率は毎年大変高かったという．会社のあった川崎市周辺の中学校は当時11校あったが，その中ですでに表に上がっている学校を中心としたなじみのあるところから採用するという方針であった．学校との直接的なコンタクトをとり，特に職業指導担当の教員とは懇意にして「社風を先生に知ってもらうわけよ．そうすると会社にあった人間をくれるわけです．そうすると辞めないんです」(人事担当者インタビュー)．ここで今一度付け加えておかなければならないのは，学校から推薦するのは採用予定の数倍の人数であり，会社では3日間かけて厳しい選考を行ったことである．学校推薦が採用と直結していたわけではなかった．

以上の3つの企業の例から推察すると，養成工を採用していた優良企業は，多くの求職者にとって魅力的な職場であり，企業側の裁量権がかなりあったといえる．しかし，これらの企業と学校の結びつきは，労働基準局の技能者養成制度と職業安定行政の就職斡旋の仕組みの枠内で行われていたことも留意しておく必要があろう．求人票は職安を通して指定された学校に配布され，応募についても職安経由で書類が学校から企業へ送られた．採用，すなわち養成工契約の締結と技能者養成教習の内容については監督局で定められた基準を順守した形で進められなければならなかったのである．

次に学校の側から就職実績を見たのが，表4-6である．ここでは川崎市内工業地区の中学校の主要就職先を示してある．川崎市立E中学校について見てみよう．この学校は1953年3月卒業生が400名以上で，就職者も男女あわせて300名近くに及んでおり，また当時の就職担当教員にインタビューすることができ，就職にいたるプロセスがかなり詳細にわかっている．表4-6

表 4-6　川崎市立中学校 1953 年 3 月卒業生主要就職先

川崎市立 A 中学校

男子（就職者数 109 名）

人数	就職先	事業内容	所在地	規模
12	ユニオンサッシ	鉄窓枠製作	大田区	80
6	プレス工業	鋼板プレス加工	川崎市	500
6	三栄工業	自動車部品	大田区	23
5	東芝鋼管	パイプ製造	川崎市	500
4	肥田製作所	家具製作	川崎市	100
4	大師鉄工	製罐業	川崎市	80

女子（就職者数 73 名）

人数	就職先	事業内容	所在地	規模
12	東芝堀川町工場	電気部品製造	川崎市	1000
8	明治製菓	菓子製造	川崎市	1000
4	共栄製菓	菓子製造	川崎市	90
4	新高製菓	菓子製造	大田区	200
4	富士通信	電話交換機製造	川崎市	1000
3	日本コロンビア	受信機レコード製造	川崎市	1000

川崎市立 B 中学校

男子（就職者数 64 名）

人数	就職先	事業内容	所在地	規模
7	富士電機	電気器具製造	川崎市	1000
7	高山製作所	製罐業	川崎市	1000
6	寿鉄鋼所	製罐業	川崎市	100
5	東京ラジエータ	自動車用冷却器製造	川崎市	200
5	川崎自動車部品	自動車部品製造	川崎市	30
5	日本燃化器	特殊車両製造	川崎市	200
3	不二製作所	鋼鉄家具製造	川崎市	500
3	東芝鋼管	パイプ製造	川崎市	500

女子（就職者数 68 名）

人数	就職先	事業内容	所在地	規模
10	味の素	食品製造	川崎市	1000
7	横浜佃煮	佃煮製造	大田区	50
7	日本コロンビア	受信機レコード製造	川崎市	1000
6	東芝堀川町工場	電気器具製造	川崎市	1000
3	東芝柳町工場	電気器具製造	川崎市	1000
3	京浜急行電鉄	運輸業	港区	1000
3	日本電気	電気器具製造	川崎市	1000
3	富士通信機	通信機製造	川崎市	1000

川崎市立 C 中学校

男子（就職者数 64 名）

人数	就職先	事業内容	所在地	規模
5	富士電機	電気器具製造	川崎市	1000
4	新和機械	各種機械製造	川崎市	50
3	東洋ラジエータ	ラジエータ製造	川崎市	20
3	いすゞ自動車	自動車製造	川崎市	1000
3	東芝鋼管	製鋼業	川崎市	500
3	東芝堀川町工場	電球製造	川崎市	1000
3	東洋造機	電機組立	川崎市	500
3	池貝鉄工所	機械製造	川崎市	500

女子（就職者数 60 名）

人数	就職先	事業内容	所在地	規模
12	新高製菓	菓子製造	大田区	200
7	東芝堀川町工場	電気部品製造	川崎市	1000
5	日本コロンビア	受信機レコード製造	川崎市	1000
4	明治製菓	菓子製造	川崎市	1000
3	臨港バス	バス交通	川崎市	1000

川崎市立 D 中学校

男子（就職者数 97 名）

人数	就職先	事業内容	所在地	規模
14	富士電機	電気器具製造	川崎市	1000
11	日本鋼管	製鋼業	川崎市	1000
9	日本鋳造	鋳鉄工業	川崎市	500
5	仙ய鉄工所	製罐工業	川崎市	50
4	大日向製作所	製罐工業	川崎市	50
3	新和機械	機械製造	川崎市	50
3	帝国自動車	自動車製造	横浜市	500
3	日本エボナイト	エボナイト工業	大田区	50

女子（就職者数 77 名）

人数	就職先	事業内容	所在地	規模
19	新高製菓	菓子製造	大田区	200
6	昭和電線	電線製造	川崎市	1000
5	富士通信	通信器具製作	川崎市	1000
4	東芝柳町工場	電気器具製造	川崎市	1000
3	東芝堀川町工場	電球電気器具製造	川崎市	1000
3	第一専売	物品月賦販売業	川崎市	30
3	宮田製作所	自転車製造	大田区	450
3	臨港バス	交通業	川崎市	1000
3	日本電気	電気器具製造	川崎市	1000

川崎市立 E 中学校

男子（就職者数 144 名）

人数	就職先	事業内容	所在地	規模
13	岩城硝子	ガラス製品製造	大田区	300
10	エンパイヤ工業	機械製造	大田区	200
8	日本鋼管	製鋼業	川崎市	1000
7	東洋電業	パイプ製造	大田区	100
7	荏原工業	冷蔵庫製造	大田区	80
7	三栄産業	スライドガラス製造	大田区	70
6	内田ボルト	ボルト製造	川崎市	30
5	日の元製作所	電気工業	川崎市	30
5	イーグル電気	電球製造	大田区	60

女子（就職者数 141 名）

人数	就職先	事業内容	所在地	規模
27	臨港バス	バス交通	川崎市	1000
16	理研アルマイト	アルマイト工業	川崎市	150
15	岩城硝子	ガラス製品製造	大田区	300
10	エンパイヤ工業	機械製造	大田区	200
9	イーグル電気	電球製造	大田区	60
7	荏原工業	冷蔵庫製造	大田区	80
3	日本特殊計器	計量器製造	川崎市	60
5	昭和電線	電線製造	川崎市	1000

にも明らかなように,「岩城硝子」(男女計28名の就職者),「エンパイヤ工業」(20名),「荏原工業」(14名)など男女ともに大量に採用している企業がある.これらの就職先は,教員によって開拓され,定期的な採用が行われていた企業であることが,インタビューから判明している.教員によって開拓されたこれらの就職先は,いずれも中小,零細企業であり,多くが大田区の工場である.これは,就職担当の教員の自宅が大田区にあり,その近辺の会社を「かたっぱしから開拓した」(教員インタビュー)結果だという.学校の所在地は川崎であり,25条の2の中学校であることから,行政的には川崎職安の管轄下にあった.しかし,いわば管轄職安を飛び越した形で,学校と企業の直接的な結びつきがあった.実際,大田区管轄の大森職安から神奈川県職安に,川崎の中学の教師が企業訪問をしているという苦情が寄せられていたという.また,就職する生徒の方でも,小規模,特に零細企業に就職する場合,学校近辺の会社であるよりも東京の会社を希望したという事情も反映されていた.川崎の企業では,規模が小さく労働条件が良くないことが近所にすぐに知られてしまうので,近隣の「小さい工場に行くとなると父兄の側の見栄がある」(教員インタビュー)ため,東京の就職先が好まれたという.

　特定の学校と特定企業の結びつきを明確にするため,E中学校と同じ川崎工業地区にある隣接する中学校の主要就職先を比較しておこう.E中学校で上位を占めていた「岩城硝子」「エンパイヤ工業」「荏原工業」などは近隣の学校では就職者が1名もいない.他方,A中学校の大口就職先である「ユニオンサッシ」(男子12人),「三栄工業」(男子6人),「共栄製菓」(女子4人)は,近隣のほかの中学校では就職者がいない.同様に,B中学校の大口就職先の「高山製作所」(男子7人),「寿鉄鋼所」(男子6人),「横浜佃煮」(女子7人),D中学校の「仙崎鉄工所」(男子5人),「大日向製作所」(男子4人)なども,これらの学校独自の就職先である.

　表4-6から明らかになる最も重要な点は,各中学校の主要就職先がオーバーラップしていないことであろう.もちろん,地元川崎にある養成工制度をもつような大企業は,どの学校からも複数人数採用しているが,中小・零細の大口採用企業は,特定の学校との継続的な関係を示唆するように,学校ご

とにかなり異なる．少なくともE中学校に見る限り，これらの大口採用企業と学校の間には，「実績関係」にあたる結びつきがあったことが明らかになっている．このように川崎市内の中学校卒業者の就職先から推察すると，中卒者の就職は職業安定所の媒介を基本としながらも，中小・零細の企業に関しては，学校が求人開拓を行ったり企業と学校が直接的に結びつく仕組みがすでに1950年代前半からあったことが考えられる．

6. 就職後の補導

補導とは，卒業後職場にはいり社会人として出発した新規学卒者に対しての「フォローアップ」を意味した．ここでも職安と学校は密接に連携しながら，就職後の補導にあたっていたことが明らかになっている．1953年3月卒業の就職者に対する職業補導の詳しい実態報告が，長野県と青森県の事例について『職業研究』誌上に掲載されているので参照しておこう．補導の方法は大きく訪問補導と文書補導にわかれていた．長野県では，経費の関係上，職安の行う補導は文書によるもので，6月に就職者全員に職場，寄宿舎での生活，希望に関する23の質問項目を含む補導票を送付，回収している．青森県では文書補導とともに以下述べる職安による訪問補導も行っていた．職安による補導の目的は，就職先企業での労働条件の実際と就職者の適応状況などについての情報を収集し，実態の把握と今後の職業紹介の反省材料とすることであった．

学校では，文書補導と訪問補導の両方の方法が通常用いられ，文書での卒業生へのコンタクトは質問票とともに在校生の作文，村の新聞，学校新聞，PTA会報，担任の先生よりの便りなどを送付していた．長野県では，学校の行う文書補導についても，県の職安が統一をとり，同一内容で行っていたという．学校の訪問補導は，「出身学校の先生が6月の農繁期等を利用して就職した生徒達の職場を訪問する．概ね3，4日間の日程で行われるので，訪問先は集団で就職した工場，または手紙などで不満の訴えがあって問題ありと思われる事業所に限定される」[50]．学校側の行う補導は，実態の把握と情報収集の目的だけでなく，生徒1人1人の性格を把握した上での個人指導，

特に定着指導が行われたという．また，卒業生の訪問をかねて次年度の求人依頼を行うこともあった．

青森県では，1953年には県の職業安定課長をはじめとする3名の職員が，大阪，滋賀，愛知，神奈川，東京の地域に10日間の訪問補導を実施している．その目的としては，(1)就職者の実態の把握，(2)就職後の問題（特に雇用条件の遵守）の解決，(3)父兄に送付する就職者の写真撮影，(4)次年度卒業生の求人の依頼，の4点があげられている[51]．補導は通常需要県の補導の一環として位置づけられているので，担当の県あるいは所轄職安職員が各事業所の訪問には同行した．このような県を越えた職安間の連絡は，需要県と供給県の間の求人・求職連絡にはじまり，就職後の補導にまで及んでいたのである．訪問補導を終えるにあたって，青森県職業安定課長が学卒者就職に果たす職安の熱意と使命感を述べているので，長いが引用しておこう．

「各地に雄雄しく働いているこれら年少者と懇談，激励し，辞去するに際し相互に別れが惜しまれ，門前を離れて振り返えるたびに見えなくなるまでハンカチや手を振り合い，誠に立ち去り難いものであった．これこそわれわれに課せられた責任であり，そして愛情であることを感じ，職業安定行政のモットーとする公共奉仕の精神もすべてここから出発するのであって，単に何でも就職させればよいという観念にとどまらず，立派な社会人としての資格を備えるまで見守りかつ指導しなければならないという衝動と熱情に駆られた次第である」[52]．

学校での補導結果は管轄職安に報告され，また職安側で収集した情報は取りまとめて，「職業指導協議会」などの場で学校へと伝達された．このように，学校と職安行政は職業指導，斡旋だけでなく，就職後のアフターケアに至るまで，並々ならぬ熱意をもって取り組んでいたのである．こうして表4-1の年間計画表にあるように，前年の4月頃からはじまった中卒者の就職プロセスのサイクルが終了することになる．

以上年間計画表に従いながら，1953年3月に中学校を卒業し就職した生徒たちの就職にいたる詳細なプロセスを解明してきた．特に，職安と学校と

いう生徒と雇用主の間に介在していた中間的組織の役割に注目することにより，学校から職場へのトランジションのメカニズムの全貌がおぼろげながらも明らかになったといえよう．

7. むすび

　最後に，1980年代，90年代の高卒者の就職と，本章で詳しく分析した1950年代の中卒者の就職との共通点と相違点について言及しておく．現在の高卒者の就職のメカニズムと比較した場合，1950年代前半の中卒者の就職に関しては，学校と職安という中間的組織が学卒者の就職指導・斡旋に深くかかわっていたという点では多くの共通点を持っている．特に，学校の役割に関しては，各種の検査，面接をはじめとする職業指導が学校教育の中に有機的に組み込まれ，教育の一環として就職指導・斡旋が位置づけられていたことは，現在の高校生の就職と極めて類似している性格である．
　さらに，学校での積極的な求人開拓と，職安を直接的に通さない特に中小企業の求人への斡旋は，現在の高校現場での就職斡旋と酷似しているといえよう．ここでは，職安の活動からはある程度自立した中学校の役割があきらかになっている．指定校，実績関係にいたっては，現在の高校の就職メカニズムと極めてパラレルな関係にあることがわかる．職安というチャネルを通しながらも，ある特定の学校を指定して求人票を配布させたり，選考の際に特定の学校から採用していくという企業の側の行動は，1980年代，90年代の企業行動を見るかのごとくである．大手の優良企業が学校の銘柄に注意を払い，新規採用者の評価をその出身校とリンクさせた形で行っていた事実は，すでに1950年代前半当時から，義務教育修了後の中学校のレベルでも特定の学校と企業との結びつきが存在したことを推察させる．
　しかしながら，1950年代の中卒者の就職は現代の高卒者の就職と明らかに異なる点がいくつか指摘されよう．その最も重要な相違点は，職業安定行政の役割にある．1947年の職業安定法と1949年の改正という法的根拠に基づきながら，職業安定所は中卒者の就職斡旋に文字通り全面的に関与していたのである．最も組織的なかかわりを示すのが，労働省本省で毎年新規学卒

者のために開かれた「全国需給調整会議」の存在である．全国の中学校と事業所から集められた求職と求人に関する情報を一手に集中し，全国レベルで求人が求職者に比べ圧倒的に少ない「供給県」と求人が自県内で充足できない「需要県」の間の需給調整を展開した．これに類似した需給調整は県レベルの職安行政機関でも，また各管轄職安のレベルでも行われていた．管轄職安では，大口求人を各学校の就職希望者数に応じて割りあてたり，応募者が多そうな求人には応募をひかえるように，少なそうな求人には求職者を募るように管轄下の学校に指導していた形跡がある．1950年代には職安行政は，求人・求職のマッチングに関する過程に深くコミットしていたのである．このような職安の旺盛な活動は，現在の高校生の就職には陰も形も見られない．求人票は管轄職安を通さなければいけないものの，職安は単に求人票を企業から学校へと流すだけの機関であり，1950年代に見られた指導・調整は存在しない．多くの高校は，職業安定法33条の2に基づき職安とは自立した独自の職業斡旋業務を展開しており，ここでは企業と学校がいわば職安を飛び越した形で結びついている．

　1950年代の中卒者の就職と現在の高卒者の就職に関するもうひとつの重要な違いは，学校内での選考に加え，実質的な選抜試験が企業で行われた点である．すでに述べたように大手の優良企業では，おおよそ3倍ほどの受験者の中から，身体検査，筆記試験，面接などにより厳しく選考している．学校内での選考はいわば第1次選考であり，企業での第2次選考で3人に2人は落ちてしまうのである．現在の高校で行われている学内選抜の意味はもっと大きい．形式的な採用試験は企業で行うが，企業側は学校推薦を受けた生徒はよほどのことがないかぎり採用する．というのも採用を断るのは，学校と企業の間の信頼関係を破ることに他ならないからである[53]．1980年代に実施された東京大学教育社会学研究室の高校生の進路調査でも，2回以上採用試験を受験した生徒は20％に満たなかったという[54]．大企業受験者の3分の2が再受験しなければならなかった当時とは，企業での選抜システムの意味が大きく異なっているといえよう．

　本章で明らかになった知見は，現在の高卒者の就職メカニズムを考えるうえでも歴史的連続性，非連続性という視点から示唆に富んでいるといえる．

現在広く普及しているパターンが,実は戦後間もない中卒者の就職と多くの類似性をもつという事実は,ある種の驚きをもって迎えられるかもしれない.しかし,本章でも指摘してきたように,1950年代のシステムは,戦後の職業安定法と学校体系という制度と労働市場の需給関係という大きな枠組みの中ではじめてその全容が理解されるものである.この後1960年代にいたる歴史的コンテクストのなかで中卒,高卒者の就職過程がどのように変遷し,現在の高卒者の就職システムへの歴史的流れが形成されていったのかについては,6章であらためて検討していく[55].

1) 橋本寿朗「1955年」安場安吉・猪木武徳編『日本経済史8　高度成長』岩波書店,1989年.
2) 労働大臣官房労働統計調査部『労働異動調査報告(昭和31年分)』労働大臣官房労働統計調査部,1957年,第6表.
3) 労働省職業安定局編『職業安定行政手引(昭和24年版)』第3編「学生,生徒等の職業紹介」労働省職業安定局,1949年,264頁.
4) 同上,289頁.
5) 文部省『学校教育法施行規則等の一部を改正する省令』1953年11月27日公布文部省令第25号,1953年11月30日,文総審130号,文部事務次官通達(適用は1953年10月31日).
6) 苅谷剛彦『学校・職業・選抜の社会学』東京大学出版会,1991年.
7) 日本職業指導協会『職業指導概論』実業之日本社,1950年,24頁.
8) 同上,55-56頁.
9) 労働省職業安定局編『職業安定法解説』雇用問題研究会,1956年,168頁.
10) 同上,171頁.
11) 前掲,『職業安定行政手引(昭和24年版)』第3編「学生,生徒等の職業紹介」労働省職業安定局,1949年.
12) このような中卒者と高卒者の就職に見られる職安の役割の違いについては,6章に詳しく論じられているので,ここでは取り上げない.
13) 野口彰「職業情報のあり方――学校から要望するもの」『職業研究』雇用問題研究会,1954年4月号,18頁.
14) 東京都労働職業安定部「新規中学・高校卒業生の就職あっ旋状況」『職業研究』雇用問題研究会,1954年6月号,28頁.
15) 自由回答からの引用は中学校名を引用後に明記した.
16) 藤沢市立明治中学校就職指導担当内田俊雄先生(1996年11月29日インタ

ビュー），川崎市立臨港中学校就職指導担当片山繁夫先生（1997年3月19日インタビュー），川崎市職業安定所新規学卒担当斉藤明氏（1997年1月7日，11月4日インタビュー），神奈川県職業安定課飯土井清久氏（1997年12月19日インタビュー），日本鋼管川崎製鉄所中卒採用担当高田義人氏（1997年2月8日インタビュー）川崎市プレス工業人事担当（プレス工業学校教員）濱岡正氏（1997年2月5日インタビュー）（肩書きはいずれも1953年当時のもの）。これらのインタビューからの引用は，「教員インタビュー」「職安職員インタビュー」などと引用後に明記してある。

17） 労働省職業安定局編『学生生徒等の職業紹介手引』雇用問題研究会，1952年，21-24頁。
18） 労働省職業安定局編『職業安定行政手引（昭和24年版）』労働省職業安定局，1949年。
19） 神奈川県川崎市立御幸中学校「職業・家庭科学習指導研究――年間計画」『職業研究』雇用問題研究会，1953年4月号，20-21頁。
20） 前掲，『学生生徒等の職業紹介手引』雇用問題研究会，1952年，114頁。
21） 労働省編『職業適性検査実施手引き』雇用問題研究会，1952年。
22） 前掲，『職業安定行政手引（昭和24年版）』第3編「学生，生徒等の職業紹介」労働省職業安定局編，1949年。
23） 東京都板橋第3中学校「中学校における夏期実習」『職業研究』雇用問題研究会，1954年10月号，30頁。
24） 労働省職業安定局『職業講話集――新規学校卒業者のために』雇用問題研究会，1955年。
25） 前掲，『学生生徒等の職業紹介手引』雇用問題研究会，1952年，21頁。
26） 同上，27頁。
27） 同上。
28） 同上，28頁。
29） 同上，41頁。
30） 埼玉県伊奈中学生徒「新規学校卒業者の就職対策を語る座談会」『職業安定広報』労働省職業安定局，1953年1月号，38頁。
31） 山下豊「中学校で行う職業指導の実際」『職業安定広報』労働省職業安定局，1952年2月号，15頁。
32） 帝国人絹三原工場「新規中学校卒業者採用試験をおえて公共職業安定所に望む」『職業研究』雇用問題研究会，1953年5月号，24頁。
33） 富士紡績株式会社「中学・高校卒業者採用についてのわが社の方針」『職業研究』雇用問題研究会，1953年12月号，33頁。
34） 職業研究調査部「新規採用見込数と採用方針」『職業研究』雇用問題研究会，1954年11月号，38頁。

4章 中卒者就職のミクロなメカニズム 153

35) 富山労働省雇用安定課長「職業指導の問題点を語る座談会」『職業安定広報』労働省職業安定局, 1952年8月号, 16頁.
36) 労働省職業安定局編『職業安定行政十年史』雇用問題研究会, 1959年.
37) 大日本印刷株式会社「新卒業生の採用について」『職業研究』雇用問題研究会, 1954年5月号, 40頁.
38) 染谷すみ子「製薬工場訪問記」『職業研究』雇用問題研究会, 1954年6月号, 43頁.
39) 新三菱重工業株式会社京都製作所「採用雑感」『職業研究』雇用問題研究会, 1954年6月号, 40頁.
40) 労働省労働基準局技能課監修『指定技能及び養成期間の表, 就業可能業務及び防護方法の基準の表並びに教習事項の基準』日本技能協会, 1953年.
41) 矢越幸穂「日本の技能者養成」桐原保見編『技能者養成』ダイヤモンド社, 1954年, 156頁.
42) 折井日向「日本鋼管の養成工教育」桐原保見編『技能者養成』ダイヤモンド社, 1954年, 251頁.
43) 矢越, 前掲「日本の技能者養成」160頁.
44) 折井, 前掲「日本鋼管の養成工教育」238頁.
45) 同上, 242頁.
46) いすゞ自動車工業専門学校10周年記念誌編集部『十年の歩み』いすゞ自動車工業専門学校, 1961年, 21頁.
47) 製造所別の採用人員は定かではないが, 1961年の卒業者名簿によると川崎40名, 鶴見20名, 末吉13名, 大森6名の記載がある. 入学者100名中, 卒業者は94名であった. 同上, 162頁より.
48) プレス工専学校編『四拾年のあゆみ』プレス工専学校, 1980年.
49) 同上, 19頁.
50) 平松弘「県外就職者補導の実際――長野県」『職業研究』雇用問題研究会, 1953年9月号, 34頁.
51) 服部四郎「県外就職者補導の実際――青森県」『職業研究』雇用問題研究会, 1953年9月号, 30頁.
52) 同上, 33頁.
53) 岩永雅也「若年労働市場の組織化と学校」『教育社会学研究』38集, 1983年, 134-145頁. 岩永雅也「新規学卒労働市場の構造に関する実証的研究」『大阪大学人間科学部紀要』10巻, 1984年, 247-276頁. 小林雅之「高卒労働市場の構造」天野邦夫他『高等学校の進路分化機能に関する研究』トヨタ財団助成研究報告書, 1988年.
54) 苅谷, 前掲『学校・職業・選抜の社会学』89頁.
55) 本章は, 石田浩「教育と労働市場――新規学卒者の就職と職安・学校」東

京大学社会科学研究所編『20世紀システム3　経済成長II受容と対抗』をもとに加筆・発展させたものである．

(付記)　本章で用いた「1953年神奈川県新規学卒者労働市場調査」は，東京大学社会科学研究所附属日本社会研究情報センターSSJデータアーカイブの許可を得て入手・分析し，その整理・再分析にあたって松井博，福田千穂子，深澤淑江の諸氏の援助を受けた．東京大学社会科学研究所図書室（特に市原良勝氏）には資料の入手等で，中野勉氏には表の作成でお世話になった．本章のもとになった草稿には，橋本寿朗，尾高煌之助，奥田道大，石田雄，白波瀬佐和子，土田とも子の諸氏からコメントをいただいた．記して感謝したい．

5章 女子中卒労働市場の制度化

石田浩・村尾祐美子

1. はじめに

　本章では，女子の新規中卒者の労働市場に焦点を当てて検討する．戦後日本において女子学卒者は，質量ともに労働市場において重要な役割を果たしてきたといえる．繊維産業部門に典型的に見られるように，一部の産業では男子ではなく女子学卒者を優先的に採用してきた経緯があり，女子学卒者は戦後の経済成長の一翼を担う労働力として期待されてきた．それにもかかわらず，学卒者の就職パターンと職安・学校の果たす役割について，男女の比較という視点から分析している研究は，すでに1章でも述べたように，ほとんど見られない．大河内，氏原，高梨らのグループの神奈川県学卒者の研究が，恐らく唯一の例外であろう[1]．これらの著作では，男子と女子を区別し，別々に就職経路の検討を行っている．しかし，男女比較を通して女子就職の特徴を明確に指摘していくような踏み込んだ分析にはいたっていない．実は女子中卒者の就職は，学校・職安行政による「制度化」という視点から見た場合，おそらく男子以上に重要な事例であることが本章では明らかとなる．そこで，女子学卒者が労働市場に参入していくパターンを男子と比較し，その特性をここでは明らかにしていく．特に，女子学卒者の就職パターンにおいては，男子同様，あるいはそれ以上に学校・職安という「制度」を介した組織化が進んでいたのかという点に注目していく．

　本章の後半部分では，女子中卒者を大量採用していた紡績業の事例を検討する．紡績をはじめとした繊維産業部門での女子中卒労働者の採用は，需給調整会議を基本とした職業安定行政の全国的な労働市場の制度化の契機とな

ったことが明らかとなる．紡績業における女子中卒採用方式は，戦後の労働市場における広域移動と全国一律の徹底したスケジュール管理を可能にした「制度」の成立過程で極めて重要な役割を果たしたことが展開される．

2. 女子中卒労働市場のマクロ分析

それではまず，女子中卒者の進路と就職をマクロな統計を通して概観することにする．第1に注目しなければならないのは，1950年代，60年代における新規中卒者の労働市場における量的重要性は，男女に共通して見られるという点である．表5-1に示されているように，1950年代，60年代を通して中学卒業後，毎年「就職，あるいは就職進学」したものの約48％が女子であり，就職者の絶対数に男女間でそれほど大きな違いはなかった．つまり，すでに1950年代前半当初から，女子中卒者は男子とほぼ同程度の量的重要性を労働市場においてもっていたといえる．

表5-1は進学に関するトレンドも示しているが，高等学校への進学率[2]は1950年代前半には男女とも50％にみたず，1950年には男子が女子に比べ10％ほど高かった．しかし，1950年代後半からその差が急速に縮小し，1962年には男女ほぼ同率の60％前半に到達する．この進学率の上昇傾向と対応して就職率は下降しているが，1950年代には男女とも卒業生のほぼ40％が就職しており，絶対数で見ると男子は毎年約40万人前後の卒業生を労働市場に排出し，女子も平均36万人の卒業生を毎年送り出している．このように少なくとも1950年代当時は，男女ともに中卒者は新規学卒就職者の圧倒的多数を占め，労働市場に参入する労働力として極めて重要な位置を占めていた．さらに中卒労働力の新規学卒労働市場に占める優位性は1960年代中頃まで続き，男女とも1965年にはじめて新規中卒労働力が新規高卒労働力を量的に下回ることになる．

女子中卒者の進路に関して第2に重要なことは，産業化の進展に伴う女子中卒者の「雇用」労働化の傾向が指摘される点である．表5-1にも明らかなように，女子就職・就職進学者総数のうち，非農林・水産・漁業（以下非農林）への就職者の割合は，1950年には4割ほどであったものが，1960年に

5章 女子中卒労働市場の制度化　157

表 5-1　男女別新規中卒者の進路

(単位：千人)

	(1) 卒業者総数	(2) 就職者数	(3) (2)/(1)	(4) 非農就職者数	(5) (4)/(2)	(6) 進学者数	(7) (6)/(1)	(8) 非就職・非進学者数	(9) (8)/(1)	(10) 男女計就職者中男子または女子の割合
男子										
1950	810.6	374.5	0.46	142.5	0.38	344.9	0.43	91.2	0.11	0.52
1952	856.2	410.3	0.48	212.4	0.52	397.0	0.46	48.9	0.06	0.51
1954	777.8	325.8	0.42	213.6	0.66	382.6	0.49	69.4	0.09	0.53
1956	950.7	418.5	0.44	302.2	0.72	475.5	0.50	56.8	0.06	0.52
1958	962.0	410.4	0.43	324.1	0.79	498.2	0.52	53.4	0.06	0.53
1960	879.4	356.6	0.41	302.3	0.85	499.0	0.57	41.8	0.05	0.52
1962	995.4	341.8	0.34	304.0	0.89	613.4	0.62	40.2	0.04	0.52
1964	1,237.4	360.4	0.29	323.0	0.90	827.2	0.67	49.8	0.04	0.52
1966	1,088.1	267.8	0.25	240.9	0.90	760.3	0.70	60.1	0.06	0.51
1968	942.1	199.2	0.21	180.7	0.91	691.1	0.73	50.6	0.05	0.52
1970	851.8	140.3	0.16	129.9	0.93	667.2	0.78	44.4	0.05	0.52
女子										
1950	777.6	342.7	0.44	136.7	0.40	267.2	0.34	167.7	0.22	0.48
1952	826.0	388.1	0.47	199.5	0.51	325.7	0.39	112.2	0.14	0.49
1954	753.9	287.4	0.38	197.0	0.69	333.2	0.44	133.1	0.18	0.47
1956	921.0	378.7	0.41	283.4	0.75	421.2	0.46	121.0	0.13	0.48
1958	934.0	364.5	0.39	295.6	0.81	461.7	0.49	107.7	0.12	0.47
1960	873.1	327.1	0.37	286.9	0.88	472.9	0.54	73.1	0.08	0.48
1962	952.3	310.6	0.33	285.2	0.92	578.1	0.61	63.6	0.07	0.48
1964	1,189.4	337.3	0.28	315.9	0.94	780.6	0.66	71.6	0.06	0.48
1966	1,045.4	254.7	0.24	242.3	0.95	715.3	0.68	75.4	0.07	0.49
1968	904.7	186.3	0.21	173.2	0.93	661.0	0.73	56.0	0.06	0.48
1970	815.2	131.0	0.16	127.2	0.97	644.6	0.79	39.6	0.05	0.48

資料：『学校基本調査』各年度版．
注：「就職者」は就職進学者を含む．「進学者」は就職進学者を除く．

はすでに9割近くとなっており，その大部分が「雇用者」として労働市場に吸収されていったことを示している．さらに，1950年の女子中卒者のうち学校卒業直後，進学も就職もしない「非就職・非進学」の割合は22％と推計され，この値は男子のほぼ倍に当たる．この「非進学・非就職」の内実は，そのほとんどが家事あるいは家業従事者と考えられる．特に農村部においては，女子の場合「就職」とは区別された形で，家族従事者として自営農家へ貢献すると同時に家事をになっていた学卒者の存在があった．しかし，1950年代にかけて「非進学・非就職」の割合は急速に減少し，1964年には男子とほぼ同水準の6％へと激減することになる．

　これは，農村での経営規模の細分化と農業機械導入による必要労働力の減少がみとめられる一方，都市での雇用機会の大幅な拡大によって，卒業直後に進学か就職かという選択を行う傾向がでてきたためであると考えられる．1950年代前半では，卒業後自家の農作業を手伝うかたわら家事に従事し，仮に就職するとしてもこの家事・家業従事期間を経た後であったものが，「卒業即就職」というパターンが女子の間にも1950年代に定着していったことを示唆している[3]．このことは，農村からの潜在的女子労働力が，「新規学卒」という形で労働市場に組み込まれていく過程に他ならない．

　次に，就職経路に関して男女で比較をしてみることにする．図5-1は，男子・女子全就職者のうち，職業安定機関を経由して就職した者の割合，さらに男子・女子非農林就職者のうちの職業安定機関経由率を示したものである．ここで言う職業安定機関とは，職安と，1949年職業安定法に定められた25条の3に基づく職安の業務を一部分担した学校の双方を含む[4]．まず全就職者中の割合を見ると，1950年3月に卒業し就職した女子の24％，男子の20％が，職業安定機関の紹介により就職している．さらに，職安経由の求人が非農林業であることを考慮し，非農林就職者中の割合を計算すると，1950年当時女子61％，男子48％という高率となる．職業安定機関経由率は，特に女子の間でその後着実に上昇を続け，1970年には全就職者中，女子82％，男子64％という高い水準に達している．絶対数でみても，職安・学校の果たした役割は明らかである．1950年代の前半は，毎年男女それぞれ12-3万人の中卒者が職業安定機関の紹介を経て就職した．中学卒業生が増加してい

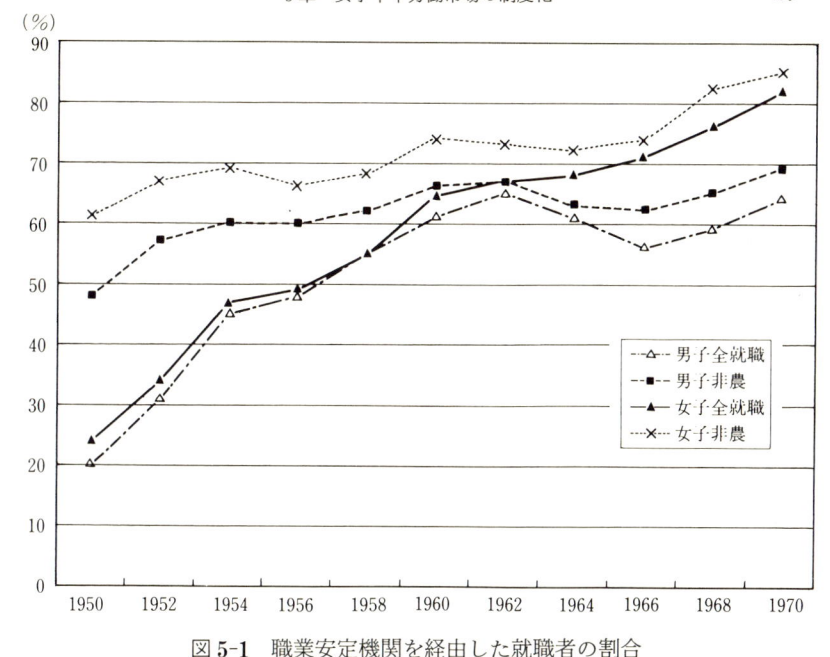

図 5-1 職業安定機関を経由した就職者の割合
資料:『学校基本調査』『労働市場年報』各年度版,より作成.1950年は『学校基本調査』『職業安定広報』
1952年2月号,より作成.

く1950年代後半,1960年代前半には,毎年男女とも20万人前後の大量な新規学卒者が,職安・学校の紹介を介して労働市場へと参入していった.

ここで注目したいのは,女子の職業安定機関扱いの就職者数と職業安定機関経由率は,この20年間ほぼ一貫して男子より高いという事実である.1958年に職業安定機関を経由した就職者数とその全就職者数に占める割合が,男女でほぼ同程度であったことを除けば,女子の絶対数,割合は一貫して男子より高い.特に,1960年代後半からは男女差に明らかな拡大傾向がみられ,女子の職安依存度が男子よりも急速に高まったといえよう.これらのマクロな統計は,職安・学校を通した労働市場の制度化が新卒男子だけでなく,実は女子においてより広範に普及していたことを物語っている.1950年代,60年代の女子中卒者の就職は,職安・学校という「制度」を抜きには考えられないものであった.それでは,何故このように男子と比較しても高い制度化の傾向が女子に見られるのか.その謎を解く鍵が就職先企業にあ

表 5-2 男子・女子中卒就職者の主要産業別(職業安定機関扱いの)就職先(%)

	1952	1954	1956	1958	1960	1962
男子						
1 農林水産業	0.01	0.01	0.01	0.00	0.00	0.00
2 建設業	0.02	0.03	0.03	0.04	0.04	0.03
3 製造業	0.66	0.69	0.64	0.67	0.78	0.82
繊維工業	0.06	0.05	0.04	0.03	0.03	0.03
化学工業	0.01	0.01	0.01	0.01	0.02	0.02
金属製品	0.06	0.08	0.09	0.12	0.12	0.14
機械	0.13	0.15	0.11	0.12	0.15	0.16
電気機械	0.03	0.05	0.04	0.05	0.11	0.13
4 卸,小売業	0.22	0.18	0.22	0.19	0.11	0.07
5 運輸,通信業	0.01	0.01	0.01	0.02	0.01	0.02
計	89,875	126,328	181,012	201,240	199,733	203,100
女子						
1 農林水産業	0.00	0.00	0.00	0.00	0.00	0.00
2 建設業	0.00	0.00	0.00	0.00	0.00	0.00
3 製造業	0.81	0.78	0.73	0.72	0.83	0.83
繊維工業	0.54	0.44	0.39	0.34	0.39	0.39
化学工業	0.02	0.04	0.02	0.02	0.03	0.03
金属製品	0.01	0.02	0.02	0.02	0.02	0.02
機械	0.01	0.02	0.01	0.01	0.02	0.02
電気機械	0.02	0.04	0.04	0.04	0.13	0.13
4 卸,小売業	0.08	0.10	0.13	0.14	0.08	0.07
5 運輸,通信業	0.02	0.02	0.02	0.02	0.02	0.03
計	107,042	135,036	186,728	200,657	211,547	207,020

資料:『労働市場年報』(各年度版).
注:1) 合計には上記以外の産業(その他の製造業,鉱業,金融,保険,不動産など)の全ての産業を含む.
2) 1952年は25条の3扱いに基づく学校経由の就職を除く.

る.

　職業安定機関経由の就職者の産業別従業先を男女で比較したものが,表5-2である.女子の分布を見ると,1952年には(学校を除く)職安[5]扱いの女子就職者の半分以上(54%)が繊維産業(すなわち,紡績,製糸,織物業)に採用されていることがわかる.その後も,1960年代前半にいたるまで,職安・学校経由の就職者のうち平均39%が繊維産業に就職している[6].ところが,男子の分布を見ると,繊維に匹敵する大口就職先産業はない.産業小分類の中では,小売業,機械製品製造業が最も多くの職安・学校経由の

男子中卒者を採用しているが,その割合は職業安定機関扱いの全就職者の20%にも充たない.このように,職安・学校の介在した女子の就職は,男子に比較すると圧倒的に特定産業に集中する傾向があったことが明らかである.

女子中卒者を大量に受け入れる繊維産業関係の求人は,以下紡績業の事例でも明らかとなるように,多くの場合,県外移動を伴う就職を意味し,職安を中心とした組織的な求人・求職活動が重要となる.全国津々浦々の中学校から女子中学生を選考し,3月にはそれぞれの採用の決まった職場へと無事に送り出す過程に,学校・職安は深く関与してきた.その結果,親元をはじめて離れ都市部へと流出していった大量の中卒者,特に女子就職者の存在が明らかになってくる.

3. 繊維産業と女子労働市場

さらに,この広域にわたる移動という観点を立ち入って分析するため,紡績業を含む繊維産業と女子労働市場の関連を検討することにする.その特徴を要約すると,以下の3点にまとめることができよう.まず第1に,繊維産業では,女性就業者中の中卒者の占める割合が一貫して非常に高いということがある.表5-3は新規入職者(この場合新規学卒者と一般の両方を含む)の産業別学歴構成を表しているが,女性について見ると,繊維産業の中卒採用率は1952年には94.5%,1967年82.0%,1970年76.5%と低下してはいるものの,他産業に比べると高い比率を示している.繊維産業に大量に採用された女子中卒者は,主要には新規の学卒者であったが,他産業(特に弱電)におされ人手不足が厳しくなっていった1960年代からは,「過年度卒業者」と呼ばれる前年度卒業の女子中卒者の採用にも拡大していった.さらに繊維産業は,競争相手であった弱電関係企業が,採用対象の女子学卒者を中卒から高卒へと移行していった1960年代後半にも,引き続き中卒者を採用しつづけていた[7].このように,繊維産業は中卒女子を中心的に大量一括採用しつづけてきたのであり,女子中卒労働市場に大きな影響力を持ちうる産業であったといえよう.

ただし,ここで付け加えておかなければならないことは,繊維産業におけ

表 5-3 新規入職者(新卒および一般)の産業別学歴構成

	1952				1967				1970			
	計	中卒	高卒	短大以上	計	中卒	高卒	短大以上	計	中卒	高卒	短大以上
男性												
産業計	571,938	72.2%	21.7%	6.2%	2,158,700	52.9%	38.2%	8.9%	2,575,900	47.5%	40.9%	11.6%
鉱業	108,469	88.7%	10.0%	1.3%	38,500	86.5%	12.2%	1.3%	25,500	83.5%	14.9%	1.6%
製造業	311,339	74.0%	20.0%	6.0%	1,188,500	60.6%	32.9%	6.5%	1,262,900	54.9%	36.7%	8.4%
(繊維工業)	26,744	69.9%	24.2%	5.9%	65,600	65.7%	28.4%	5.9%	64,500	63.1%	31.9%	5.0%
(電機)	17,583	56.5%	33.8%	9.6%	106,100	51.5%	38.7%	9.8%	139,700	37.5%	48.0%	14.5%
卸売小売業	30,264	37.3%	43.7%	19.0%	492,700	33.2%	51.7%	15.1%	540,200	33.2%	50.2%	16.6%
金融保険業	19,832	22.7%	49.8%	27.5%	45,700	19.5%	49.7%	30.9%	52,500	20.6%	42.7%	36.8%
不動産業					10,200	23.5%	48.0%	28.4%	21,900	15.5%	53.4%	31.1%
運輸通信業	101,666	69.3%	27.0%	3.7%	318,500	57.6%	39.2%	3.3%	373,800	54.5%	41.2%	4.3%
電気ガス水道業					53,000	3.2%	95.5%	1.3%	34,300	4.4%	93.0%	2.6%
サービス業					54,100	53.8%	25.3%	20.9%	263,300	41.9%	35.8%	22.3%
女性												
産業計	333,925	78.1%	21.3%	0.6%	1,896,200	52.7%	44.1%	3.2%	2,341,000	44.4%	49.3%	6.3%
鉱業	13,855	87.6%	12.2%	0.2%	6,900	65.2%	33.3%	1.4%	4,200	61.9%	33.3%	4.8%
製造業	253,105	86.8%	12.8%	0.4%	1,029,300	68.6%	29.8%	1.6%	904,440	70.7%	25.4%	3.8%
(繊維工業)	116,525	94.5%	5.4%	0.1%	205,800	82.0%	16.8%	1.2%	171,300	76.5%	21.8%	1.7%
(電機)	10,630	71.4%	28.2%	0.4%	166,800	68.8%	30.3%	0.9%	175,600	50.6%	45.6%	3.8%
卸売小売業	28,272	34.9%	63.5%	1.6%	527,200	32.6%	63.6%	3.8%	607,500	28.1%	64.7%	7.2%
金融保険業	7,733	37.5%	56.7%	5.8%	138,700	24.9%	69.5%	5.6%	214,600	24.3%	66.7%	9.0%
不動産業					7,500	32.0%	61.3%	6.7%	9,700	16.5%	68.0%	15.5%
運輸通信業	25,743	62.3%	37.4%	0.4%	85,900	39.8%	56.9%	3.3%	82,200	26.2%	66.2%	7.7%
電気ガス水道業					2,900	17.2%	79.3%	3.4%	19,100	1.6%	95.8%	2.6%
サービス業					97,700	46.7%	39.5%	13.8%	307,800	47.8%	38.9%	13.3%

資料:『労働異動調査報告』1952 年、『雇用動向調査』1967 年、1970 年.

5章 女子中卒労働市場の制度化

表 5-4 新規入職者（新卒および一般）の産業別入職経路

	1952			1956				1959				1962			
	合計	安定所	縁故	合計	安定所	学校紹介	縁故	合計	安定所	学校紹介	縁故	合計	安定所	学校紹介	縁故
男性															
産業計	571,908	20.2%	54.0%	624,563	25.3%	12.1%	43.7%	952,719	24.9%	15.0%	36.9%	1,265,713	21.6%	21.0%	26.5%
鉱業	108,469	26.5%	57.6%	59,286	16.0%	2.8%	64.6%	40,077	11.9%	3.3%	59.7%	39,369	11.1%	2.1%	71.7%
製造業	311,339	23.9%	52.2%	406,788	31.1%	12.5%	40.9%	658,963	30.6%	14.0%	34.0%	812,556	27.3%	21.5%	25.0%
（繊維工業）	26,744	19.4%	54.1%	27,611	36.4%	11.8%	40.9%	33,579	35.5%	12.7%	35.2%	40,599	39.0%	11.2%	36.2%
（電機）	17,583	27.1%	44.1%	41,618	29.8%	21.7%	37.5%	85,595	35.9%	19.8%	25.4%	85,632	32.5%	31.2%	15.6%
卸売小売業	30,264	9.8%	51.0%	39,229	11.0%	29.6%	37.7%	89,477	18.0%	23.7%	40.9%	168,296	10.7%	30.0%	20.9%
金融保険業	30,264	9.4%	45.4%	19,314	3.8%	31.0%	31.2%	30,696	4.4%	52.2%	27.2%	36,437	4.8%	51.7%	20.4%
不動産業								4,087	5.2%	7.4%	26.5%	2,354	3.9%	31.4%	34.4%
運輸通信業	101,666	7.6%	58.7%	98,554	17.1%	5.5%	47.4%	122,580	10.4%	8.4%	44.5%	194,493	13.8%	8.7%	30.8%
電気ガス水道業															
サービス業								6,839	5.4%	23.7%	48.0%	12,208	7.7%	33.9%	12.4%
女性															
産業計	333,925	33.8%	38.2%	47,442	37.4%	11.2%	29.9%	761,292	35.1%	13.7%	27.4%	1,023,265	27.8%	20.7%	24.3%
鉱業	13,855	7.1%	66.1%	7,607	5.1%	3.3%	72.3%	5,754	2.6%	3.1%	71.7%	7,263	4.4%	5.9%	78.3%
製造業	253,105	39.9%	35.5%	352,214	45.0%	8.8%	29.5%	567,503	41.8%	9.8%	27.0%	666,863	34.2%	13.8%	25.1%
（繊維工業）	116,525	55.8%	26.8%	145,253	62.7%	5.7%	22.0%	158,980	58.5%	6.2%	24.6%	167,267	58.1%	7.3%	20.8%
（電機）	10,630	34.0%	38.2%	26,574	36.5%	13.4%	34.7%	69,452	48.1%	14.1%	20.6%	74,432	38.9%	19.1%	19.0%
卸売小売業	28,272	21.9%	45.3%	48,310	20.2%	25.2%	29.7%	95,941	17.2%	22.6%	25.2%	194,777	19.8%	36.6%	15.8%
金融保険業	12,733	7.6%	41.3%	15,412	3.4%	35.7%	38.7%	42,176	5.8%	36.1%	35.8%	80,352	3.4%	37.5%	30.6%
不動産業								1,377	11.1%	13.3%	38.3%	3,148	11.1%	15.9%	22.1%
運輸通信業	25,743	15.3%	41.1%	29,117	27.0%	13.2%	38.8%	46,824	23.2%	22.9%	21.4%	66,068	21.7%	24.3%	29.3%
電気ガス水道業															
サービス業								1,717	9.0%	16.1%	66.3%	4,794	3.0%	31.6%	14.7%

資料：『労働異動調査報告』1952-62 年、『雇用動向調査』1966-70 年。

		1966				1968				1970		
	合計	安定所	学校紹介	縁故	合計	安定所	学校紹介	縁故	合計	安定所	学校紹介	縁故
男性												
産業計	1,874,700	16.6%	15.5%	44.2%	2,101,400	14.0%	17.8%	45.4%	2,575,900	20.2%	8.4%	44.1%
鉱業	30,900	14.9%	1.9%	71.8%	32,200	10.9%	1.6%	81.1%	25,500	19.6%	1.6%	68.2%
製造業	996,300	22.7%	14.2%	41.5%	1,149,600	19.9%	16.8%	41.6%	1,263,200	28.0%	8.0%	41.2%
(繊維工業)	68,300	30.5%	11.6%	48.5%	62,900	27.2%	12.2%	47.5%	64,500	32.4%	4.5%	47.9%
(電機)	78,800	27.3%	19.8%	25.0%	108,800	22.4%	29.4%	26.8%	140,300	32.1%	17.4%	27.7%
卸売小売業	435,800	10.3%	20.4%	43.7%	493,200	7.2%	25.7%	45.6%	540,200	14.4%	10.6%	43.4%
金融保険業	42,000	2.4%	46.0%	39.3%	42,600	2.3%	35.7%	48.8%	52,300	11.9%	25.8%	53.2%
不動産業	7,900	3.8%	10.1%	43.0%	10,600	3.8%	5.7%	48.1%	22,100	4.5%	10.0%	23.5%
運輸通信業	294,400	8.7%	9.3%	50.0%	310,400	5.8%	8.2%	53.4%	373,900	10.3%	3.0%	51.6%
電気ガス水道業	6,200	11.3%	38.7%	35.5%	5,500	9.1%	40.0%	34.5%	7,200	20.8%	16.7%	38.9%
サービス業	61,000	13.6%	15.1%	52.8%	57,300	12.4%	17.8%	56.0%	291,400	12.1%	10.3%	46.6%
女性												
産業計	1,713,900	19.5%	17.1%	41.9%	1,954,400	16.5%	19.4%	43.8%	2,340,900	23.7%	7.3%	45.5%
鉱業	6,600	9.1%	9.1%	77.3%	9,600	15.6%	5.2%	74.0%	4,200	14.3%	2.4%	81.0%
製造業	928,700	26.4%	10.4%	41.3%	1,023,800	23.1%	12.7%	42.9%	1,057,000	28.2%	5.0%	43.9%
(繊維工業)	197,800	46.6%	8.2%	37.4%	189,200	43.2%	9.9%	37.9%	171,100	43.5%	3.8%	41.6%
(電機)	113,400	24.3%	13.3%	27.1%	150,000	21.1%	17.9%	32.6%	175,700	31.9%	7.3%	34.7%
卸売小売業	486,600	12.0%	23.9%	38.5%	570,500	9.9%	27.7%	38.4%	608,400	20.9%	8.6%	38.4%
金融保険業	114,100	2.2%	38.0%	50.0%	149,800	2.3%	30.4%	59.0%	214,700	18.3%	12.7%	59.6%
不動産業	7,300	13.7%	11.0%	32.9%	7,900	3.8%	17.7%	38.0%	9,700	12.4%	7.2%	35.1%
運輸通信業	80,100	16.1%	19.9%	50.2%	86,100	13.7%	23.0%	53.9%	85,700	20.0%	4.9%	60.0%
電気ガス水道業	2,800	10.7%	32.1%	53.6%	3,600	13.9%	22.2%	55.6%	3,700	32.4%	16.2%	45.9%
サービス業	87,800	14.0%	22.0%	47.3%	102,900	10.3%	21.9%	49.6%	357,300	19.5%	9.4%	50.3%

る大量採用のいわば裏側として，女子の場合，雇用期間が短期で一度に大量に離職していくという傾向のある点である．これは，男女間の勤続年数を見ても明らかである．10大紡績会社の工場労務者の平均勤続年数は，1955年には男子8.7年，女子5.2年，1960年には男子13.0年，女子4.3年となっている[8]．これは，女子の場合就職が，経済的必要性とともに「嫁入り前の修行」の一環として理解される場合が多く，親元を離れ，寮などの集団生活を営みながら「婦人の教養」を学び，将来の嫁としてふさわしい行動様式を学ぶことができると，特に親たちに信じられていたことと関係していよう[9]．

第2の特徴としては，表5-4に見られるように，繊維産業において職業安定所経由での入職者数の割合が，他産業に比べて著しく高かったということがあげられよう．入職者は，新規学卒者と一般の入職者の2種類を含むが，どちらの場合にも職業安定所の果した役割が重要であった．1950年代半ばには，実に60％以上の繊維産業への入職者が職安を通じて採用されており，1970年においてもその率は40％を越えている．さらに，第3の繊維産業の特徴として，女性の場合，この産業に入職した新卒者の住居移転率が高いことである．表5-5にあるように，多くの産業において男性の新卒者移転率の方が高い中で繊維産業においては，女性新卒者の方が，しかも全体的にみても非常に高い割合で，入職に伴って住居移転をしている事実がある．これは，繊維産業の労働市場が広域なものであったことを示しているさらなる証拠に他ならない．

以上要約すると，女子中卒者は男子に比較すると，学校・職安という中間的組織を介した就職パターンがより顕著に浸透しており，地域間移動を伴う就職の確率が高かったと言えよう．これは，繊維関係の大口求人が女子労働市場にしめる重要性と関連している．1950年代には，紡績業は，大口優良求人として職安の活動においても特権的地位を享受していたと考えられる．そこで，次に具体的事例として，紡績業の女子中卒採用形態について検討を加えることにする．

表 5-5 新規学卒者中の住居移転者数および移転率

	男性			女性		
	新卒者計	うち移転者	新卒者移転率	新卒者計	うち移転者	新卒者移転率
全産業						
1961	426,610	147,734	34.6%	366,033	96,642	26.4%
1962	420,740	167,206	39.7%	414,169	117,893	28.5%
1963	374,016	147,117	39.3%	401,428	131,000	32.6%
1965	579,800	252,000	45.8%	577,900	205,500	35.6%
1967	574,700	230,100	40.0%	615,400	171,400	27.9%
1968	540,700	259,200	47.9%	622,500	186,800	30.0%
製造業						
1961	265,891	105,458	39.7%	225,473	84,766	37.6%
1962	285,636	120,737	42.3%	239,388	94,481	39.5%
1963	241,689	101,258	41.9%	240,349	103,968	43.3%
1967	304,000	143,600	47.2%	290,100	118,100	40.7%
1968	297,100	157,000	52.8%	275,900	121,800	44.1%
繊維工業						
1961	10,453	4,866	46.6%	79,572	58,479	73.5%
1962	11,457	6,031	52.6%	86,037	64,517	75.0%
1963	13,591	6,596	48.5%	92,246	72,845	79.0%
1967	14,300	8,800	61.5%	83,300	63,400	76.1%
1968	13,100	9,300	71.0%	80,000	62,900	78.6%
電機						
1961	36,933	15,613	42.3%	28,010	5,962	21.3%
1962	42,140	14,650	34.8%	32,798	5,369	16.4%
1963	27,557	11,649	42.3%	20,908	3,918	18.7%
1967	40,400	18,200	45.0%	45,700	15,300	33.5%
1968	44,700	22,800	51.0%	45,100	16,500	36.6%
機械						
1961	52,777	16,463	31.2%	17,257	756	4.4%
1962	46,957	17,748	37.8%	10,197	805	7.9%
1963	38,543	13,293	34.5%	11,226	777	6.9%
1967	34,000	12,800	37.6%	13,600	1,700	12.5%
1968	35,100	15,000	42.7%	12,300	2,100	17.1%

資料:『労働異動調査報告』1961-63 年,『雇用動向調査』1967, 1968 年.

4. 労働者募集とその規制：紡績業の場合

(1) はじめに

前節で概観したように，戦後に新規学卒者の広域移動が先行したのは，紡績業をはじめとする繊維工業部門の女子新規中学卒業者においてであった．そこで本節より6節までの3つの節にわたり，紡績業での広域募集がどのようにして行われていたのかを明らかにして，戦後の学卒労働市場において地域間のスムーズな移動を可能にし，全国的なスケジュール管理を徹底した制度の成立過程を解明する一助としたい．

募集の広域性という紡績業の特徴は，すでに戦前期から顕著なものであった．明治20年代以前には紡績企業は工場周辺の通勤可能圏に労働力を求めていたのに対し，その後の紡績業の急速な発展によって労働力不足が生じ，遠隔地の農村に労働力を求めるようになったのである．この時期において，女工の広域募集を可能にしていたのは，主に募集人制度であった．募集人制度とは，文字通り募集人を使って地域から労働力を集める方法で，繊維関係産業の女工の募集に特徴的なものである[10]．このような制度が用いられた背景として，若年女子を中心的労働力とする紡績業では，労働者の勤続が短かったことが挙げられる．

募集人による募集を行う場合，1924年に施行された「労働者募集取締令」以降，募集従事員許可申請をして認められたものが募集にあたるというのが建前であった．しかし実際には募集人の行動を監視することは難しく，人身売買的な労働力募集も行われたため，戦前期においてもこの制度はしばしば問題視され，対応策もとられていた．例えば，1920年代には岐阜・長野・新潟・富山・山梨等の供給地で「女工供給組合」が設立されている．これは，募集や賃金支払等における従来の弊害を除去し，工場に出稼ぎする女工たちを保護することを目的としたものであった[11]．

敗戦後の「民主的」職業安定行政は，このような女工の募集慣行に対してさらに徹底した改革を迫るものであったと言ってよい．戦後のこの新しい状況のもとで，紡績業はどのような対応を行ったのだろうか．そこでは，募集の広域性を維持するために，つまり紡績業にとっての「スムーズな移動」を

可能にするために，どのような新たな方法が案出されたのだろうか．また，「スムーズな移動」とともに「間断のない移動」も本書の重要な問題視角であるが，「間断のない移動」の基礎である「全国一律の進路指導スケジュール管理」が実現してゆく過程において，若年女子労働力を大量に採用する紡績業は，どのような役割を果たしていたのだろうか．そこで以下では，(1)敗戦後における労働者募集の改革の具体的な内容を明らかにしたうえで，(2)こうした新たな状況に対する紡績業界の対応を検討するとともに，(3)紡績業を事例に企業側の新卒採用のスケジュール化と行政によるスケジュール管理の進展の過程を明らかにする．

(2) 戦後における職業安定行政の介入

敗戦後，民主化を掲げた職業安定行政が，企業の労働者募集に対して課した規制は，2つに大別できる．第1に募集方法に関する規制，第2に採用地域に関する規制である．1947年に施行された職業安定法では，企業自身による労働者募集方法として，文書募集・直接募集・委託募集の3方法を挙げていた．このうち文書募集は原則として自由であるが，通勤可能圏外からの募集の場合には，募集主が募集内容を職業安定所長に通報することが定められ，この募集に対し職業安定所長は必要に応じて募集地域・募集時期に制限を加えることができるとされていた．次の直接募集は，募集主が文書以外の方法で労働者を自ら募集したり，または自らの被用者に労働者を募集させたりする方法である．通勤可能圏外からの募集については労働大臣による許可が必要である．最後の委託募集は，募集主が自らの被用者以外の者に労働者募集を行わせるという方法で，労働大臣の許可が必要である．ちなみに戦前の募集人制度は，企業が自らの被用者または被用者以外に労働者募集をさせていたという点から，直接募集と委託募集の両方にまたがるものと言えよう．

募集方法に関する規制は，法に明記するという方法のみならず，行政措置を通じても行われた．例えば，上記の募集の3方法のうち，「委託募集は大臣の許可があれば行いうることにはなっていても行政上不許可の方針がとられてきた」[12]．これは，「人身売買のごとき労働の中間搾取」のような「非民主的弊害は，委託募集の形態で起こりやすいもの」だからだとされている[13]．

つまり、労働者保護の観点からの措置であった。この方針は、1964年4月の労働省による「労働者募集取扱要領」改訂まで続いた。また、直接募集に関しても、行政側の姿勢は厳しいものだった。特に職業安定法成立当初は、直接募集は、職業安定機関による十分な労働者斡旋が困難かつ募集従事者が適格者である場合に限ってこれを許可するという方針をとっており[14]、あくまで職業安定所中心の労働者募集・採用システムが構想されていたのである（直接募集の位置づけの変化については後節で詳しく述べる）。

さらに、新規学卒者を対象とする場合には、企業自身による募集活動は一層厳しく制限されていた。新規学卒者に対する業界側の募集行為は、「法律上（職業安定法）からすれば何らの制約はないが、労働省職業安定局の行政措置として、職安法施行以後業界による直接募集を禁止し、全部職業安定所において斡旋紹介を行ってい」たのである[15]。このような措置の背景には、「学生・生徒の多くが年少者であり、又職業経験が少ないため職業に就くに当り特別の援助を必要とする」[16]というような、年少者に対する保護の側面の重視があった。その結果、企業自身が行う新規学卒者の募集は、行政側の強い規制のもとに置かれ、公共職業安定所に大きく頼らざるを得なかったのである。行政による介入の第2は、広域採用の規制である。GHQは遠隔地募集を繊維産業の労働条件の低さの原因と見なしていた。つまり、労働者保護の観点から、遠隔地募集は、労働者募集に関する旧制度・旧慣行のなかでも特に改革すべき対象であると行政側に位置づけられていたのである。例えば、1947年4月のGHQの厚生省への指示「職業安定局の募集政策」では、繊維産業の労働条件の低さの原因として遠隔地募集および若年女子のみの雇用が挙げられているし、これを受けて発された同年7月の厚生省通牒「労働者の募集方策」は、「従来の複雑な労働者募集地盤を合理的に調整し、労働者の募集を公正に行うことにより定着度の高い労働力を確保すること」を目的に、遠隔地募集を地元募集ないしは隣接地募集に切り換えようとするものであった[17]。

「方針
（一）　労働者の募集は原則として当該工場事業場に通勤しうる地域から行

わしめる．
(二) 労働条件が公正であるにもかゝわらず通勤しうる地域からの労働者の募集が困難である場合には隣接地域からの募集を認める．
(三) 前各号によつてもなお募集が困難である場合に限つて遠隔地域からの募集を認める．」[18]．

また，同年 5 月には，経済科学局労働課のマックボイが，遠隔地募集の禁止と寄宿舎制度廃止の意見を勧告してもいる[19]．こうして職業安定法の中で立てられた原則が，通勤可能圏内募集および近接地募集の原則である．

「第三十九条　労働者の募集を行おうとする者は通常通勤することができる地域から労働者を募集し，その地域から労働者を募集することが困難なときは，その地域に近接する地域から労働者を募集するように努めなければならない」．

この原則のもと，通勤可能圏外からの企業自身による募集が特に厳しく規制されたのは，既述の通りである．

したがって職業安定所は，まず地元での求人・求職結合に努力を傾けることが厳しく求められたと言ってよい．1948 年の『職業安定行政手引』によれば，紹介の基本方針は以下のようなものであった．

「イ．他の公共職業安定所に求人連絡を行うに先立ち，その管内またはその労働市場内[20]においてその必要とする労働者を確保する努力がなされなければならない．
ロ．他の公共職業安定所に求職連絡を行うに先立ち自管内において通常通勤することができる地域内で求職者に適当な求人があるかどうかをたしかめなければならない．この場合は求職者の自由意志に基くものとし，求職者の住所移転その他移動の自由を拘束してはならない」[21]．

要するに，地元での紹介を最優先するという方針である．しかし大量の労

働力が一時期に需要される場合には，こうした地元紹介だけでは求人が充足されえない事態が生じることは，容易に想像できよう．したがってそのような場合には，同一都道府県内，隣接都道府県内というように，順次求人連絡地域を拡大することとした．

しかしこれを無制限に広げてゆけば，明らかに通勤可能圏内募集・近接地募集の原則に抵触する．こうした矛盾をとくための1つの解答が，地域ブロック圏の設定であった．これは1948年に職業安定局が設定した制度で，日本全国を5ブロックに編成し，各ブロック内での労働力需給調整を行うというものである．ブロックは「労働者採用地域」とも呼ばれ，『職業安定行政手引』には，次のように記されている．

「遠隔地における労働者雇入の弊害を排除するために労働者の採用は通常通勤できる地域とするも，その地域内で適当な労働者を得られない場合に原則として次の労働者採用地域[22]において求人連絡をなすものとする（後略）」[23]．

このようなブロック制度の内部で，繊維産業の求人は，連合軍労務の求人などとともに特別扱いを受けていた．なぜなら，当時繊維産業は外貨獲得の期待を担う輸出産業として，炭鉱・連合国軍とともに緊急に求人の充足を要する重要産業[24]に位置づけられていたからである[25]．所轄の職業安定所から当該求人の連絡を受けた都道府県は，通常は「速に適当と認める他都道府県に求人連絡を行う」のであるが，「繊維産業，連合軍労務その他質的又は量的にみて重要なものであって特に職業安定局の援助を必要とするもの」については，「予め職業安定局雇用安定課長に伺い出で，その指示をまって速に必要な連絡を行うこと」とされていたのである[26]．都道府県からの連絡を受けた雇用安定課長が労働省主催の会議を開き，その場で職業安定局作成の資料をもとに関係都道府県・職業安定所相互間に具体的な求人求職連絡を行わせることもあった[27]．このように，ブロック制度を繊維産業が活用する際には，本省が乗り出しての行政側の大々的なバックアップが与えられていたのである．

5. 新卒者広域採用のための制度:紡績業の場合

(1) 職業安定行政側の機構の利用

通勤可能圏での労働者採用を目指す地元主義を掲げた職安行政の立場からすれば,ブロック制度は広域採用に準ずる妥協的な制度だったと言ってよい.だが見方を変えれば,ブロック制度のもとでは,ブロック圏外への求人,つまりより遠い地域からの募集は困難になるということでもある.制度内で優遇されたとしても,より広域からの採用を望む繊維産業にとっては,ブロック制度は不自由なものであった.

しかし職業安定行政の介入によって,繊維産業側が広域採用をあきらめたわけではなかった.紡績を含む繊維産業は業界を挙げて陳情を重ね,ブロック制度に反対した.この間の経緯を『東洋紡績百年史』から見てみよう.

「労働省はGHQの強い指導のもとで近接地募集の推進と募集人制度の廃止を進め,二三年四月には全国を五ブロックに分け,圏外からの求人を認めぬ方針を樹て,九月には二五年五月をもって募集人制度を廃止する方針を打ち出した.紡績業界はこれを現実無視,業界の死命を制するものとして労働大臣の諮問機関である中央職業審議会に働きかけ『職業安定機関の充実までは業者の直接募集を弊害のない形で存続させる』という答申を得,同時にブロック制の問題も解決することができた.当時のGHQの担当官は労働基準法で有名なG. G. スタンダー女史で極めて強硬であったが,当社の委員を含めて粘り強い折衝の結果,広域募集の途が残されたのである」[28].

このような業界側の強い反対を受けて,ブロック制度は1950年1月に廃止されたのである[29].こうして,1947年にブロック別のものとして始まった需給調整会議は,1950年度(1951年3月卒)の東西ブロック別会議を経て,1951年度(1952年3月卒)より全国規模のものとなった.全国規模での新規学卒者労働市場が出現したわけである.

ブロック制度の廃止という措置を通じて繊維産業に広域採用への道をひら

表 5-6 紡績会社に採用された新規中学卒業女子における県外出身者

	採用者総数	採用府県出身	採用府県外出身	県外出身者比率
1956	17,466	5,557	11,909	68.2%
1961	23,799	6,854	16,945	71.2%
1965	33,827	10,095	23,732	70.2%
1968	23,387	7,166	16,221	69.4%

資料:『日本紡績労務月報』1956年9月号, 39-40頁, 1961年10月号, 17-18頁, 1965年6月号, 15-16頁, 1968年5月号, 19-20頁より算出.
注:日本紡績協会による調査. 回答者は日本紡績協会加盟96社 (1956年), 124社 (1961年), 132社 (1965年), 110社 (1968年).

いたことは, 前節で述べた通勤可能圏内募集や近接地募集の原則からすれば, 職安行政側の一種の妥協と見ることができる. この妥協には, 2つの背景があった. 第1に, 既述の通り繊維産業が経済復興のため重要な産業であったこと, そして第2には, 厳しい経済状況であった.「最近の失業情勢にかんがみブロック制度にとらわれずに雇用調整を行う必要」を労働省側も痛感していたのである[30]．

需給調整会議に象徴されるような, 職業安定行政による求人・求職者の広域マッチングシステムにおいては, 繊維産業からの求人が重要な役割を果たしていた. すでに表5-2で見てきたように, 1950年代から1960年代初頭にかけて職安にとって繊維産業は女子中卒者の比類ない大口求人であった. また, 表5-6は紡績会社に採用された新規中卒女子のうち県外出身者の比率を示したもので, 1950年代半ばから一貫して県外出身者は70%前後の値を示している. 県外就職者のすべてが職安扱いで就職していたとはいえないが, 表5-6に現れた結果は, 紡績業が他府県への求人を大量に出していたことを示唆している. つまり, 職業安定行政の側からみれば, 繊維産業の求人によって地域間の需給調整が可能になっていたと言えよう. 他方, 繊維業界の側からみれば, 需給調整会議をはじめとした職安行政の仕組みにのっとった広域採用の恩恵をもっとも受けていたのは繊維産業だったということになる. 以上のように, 需給調整会議をはじめとする職業安定行政による地域間紹介の機構を, 広域採用のための新たな制度として活用することを通じて, 繊維産業は募集の広域性を戦後も保ってゆくことができたのである.

(2) 労務出張所を通じての広域採用

戦後の繊維産業の広域採用に貢献したのは，需給調整会議だけではない．労務出張所あるいは労務充員出張所と呼ばれるものも大きな役割を果たした．これは，供給地に設置された充員機構である．工場が供給地に所在しない場合工場での直接採用ができないため，代行機関として労務出張所が設置されたのだ．そしてこれは，新卒者の広域採用のために非常に貢献した機構だったのである．元来は，新規学卒者を対象としない直接募集を念頭において設置された機構であるため[31]，労務出張所は直接募集の位置づけに関する政策の変化に大きく影響されてきた．そこでまず，直接募集の位置づけの変化過程について触れておこう．

5節(1)で述べたとおり，労働省は1948年のブロック制度導入とほぼ同時に募集人制度廃止の方針を明確にしていた．これに対する紡績業界の働きかけが中央職業審議会にも及び，「職業安定機関の充実までは業者の直接募集を弊害のない形で存続させる」という答申を得たのも，既に引用した通りである．この答申から分かるように，直接募集ひいては労務出張所は，将来無くなるべきものと位置づけられていた．

その後1952年には『職業安定行政手引』に加除訂正が加えられたが，これは直接募集の位置づけを変える画期的なものだった．「直接募集は職業安定機関の紹介能力の如何に拘らず許可される」ということが明記されたのだ[32]．つまり，直接募集ひいては労務出張所は「無くなるべきもの」というレッテルから自由になり，存在の正当性を得たのである．また，直接募集に従事する者（労務出張所のスタッフなど）に関する規定や登録制度も定められ，直接募集ひいては労務出張所は，職業安定行政のなかに位置づけられた正規の制度としての地位を獲得してゆく．これは戦前の募集人制度との大きな違いだった．

もちろん，上記のような直接募集に関する方向転換があっても，「新規中学・高校卒業者を直接募集の対象とすべきではない」という行政側の方針に変化はなかった．したがって，直接募集が肯定的に位置づけられることが，紡績業の新規中学卒業者の広域採用に直接的に役立ったわけではないことには注意すべきであろう．しかし，直接募集と通勤圏外からの採用の容認とい

う方向性は，新規中卒者についても紡績業界が職安行政の組織を有効に活用しながら広域採用の手段を確保していった経過と，方向性は一致しているのである．

本研究において最も重要な論点は，労務出張所が新規学卒者に対して，直接募集以外の広域採用に伴う様々な業務を行っていたということである．具体的には，採用地盤の保全・管理，採用者の選考・赴任，現地事情の調査，家庭連絡等の業務である[33]．新卒者の直接募集が許されなかったため，そして新卒者の採用こそが紡績業界が第一に求めるものだったため[34]，労務出張所は実際には，新卒者を広域採用するために，直接募集以外の広域採用に関わる業務にも力を入れていた．そして，このような新卒者広域採用のための労務出張所の活動は，職業安定所や学校と緊密に連絡をとりつつ行われていた．1953年の『職業研究』には，富士紡績の女子新規中卒者採用に関する，以下のような記事が掲載されている．

「我が社には全国で八カ所の本社労務課出張所があり，この八カ所で工場の要求に基く規格の希望者を仮に選出しこれに合格した者のみを志望工場に引率してこの工場で本選考をなして，最終的の採否を定めて居ります．
　その八カ所は次の所ですが，（中略）夫々この地区に当社職員が責任者となって駐在し自己担当の県庁並に職業安定所，学校等と常に密接な連絡を保って居り，仮選考はこの各機関の職員立会の下に厳正，公平に実施して居るのであります．
　その方法は，まず第一に，職業安定所の斡旋に応じた方々を一堂に集めて，作業適性検査を実施致します．（中略）次は身体検査と健康診断で，（中略）最後に家庭調査をなして，（中略）仮選考を終わり，これに合格した者のみを希望工場に引率致しまして，工場において，本選を致すのであります」[35]．

単に職業安定所の新卒者紹介を受けるだけでなく，労務出張所が行う仮選考にも学校や職業安定所の職員を立ち会わせている点が注目される．これは，労務出張所と職業安定所等との親密な関係を示す傍証と言えよう．

1960年代に入ると，景気が加熱し労働力不足が深刻となるなかで，新規学卒者の採用をめぐる企業間競争が激化してゆく．この状況に，紡績業界は労務出張所の強化をもって対応した．実際，この期間には労務出張所が急増している[36]．「10社」と呼ばれる最も設立年代の早い企業グループについての日本紡績協会の調査によれば，1959年の労務出張所とその支所は64カ所であったが，1965年には114カ所に増加した[37]．

　また，東洋紡績の例を挙げると，職業安定法の施行された1947年には新潟・長野・岐阜・宮崎・島根・鹿児島・山形・高知・静岡・広島の10カ所だった[38]．その後1952年の採用以降規模を縮小し，新潟・長野・静岡・岐阜・広島・兵庫・島根の7出張所を残すのみとなり，しばらくは変化が無かった．しかしその後，1963年6月に三重・徳島・愛媛，8月に青森・鹿児島，12月に宮城・秋田，翌年3月に宮崎，8月に北海道と合計9つの出張所が開設されている．さらに1968年には長崎出張所も設置された[39]．

　労務出張所による採用活動への関与が職業安定行政の監視と指導そして協力のもとにあったことは既に述べたとおりであるが，このような職業安定行政との関係は，労務出張所の新設についても同様であった．この事実を補強する証言を引用しておこう．会社側は，出張所新設に至る前にその地域での採用実績を作る必要がある．そのために，地域の職業安定所への根回しは不可欠である．

　「その前（引用者注：出張所新設の前）に，事業所は直接かなり声をかけていますよ．というのは，（引用者補足：例えば）宮城県には誰かが安定課長に挨拶に行って，安定所をまわって『採らせてくれますか』って言って，実際に求人を出して，そういうことを何遍か繰り返す．安定所から安定所を通じて『お前の地域で人が欲しい』ってことは，当然オフィシャルな線で，安定所から安定所へ公的なラインを通じて，意志表示はするんですよ，何遍か……二遍なり三遍なり．学卒の求人も出す，高卒の求人も出す，季節工の求人も出す．で，実際にある程度実績を作ります．（中略）『出張所ができましたよ』って看板を上げたって，そう簡単に採れるわけでもない．実績のないところじゃ話にならない．実績は作ってるわけです

ね，隣の（引用者補足：県の出張所）なり，落下傘みたいだけど工場が行くなりして，意志表示は何遍もする」[40].

さらに労務出張所は，職業安定行政側のほか，学校とも強い結びつきを持っていた．「10社」を対象とした日本紡績協会の1965年の調査によれば，出張所の充員担当者523人のうち，前職が学校関係である者が103人と最も多かったとある[41]．ちなみに，前職が職安関係者だった者は17人である．「従業員募集活動が対人関係による面が大きく，そのため学校，職安，農協などの定年退職者を募集従事者として雇用」したのである[42]．

労務出張所を利用した広域採用の実現は，戦前の募集人制度による遠隔地募集に一見似て見えるが，労務出張所内外の環境は，戦後に大きく変化していた．紡績業は，労務出張所を通じての採用の場合でも，職業安定行政の提供する制度を活用しまた職業安定所や学校と緊密な関係を保ちながら，広域採用を実現していたのである．

紡績業における採用方式は全国にまたがる広域的な採用を基準にしており，紡績業界は戦後一貫してこの方式の維持・発展のため，大口優良求人としての地位を十分に活用しながら職業安定行政に働きかけてきたといえる．新規学卒者の採用に関しても，需給調整会議や各職業安定所での斡旋業務などの仕組みを有効に利用する一方，労務出張所等の紡績業界側の制度と職業安定所との連携を保ちつつ，広域採用方式を巧みに維持していった．このことは，女子中卒者の側から見れば，中卒者を大量に採用する優良企業への就職が，全国レベルでの地域間移動を伴いながら，職業安定所というチャネルを媒介として効果的に展開されてきたことを示唆している．

6. スケジュール化と管理の進展：紡績業の場合

前節で述べたように繊維産業は，1950年代には，中卒労働市場における非常に重要な求人者であった．このような重要性を反映して，1950年代半ば，紡績業界の求人事情を勘案した制度である分割採用の特例が認められている．これは，大口求人に対して，新規学卒者の選考を他産業と同時に行い

ながらも採用時期を規定より遅らせることを許可する制度である．本節では，(1)分割採用制度の成立過程を事例として，「間断ない移動」の基礎となった「進路指導の全国一律スケジュール化」の進展を明らかにするとともに，(2)分割採用制度成立後の行政側による新卒者採用スケジュール管理の進展を描き出すこととする．

(1) 分割採用の導入――スケジュール化をめぐって

1950年代はじめ，景気変動の影響を強く受ける紡績業では，翌年の新卒者の求人数を確定することが難しかった．このことは，まず，採用の不確実さという形で問題となった．1952年は特需景気による増産体制から一転3月より操短に切り替わった年であるが，この年には，約1万4000人の新規中卒者の採用を予定していたにもかかわらず，「事情の急変により直ちに」採用取消が行われた．そのため，年間を通じ工員の新規採用は一部新増設会社を除いてほとんど実施されなかったという[43]．

この大量採用取消の経験への反省は，翌年の新卒者に対する求人数確定の遅れ，ひいては求人の申込みの遅れにつながった．「10社」と呼ばれる大企業グループでは，大幅な人員整理を行う都合上，新規学卒者の採用を中止したのだが，6月以降人員補充の必要が生じ，若干の採用が行われることになったのである．この年，「新紡」「新新紡」と呼ばれる創設年代の新しい中小企業中心の紡績会社グループでは，10社とは異なり，通常通りの新卒採用を行っていた[44]．ところが1953年の夏になって大企業の求人が遅れて現れると，新紡・新新紡に就職した直後の新卒者の一部が，これに応じて会社を移ってしまったのである．労働省はこのような事態に対し，「全く労働者自身の意志に基く転籍であり，決して引抜きではないと考えるが，それにもかゝわらずこのような現象が一般化する場合には，労働市場に混乱を生じ，甚だ好ましくない」との見解をとり[45]，1953年12月，分割採用の特例を決定する通牒を出した．求職者はなるべく卒業後直ちに就職という方針は継続させるものの，とりあえず1954年3月新卒者に関しては，大口求人者に限り，また，求職者の当該求人への強い就職希望と就労開始時期が遅れてもよいという意志表示がある場合に限って，9月までの各月に分割して採用する

ことが認められたのだ．大企業に限っては新卒採用時期の柔軟性を与え，それによって求人数の不確実さを調整させようというわけである．この制度により，求人数確定が遅れがちな大企業も，他の企業と同じ時期に一斉に求人申込みをすることになった．要するに，行政側は，紡績の採用時期を揃えるよりも求人全体の申込み時期を一律にすることを優先したのである．

しかし蓋を開けてみると，1953年度（1954年3月卒）における制度導入の結果は，操業短縮にともなう新卒者の採用取消・延期の続出であった．10社に関するデータはないものの，新紡・新新紡を対象とした調査によれば，1954年7月末の時点で採用内定者のうちの実に14％が，企業側の都合によって採用取消・採用延期となっていたとある[46]．これに対し，労働省は7月に「採用取消求人の措置について」という通牒を出し，その中で以下のように述べている．

「なお新規学校卒業者の職業紹介業務の取扱につき，最近一部の繊維関係求人において採用予定者の採用取消が逐次現れていることは極めて遺憾なことであって，採用を取り消された者及びその家族の失望，不満はもとより，社会に及ぼす影響も深刻なものがあるとともに，かゝる事例は他の事業主に対する前例ともなり更にこれら採用を取り消された者に対する措置が円満を欠くような場合世人の批判を買い，職業安定行政の信用問題となることも考えられるので特にこれに対する措置に万全の方策を講ずることが必要である」[47]．

分割採用が導入された1953年当時，行政側は，就労開始期の変更や採用中止は「求職者にとつて極めて不当な結果をもたらす」と認識してはいたが，この問題については予め求人求職者間で諒解納得が十分にできていればよい，という立場だった[48]．しかし，現実に採用取消という事態が生じたことで，これが非常に重大かつ深刻な問題であることを，行政側は改めて認識したのである．以後，職業安定行政は一貫して，採用取消をなくすことを最優先する指導方針をとることになる．その方針は，翌1954年度（1955年3月卒）には分割採用の特例が継続されなかったことからもうかがわれよう．

だが，新卒者対象の求人の早期確定は翌年度（1956年3月卒）にも困難な状況であった．不確定な求人を出した結果の採用取消は避けなければならないが，5月から操短という状況下では，翌年の求人数の見通しが立たない．そこで，紡績業界は1955年10月末の需給調整会議開催に先立ち，次のような要望書を提出した．

「三．（前略）正式求人を行う時期は，労働省の日程による選考開始後になる場合も予想されるため，職安行政上種々の混乱を生ぜしめることも考えられ，かつ結果的には所謂『引抜き』等の現象が起こるとも懸念されるから，選考開始の時期を一ヶ月程度遅らせて貰いたい．
四．選考合格者のうち一部の者については就労が急がれるので，（中略）労働省においても事宜に適した措置を是非とられたい．
五．また選考合格者の全員を一度に就労させることは業界の実情よりして困難であるから，是非分割採用の特例を認めて頂くよう要望する」[49]．

この要望のうち，選考開始（中卒者は1月から，ただし一部の積雪地域では12月から）の延期と採用時期の前倒しは認められなかったが，分割採用は1955年12月の通達によって再び認められることとなった．それではなぜ，労働省はこのような対応をとったのだろうか．まず選考開始の延期が認められなかったのは，紹介の現場である職業安定所にとって，1月から選考を始めるという日程が，決して余裕のあるものではなかったからである．「一月からやり出したんでは，次々に大口の求人に落伍して行つた者を処理するのに卒業迄正味二月半ではどうにもならない．（中略）十二月一杯位からやるように本省に要望したい」[50]という状況だったのである．また時間的な余裕があれば，最初の紹介で結合しなかった求人者や求職者に対し，新卒者の卒業までに複数の結合チャンスを与えられる，とも考えられていた[51]．したがって，大企業の要望とはいえ選考時期を延期するなど到底認められなかったのである．また採用時期の前倒しは，卒業前の採用ということになり，これも認めがたいことであった．この2点に関するスケジュールは，労働省にとって動かし難いものだったのである．

5章 女子中卒労働市場の制度化

表 5-7 紡績会社の年平均運転率と新規中学卒女子に対する求人数および採用数

	年平均運転率* (A)	求人数 (B)	採用予約 (C)	新卒採用数 (D)	6月時採用数 (E)	6月以降採用数 (F=D−E)	6月末以降採用予定数 (G)	6月末以降採用者比率 (F/D)
1951	89.2%	—	—	—	—	—	—	—
1952	81.3%	—	約14,000	ほとんどなし	—	—	—	—
1953	84.2%	—	—	—	—	—	—	—
1954*	91.9%	7,911	6,627	—	4,843	—	—	—
1955	85.9%	—	—	—	—	—	—	—
1956	91.9%	—	—	18,998	17,466	1,532	1,522	8.1%
1957	93.6%	—	—	25,827	24,639	1,188	1,188	4.6%
1958	74.2%	18,423	—	9,652	4,816	4,836	—	50.1%
1959	81.3%	10,505	—	15,595	—	—	—	—
1960	96.6%	36,194	29,149	29,149	30,074	*	—	—
1961	95.6%	35,750	22,137	23,137	23,799	*	—	—
1962	75.5%	49,363	26,403	26,433	26,265	168	168	0.6%
1963	74.4%	44,634	24,058	25,099	24,928	171	81	0.7%
1964	83.9%	72,673	30,316	31,514	31,514	0	0	0.0%
1965	96.3%	—	—	33,827	33,827	0	0	0.0%

資料:
1951-1961年(A) 田和安夫編『戦後紡績史』日本紡績協会, 1962年, 917頁.
1962-1963年(A) 日本紡績協会『日本紡績月報』日本紡績協会, 1964年5月号, 24頁.
1964-1965年(A) 『日本紡績月報』1966年5月号, 22頁.
1952年(C)(D) 『日本紡績月報』1953年5月号, 59-60頁.
1954年(B)(C)(E) 日本紡績協会労務部『日本紡績労務月報』日本紡績協会, 1954年, 26号, 19-23頁.
1956年(E)(G) 『日本紡績労務月報』1956年, 49号, 35-40頁.
1956年(D)および1957年(D)(E)(G) 『日本紡績労務月報』1957年, 62号, 6-12頁.
1958年(B) 『日本紡績労務月報』1958年, 66号, 34頁.
1958年(D)(E) 『日本紡績労務月報』1958年, 73号, 38-42頁.
1959年(B) 『日本紡績労務月報』1959年, 77号, 37-38頁.
1959年(D) 『日本紡績労務月報』1959年, 88号, 15頁.
1960年(B)(C) 『日本紡績労務月報』1960年, 93号, 35-40頁.
1960年(D)および1961年(B)(C) 『日本紡績労務月報』1961年, 105号, 38-43頁.
1960年(E) 『日本紡績労務月報』1960年, 100号, 15-17頁.
1961年(E) 『日本紡績労務月報』1961年, 112号, 13-18頁.
1961年(D)および1962年(B)(C) 『日本紡績労務月報』1962年, 119号, 16-19頁.
1962年(E)(G) 『日本紡績労務月報』1962年, 124号, 33-38頁.
1962年(D)および1963年(B)(C) 『日本紡績労務月報』1963年, 137号, 13-18頁.
1963年(E)(G) 『日本紡績労務月報』1963年, 137号, 9-14頁.
1963年(D)および1964年(B)(C) 『日本紡績労務月報』1964年, 145号, 27-29頁.
1964年(E) 『日本紡績労務月報』1964年, 151号, 16頁.
1964年(D)および1965年(E) 『日本紡績労務月報』1965年, 160号, 11-16頁.
1965年(D) 『日本紡績労務月報』1966年, 174号, 15-18頁.

注:1)「—」のセルは不明を表す.
2) 年平均運転率=(平均運転錘数)/(年末時運転可能錘数).
3) 1954年は,新紡・新新紡のみ対象の調査.
4) 1960年および1961年(F)は負の値となるが,これはこの時期の紡績会社数減と関連していると思われる.

一方，労働行政側が分割採用の特例を許したのは，紡績業のような大口の優良求人の選考が遅くなると，求職者の職業選択範囲が狭くなるうえ，他産業就職決定者の移動を招き職安行政上の混乱を生じさせかねないと考えたからとされている[52]．但し今回は，「本措置は採用中止等の如き行為は絶対行わないことを条件として行われるものである」[53]という一文が明記されたうえ，就労開始期変更に伴う紛議や採用中止等の発生時には本省あてに報告するとされるなど，分割採用は行政側のより厳しい監視のもとで実施されることとなった．つまり，採用取消がないことを最優先としながら，労働省は求人申込み時期の一律化を目指したのである．1954年3月卒の大量の採用取消という苦い経験が，このような指導措置の背後にあったことは，容易に考えられよう．このような指導の甲斐あって，紡績業においては，1956年3月卒の新規中卒者のうち，1956年6月の時点でそれ以降の採用を待機していた者が1522人いたのに対し，1956年6月から1957年3月までに実際に採用された新規中卒者は1532人と採用待機者を超える値になっており，数字上，採用取消がなかったと考えられる（表5-7参照）．

　分割採用の導入は，「卒業と同時に就職」という観点からは，「進路指導の全国一律スケジュール化」の流れに反するもののように見える．しかし，「進路指導の全国一律スケジュール化」が求められたのは，1章で述べられているように，中卒就職の全国的な需給調整を可能にするためであった．そして，全国的な需給調整を行うためにまず必要なのは，紹介や選考などの求人・求職のマッチング作業を一斉に行うこと，そのために求人・求職者の数値をある時点で確定することなのである．マッチング結果に従って入社が確実に行われるならば，採用時期を揃えることは全国的な需給調整においては二次的な問題であった．分割採用は，採用時期に柔軟性を持たせることで求人数の不確実さに対応しようとする制度だが，そもそもこのような「不確実さ」が生じるのはなぜだろうか．それは，今後の操業見通しが不明確であっても，一斉に行われる紹介や選考の作業に加わるためには，求人申込みをある決まった時点までに出さなくてはならなかったからだ．つまり分割採用は，全国一律の進路指導スケジュールに紡績業を参加させるために導入された制度だったのである．

一方でこのような全国一律のスケジュール管理は，紡績業の側にとっても無視しがたいものだった．他産業に遅れて選考を行えば，応募してくるのは「すでに一度選考の篩に掛かゝつた者」[54]，つまり選考で落とされたことのある者かもしれない．「現在最優秀の新人を得る方法は只一つ，許さるゝ限り早く新卒予定者を申込み詮衡し，概ね一年分の必要数を確保することである．早くやらなければいゝ人は得られないということは，いかに就職難の年といえどいさゝかの変りはない」[55]．このような考えは，労働省側の主張するところでもあった．1952年，紡績雇用安定協議会[56]と労働省職業安定局との連絡会議において，求人申込みが遅れることなど事業者側の希望を述べたところ，労働省側からは次のような回答があったという．

「採用予定が不確実なときは無理に申し込まないで，必要になったとき求人すればよい．今年は人はむしろ余っている．但し優秀な労働者がほしいとなれば，やはり来年初頭に詮衡を完了された方がよい．又見込み数も全然出ないとなると，労働者は今年は綿紡は駄目だとあきらめて他産業へ行ってしまうことも考えられる．そこで優秀な労働者が幾分でも必要ということであれば，やはり十二月に申込み予定数を出して一月中に詮衡仮採用を終わっておき，若し万一四月以降労働者が余っても，そのものはかゝえこむ覚悟をすべきだ」[57]．

「優秀な労働者」が欲しいならば行政が管理するスケジュールに参加せよ，というわけである．全国一律のスケジュール管理で就職指導や採用選考が行われることは，企業の側から見れば，「優秀な新卒者」をめぐる企業間競争が，ごく短期間かつシステマティックに行われることを意味していた．

(2) **管理の進展——分割採用から計画採用へ**
1955年度（1956年3月卒）に分割採用の実施が再承認されたといっても，これは当該年度だけの特例として認められた制度であった．そのため紡績業界は，1955年度から1957年度（1958年3月卒）までの毎年，分割採用の特例を継続するよう労働省に要望を出し認められる，という手続きを繰り返す

ことになる．そして1958年11月，分割採用は「計画採用」という新たな構想へ発展し，ついに特例ではない正規の制度として位置づけられるようになった．このような制度の進展の中で，新卒者採用スケジュールに関する求人側への行政指導方法は，より精緻化していった．それは，全国一律の進路指導スケジュールのもとで成立した求人・求職のマッチング結果を，より確実に実現しようとする行政側の試みであったと言える．以下の部分では，分割採用および計画採用における行政側の管理の進展を，紡績業界の操業状況を考慮しつつ，明らかにしてゆく．

　分割採用が1年ぶりに復活した1956年3月の学卒採用は，採用取消の危険とは無縁に終了した．求人申込み期は操短状況下だったが，その後の操短緩和により追加求人を出すまでの状況となったのだ．翌1957年は神武景気のもと学卒採用は一層順調で，1188名の7-9月分割採用予定数のうち，一部を残して8月中にほとんどが入社を完了したという[58]．職業安定所の学卒特別就職斡旋期間が終了する6月末以降の採用者率も，8.1％から4.6％に下降した（表5-7参照）．

　翌1957年度（1958年3月卒）は，非常に興味深い年である．まず，1957年10月に分割採用実施を認める通牒が出された．これは，以下のような項目を含むものだった．

「二．分割採用を行う事業場のうち，過去において分割採用を行うに当って当初明示した諸条件が完全に履行されなかった事例のある事業場（例えば就労開始時期について当初の予定をくり下げる結果に至った等）から，本年度においてもこれを実施したい旨の申し出でがあった場合には，都道府県においてその実情を充分調査して指導，改善を加えるとともにこれが実施経過についても常に充分な注意を怠らぬよう配意すること」[59]．

　過去の採用実績を勘案して指導を行うことにより，採用取消や採用延期を一層厳しく規制し，分割採用をより厳格に実施しようとしたわけである．1957年11月末には綿紡各社の見込求人数も決定した．既に述べたように，一部の積雪地域では通常より早い12月からの紹介・選考開始が行われてい

たが，紡績業もこのスケジュール通りに行動し，一部では採用決定もはじまった[60]．ここまで紡績業界は，進路指導の全国一律スケジュールに，見事に乗って動いていたと言ってよいだろう．

しかし，同年12月から急激に操短が進み，紡績業界のおかれた状況は激変した．表5-7を見てみよう．「年平均運転率」とは紡績業界の設備の回転率を表す指標であることから，必要な労働力の算定に影響を与えていると考えられる．1958年の年平均運転率が，前年の93.6％から74.2％と20ポイント近く落ちていることからも，変化の激しさがうかがえよう．そのため大量の求人取消が発生した．ことに問題になったのは，選考の既に終了した積雪地域以外のところに取消が集中したため，府県間の求人数に非常なアンバランスが生じたことである．3章で述べられているように，労働省は，地域間の需給バランスに極端な違いが生じないよう，地域間格差を是正していこうとする考え方を持っていた．したがって，一部積雪地域以外に求人取消が集中する事態は，労働省にとっては非常に問題であった．そこで労働省は，次のような要請を日本紡績協会に対して行った．

「一．取消求人は極力少数に止められたいこと
二．取消求人数の各県別按分については均衡を図られたいこと
三．すでに採用通知を発した者については取消求人数に含めず超過採用とされたいこと
四．求人取消の計画については早急に決定しこれを職業安定機関に協議されたいこと
五．求人取消計画は再度変更することのないようされたいこと」[61]．

つまり，採用取消をしてはならず，かつ，求人取消も極力するな，また，求人を取り消すにあたっては地域間のバランスを考慮せよ，ということである．これに関して紡績業界と労働省とは折衝を行い，結局採用取消しないことを最優先した結果となった．つまり，(1)取消求人の府県別按分の調整は，既採用者の取消が不可能である以上，今後の選考府県で均衡させるよう努力すること，(2)既採用者を超過採用することはできないが，原則として採用取

消は行わないこと，(3)求人取消はやむを得ないが計画の再度変更はしない，というものである．行政側は，採用取消をしない大原則を通すため，求人取消をしないことをも含意する「求人者数確定スケジュールの絶対化」や，「地域間の労働力需給格差の解消」を部分的に犠牲にしなければならなかったのである．1958年3月末時点での求人取消は，当初出されていた求人数の実に30%近くに上った[62]．

しかしこのような大量の求人取消を行っても，操業状態からして，採用予定者は多すぎた．そこで分割採用による9月末までの就労延期措置がとられたのだが，1958年6月末の時点でも新卒採用予定者の35%以上は，採用待機状態だったのである．また，採用待機中に本人辞退した者は新卒採用予定者の26.5%を占める3482人もいた[63]．この中には，経済的な事情などにより採用を待ちきれなくて辞退した者も含まれていると考えられる．このような事態を重く見た労働省は1958年7月末に9月末の採用厳守を申し入れる通牒を出し，9月半ばにはさらに，「万が一にもこれ（引用者注：9月末までの採用完了）が完全に履行されない事態が発生いたします場合は当該採用予定者が就職上極めて不利な状態におかれ，これに伴い種々の紛議を惹起し，ひいてはこの特別措置に対する社会の強い批判を招き今後における職業安定機関と貴業界との協力体制に重大な影響を与える結果ともなります」[64]という，非常に強い口調での要請を日本紡績協会委員長に送った．これが効を奏したか，9月末日に全員採用完了となり，1957年度（1958年3月卒）の新卒採用は終わったのである．

1957年度の混乱の経験は，更なる行政指導の強化へと結実してゆく．1958年11月，分割採用に変わって，計画採用という新たな構想が導入されたのである．分割採用との主な違いは，以下の3点である[65]．第1に，最終就労時期が9月末から8月末に早まったことである．また，7-8月採用者は6月に身体検査を行うこととし，その結果採用決定するとその時点で雇用関係成立となることを定めたことである．これにより，長く採用待機させられる者の負担を緩和することができる．第3に，最も重要な違いは，従来月別採用予定表に変更があったとき雇用主に報告させるだけだったのを，採用決定者の使用開始状況を雇用主に各月末に報告させるよう改めたことなどであ

る．採用予定の実施状況報告について，変更があったときだけから通常の状態でも報告することに切り替えたわけで，卒業後の入社スケジュール管理の主体が行政側に移ったのである．ここに至って，採用時期を遅らせる採用方法は，職業安定行政の非常に厳しい監視のもとでのみ，許されることになったといえる．

この新たな制度が真価を問われたのは，1958年同様に急激な操短に見舞われた1962年3月卒（1961年度）の就職においてであった．1961年の95.6%から1962年には年平均運転率が75.5%とやはり20ポイントダウンしたのである．しかし1962年3月卒業者に対しては，求人取消は行われなかった．紡績業界は採用選考を強化することで，これに対応したのである．1962年6月末以降に採用が持ち越された者の割合を見てみると，1%を切っている．もちろん，6月以降に採用された者が少なかったのは，求人超過に傾きつつあった労働市場の需給関係の影響も大きいであろう．しかし，選考強化したとはいえ，新卒者採用数は好況であった前年を超える値だったのである．求人数をひとたび確定したら，取り消さない．また，結果的に過剰な人員でも，スケジュール通りに採用する．1962年を契機に，労働省は紡績業における新卒者の採用スケジュール管理の徹底化を実現することができたのである．

7. むすび

戦後日本における女子新規中卒者の労働市場を考えるとき，学校・職安という「制度」が果たした役割は，男子の労働市場の場合以上に重要であると言えよう．すでに本章で明らかになったように，1950年代，60年代を通して，女子の職業安定機関を経由した就職者数と就職率はほぼ一貫して男子のそれより高い．さらに1960年代後半には，男女差が拡大し，女子の職業安定機関への依存傾向に拍車がかかった．このように女子中卒者の就職が「制度」に深く組み込まれていた最大の理由は，紡績をはじめとした繊維産業が大量に女子中卒者を全国から採用していたことによる．繊維関係の大口求人は，地域間移動を伴う就職の確率が他産業での就職に比べ格段に高く，全国

的な網の目をもつ職安行政の仕組みを通さずに採用することは困難であった．このことは，就職をしていった女子中卒者の側から見れば，女子を採用する優良企業への就職が，学校と職業安定所というチャネルを媒介としなければ不可能であったことを意味した．

　さらに，本章では広域採用という特徴をもつ紡績業の新規学卒者の採用過程を詳しく分析した．紡績業の事例は，紡績業界と労働省の相互作用により，中卒者の職業斡旋の仕組みが制度化された過程を見事に描きだしたと言えよう．それは，1950年代，60年代という歴史的コンテクストの中で企業側と職安行政のせめぎ合いと協力関係の実態を丹念に跡付けることのできる格好の材料を提供している．1950年代前半では，紡績業界は，重要産業に指定され大口優良求人であるという地位を最大限利用し，需給関係が求人側に有利な市場状況であることも背景に，全国にまたがる広域的な採用を巧みに維持，発展させていった．「ブロック制度の廃止」「直接募集の容認に伴う労務出張所の職安行政内での位置付け」「分割採用」などは，紡績業界側が職業斡旋の仕組みを，企業側に有利に変質させていった結果と理解することができる．

　しかし，職安行政側も「制度」の形成・発展に関するイニシアチブを失った訳ではなかった．1950年代にかけて着々と「全国一律の徹底したスケジュール管理」を紡績業界にも要求していった．職安行政の関心事は，「求人申込の遅れ」(1953年度)から「採用取消」(1955年度)，そして「採用だけでなく求人取消」(1957年度)へと変化しながら，究極的には統制を大幅に強化する方向性へと進行していった．そして1960年代に突入し，需給関係が求職者不足に転じると，すべての求人に対して指導を強化させたのと対応して，紡績業界にもスケジュール管理の徹底化を図った．急激な操短に見舞われた1962年でさえも，紡績業界に対して，職安行政は求人取消を許さず，採用取消が行われないように卒業後の入社スケジュールに対する指導を行っていたのであった．

　このように，学校・職安を介在した職業斡旋「制度」の形成は，職安行政が常に統制の主体となりその意図を速やかに実現してきたという平坦な道のりではなかった．時代状況に大きく影響され，企業側の要求にも譲歩しつつ，

「指導と統制」の浸透をはかってきたのであった．紡績業の事例で明らかになった，需給関係を基礎にした歴史的なコンテクストの変動と，労働行政と企業側の関係の変化については，次章で労働行政の側からの資料を中心に，より詳しく分析していくことになる．

1) 大河内一男・氏原正治郎・江口英一・関谷耕一・高梨昌『労働市場の研究：中学校卒業者の就職問題』東京大学出版会，1955 年，氏原正治郎・高梨昌『日本労働市場分析』上・下，東京大学出版会，1971 年．
2) ここでいう「進学率」は，就職進学者を除いて計算している．
3) 並木正吉『農村は変わる』岩波書店，1960 年，加瀬和俊『集団就職の時代』青木書店，1997 年．
4) 職安法 33 条の 2 に基づく学校は含まない．しかし，33 条の 2 に該当する学校は，すでに 2 章で述べたように中学校の場合ごく少数にすぎない．
5) 1952 年のみ 25 条の 3 扱いの学校経由の就職者を含まない．
6) 25 条の 3 扱いに基づく学校経由の就職者を除き職安のみの就職者を計算すると，平均は 44％とさらに高率となる．
7) 日本紡績協会『日本紡績月報』1970 年，280 号，70 頁．
8) 同上，94 頁．
9) 飯島幡司『日本紡績史』創元社，1949 年，456 頁．
10) 三治重信『日本の雇用の展開過程』労務行政研究所，1964 年，41 頁には，「1935 年において，全産業での募集従事者 1 万 5 千人に応募した 28 万人のうち，製糸，紡績，織物の繊維産業応募者が 92.3％を占め，また男子応募者は全体の 10％にも満たず，女子の繊維関係応募がほとんどを占めていた」とある．
11) 廣崎新八郎『日本女子労務管理史』敬文堂，1967 年，221-2 頁．
12) 日本紡績協会労務部『日本紡績労務月報』日本紡績協会，1952 年，1 号，10 頁．
13) 同上．
14) 労働省職業安定局長通牒「職業安定機関以外の者の行う労働者募集に関する解釈と運営について」，労働省職業安定局『職業安定広報』労働省職業安定局，1950 年 3 月号，29-31 頁．
15) 労働省職業安定局『職業研究』雇用問題研究会，1954 年 7 月号，29 頁．
16) 労働省職業安定局『職業安定行政手引』1949 年，第 3 章，263 頁．
17) 田和安夫編『戦後紡績史』日本紡績協会，1962 年，400 頁．
18) 厚生省職業安定局長通牒「労働者の募集方策」，前掲『日本紡績月報』

1948年2月号,31-2頁.
19) 東洋紡績株式会社社史編集室『東洋紡百年史』上,東洋紡績株式会社,1986年,515頁.
20) 労働省職業安定局『職業安定行政手引』1948年,第5章3頁の地域間の紹介方法を述べた部分に,「同一都道府県内における同一労働市場地域内の求人連絡」の場合と「同一都道府県内の異なる労働市場地域における求人連絡」の場合の手続きが別々に記されていることから,この「労働市場」は,都道府県よりも小さい単位の地域を指すと思われる.
21) 同上,第5章1頁.
22) 同上,第5章9頁の記述によれば,労働者採用地域とは,北海道と東北諸県(福島を除く)からなるA地域,東北および関東甲信越からなるB地域,宮城・山形・福島と関東・中部地方からなるC地域,中部・関西・中国・四国からなるD地域,中国・四国・九州からなるE地域の5つの地域を指す.ただし隣接県は他地域であっても自地域と同様に取り扱う(同上,第5章10頁).
23) 同上,第5章9頁.
24) 労働省職業安定局『重要産業労働者職業紹介業務手引』1948年,1頁によれば,重要産業とは,「経済復興のためもっとも重要度の高い,しかもその発展充実のために国家的政策と援助が与えられている産業」のことである.繊維産業は,1948年に,石炭・鉄鋼・電機・肥料・造船等の産業と並んで「重要産業」とされた.
25) 戦後初期,繊維産業の振興のために様々な策がとられている.例えば1946年には「繊維産業再建三ヵ年計画」が決定されているし,同年の「綿紡績業の生産促進に関する件」の閣議決定のもと,「綿紡績および綿織物産業生産促進のための主要食糧確保対策に関する件」「綿紡織関係労務者の緊急斡旋に関する件」の2つの通牒が発せられてもいる.
26) 前掲,『重要産業労働者職業紹介業務手引』第5章5頁.
27) 同上,第5章5,20頁.
28) 前掲,『東洋紡百年史』上,514頁.
29) 前掲,労働省職業安定局通牒「職業安定機関以外の者の行う労働者募集に関する解釈と運営について」『職業安定広報』1950年3月号,31頁.
30) 同上,同頁.
31) 前掲,『日本紡績労務月報』1957年,56号,39頁には「労務出張所の本務は労働者募集業務である」と記されている.
32) 同誌,1953年,6号,18頁.
33) 同誌,1952年,1号,37頁.
34) 紡績業が新卒者採用(学校卒業後一定期間以内に就職する者の採用)にこ

だわった原因の1つとして,「優秀な労働者は他産業と同時期に選考を行わなければ得られない」という紡績業側の考えがあった.これについては6節(1)で詳しく説明する.
35) 前掲,『職業研究』1953年12月号,33頁.
36) このような労務出張所の急増に伴い,募集行為における違反も問題となってきた.このため労働省は,1950年代末以降就職難時代のため実際問題として募集制度の必要がないとしてとってきた,直接募集を含め募集を許可しない方針を改めて(前掲『日本紡績労務月報』1964年,146号,22頁),1964年に『労働者募集取扱要領』を改訂して,企業による労働者募集を再び許可した.これは,労働省が「過去において曖昧だった募集の取扱いをはっきりさせ,厳格な規制を設ける代わり適正な労働者募集は積極的に認めることにより,募集秩序の確立と労務需給の円滑化を図ろうと」したためであった(同誌,1963年,131号,14頁).
37) 同誌,1966年,169号,32頁.
38) 前掲,『東洋紡百年史』上,514頁.
39) 東洋紡績株式会社社史編集室『東洋紡百年史』下,東洋紡績株式会社,1986年,397頁.
40) 当研究会が1998年1月27日に大阪にて実施した,村上義幸氏(東洋紡総務部社史担当)へのインタビュー記録より.
41) 前掲,『日本紡績労務月報』1966年,169号,35頁.
42) 同誌,1968年,200号,41頁.
43) 前掲,『日本紡績月報』1953年,77号,59-60頁.
44) 同誌,1954年,89号,69頁.
45) 前掲,『日本紡績労務月報』1954年,18号,19頁.
46) 日本紡績協会による調査結果より算出(同誌,1954年,26号,20-21頁).
47) 同誌,1954年,24号,43頁.
48) 同誌,1954年,18号,23頁.
49) 同誌,1955年,40号,31頁.
50) 1957年11月開催の座談会における,茨城県職業安定課員の発言(前掲『職業研究』1953年2月号,37頁).
51) 前掲,『日本紡績労務月報』1954年,28号,16頁.
52) 同誌,1956年,41号,26頁.
53) 同誌,1957年,53号,24頁.
54) 同誌,1956年,52号,31頁.
55) 同誌,1954年,27号,1頁.
56) 1947年に「政府の職業安定行政に積極的に協力すると共に業界自らも募集制度の民主化と労務の安定を図るため」設立された,業界団体(同誌,1952

年，1号，15頁). 当初は10社のみよりなる団体だったが，1952年に直接募集に関する規制緩和が行われたこと (5節(2)参照) を機に，10社以外の綿紡会社や他繊維会社も加え県単位の地方組織を持つ組織に改組された．

57) 同誌，1952年，4号，10-11頁．
58) 同誌，1957年，62号，6頁．
59) 同誌，1957年，64号，27頁．
60) 同誌，1958年，66号，31頁．
61) 同上，33頁．
62) 同上，40頁および同誌，1958年，66号，34頁掲載のデータより算出．
63) 同誌，1958年，76号，40頁．
64) 同誌，1958年，76号，39頁．
65) 同上，34-35頁．

(付記) 本章は，1,2,3,7を石田，4,5,6を村尾が執筆した．

6章　中卒者から高卒者へ
――男子学卒労働市場の制度化とその帰結

菅　山　真　次

1.　はじめに

　学校を卒業して直ぐ就職する．あるいは，新卒者を4月1日付で一斉に採用する．私たちの社会ではごく当たり前のこうした慣行は，しかし，どの国にでもみられるものでは決してない．たとえば，アメリカの高校生のうち，就職する者の過半は学校を離れた後で最初の職探しをしていることが知られている．これとは対照的に，日本の高校生は8割が卒業前に職探しを始め，その多くが学校による紹介を通して初職に入職する．多数の卒業生を採用する企業と学校とは毎年の採用＝就職の付き合いでなじみになっており，高校生の多くは実際にはこうした〈実績関係〉にもとづいて就職しているのである[1]．

　だが，このような慣行が広く大衆労働力のリクルートにまで行われるようになったことの歴史は，意外に新しい．少なくとも1950年以前の日本は，――戦時動員体制の下で計画的に労働力の再配置が行われた期間をひとまずおけば――家族経営主体の第1次産業を中心とした社会であり，自営の家族農業に従事する人びとが多数派を占め，小商いを営む人や職人もかなりの数に上っていた．彼らの多くは，いずれは雇用の機会をみつけるとしても，学校教育を終えたあともしばらくは家の中にとどまっているのが普通であった[2]．今日とは異なり，学校卒業と雇用関係に入るタイミングは未だ同期化されていなかったのである．

　学校と協力・連携した職業安定所による新規学卒者紹介事業の大規模な展開は，こうした状況を大きく変えていく原動力になったと考えられる．在学

中の生徒を対象として就職を斡旋するこの試みは，客観的にみれば学校から職業への「間断のない移動」を作りだし，定期採用の慣行の定着を促すものだったからである．しかも，1950-60年代の日本は，市場経済のもとで他にあまり例がないほどの急激な産業構造の変動と雇用者の増加を経験した．1章で指摘したように，こうした戦後日本社会の構造変化のスムーズな進行は，それ自体新規学卒労働力の流れを「調整」した職安の活動に支えられていたとみることができる．

　そこで本章では，こうした職業安定行政による新規学卒市場の制度化の試みが，どのような過程を経て企業と学校の結びつきを基盤とする，今日みられる定期採用のシステムの誕生へと帰結したかを，男子学卒者を対象として跡付けてみることにしたい．以下の叙述で明らかにするように，その道のりはなだらかな舗装路ではなく，行き着いた先は政策担当者がめざしたところとは違っていた．確かに職安は，学卒労働力の需要と供給が出会う場のルールを設定し，かつ自ら主体となって精力的に斡旋を行ない，めざましい成果をあげることに成功した．しかし，ある時点を境としてその活動量は急速に衰え，むしろ職安から学校へと学卒者の就職斡旋の主役が交代するなかで，今日みられるような制度が日本社会のなかに定着していった．中卒者に代わって高卒者が大衆労働力の中心として登場した1960年代後半は，こうした重要な転換点となったのである．

　このような事実経過を考慮して，本章では中卒者と並んで高卒者を分析の対象に取り上げ，次のような順序で叙述を進めることとする．まず第1に，マクロ・データにもとづいて男子学卒者の就職と職業紹介の動向を検討し，ここでも就職のプロセスの制度化が進展したことを確認する．第2に，こうした制度化のありかたを，1960年代を中心に中卒者と高卒者のそれぞれについて検討し，そこに大きな違いがみられることを示す．さらに，その相違が戦前に遡る歴史的な経緯に由来することを明らかにする．そのことを踏まえて第3に，企業の側に眼を転じて採用管理のありかたを検討し，中卒者から高卒者への学歴代替が企業と学校との直接的な結びつきを制度的基盤とする，今日的な定期採用システムの形成にとって画期的な意義をもったことを論じることにしたい．

6章　中卒者から高卒者へ

表6-1　新規学卒者の進路・職業紹介状況（男子）（単位：千人，％）

	非農就職者（A）		職安就職斡旋数（B）		職安経由率（B／A）	
	中卒	高卒	中卒	高卒	中卒	高卒
1950	142.5	70.2	68.8	—	48.3	—
52	212.4	150.9	121.1	47.3	57.0	31.3
56	302.2	202.4	181.0	76.9	59.9	37.9
60	302.3	283.9	199.7	133.4	66.1	47.0
64	323.0	266.0	204.3	112.1	63.3	42.1
68	180.7	434.0	118.2	172.2	64.4	39.7
72	84.8	307.2	59.0	123.9	69.6	40.3

資料：文部省『日本の教育統計』『学校基本調査』，労働省『史料：戦後の労働市場』『労働市場年報』より作成．
注：「—」は，不明ないし算出不能を示す．

2. マクロ分析

(1) 中卒者から高卒者へ

　はじめに，男子新規学卒者のうち，非農林・水産業部門へ就職した者の数を確認しておこう（表6-1）．この数字は，雇用労働に従事した者の近似値とみなすことができる[3]．中卒の非農就職者数は，1950年の14万人から56年の30万人へと激増した後，横ばいに転じ，60年代半ばまで高水準を保った．図6-1にみられるように，農業部門への就職は1950年代前半から早くも急減を示しており，56年の数値は50年のそれの12万人減だった．敗戦直後の混乱のなかで農村の人口が膨れ上がり，第1次セクターが過剰雇用を抱え込んでいたことがその背景として考えられる．こうした農業部門への就職の急減に加えて，卒業生の絶対数が多かったことがこの時期の非農就職者数の激増をもたらしたのである．これが1950年代後半に横ばいに転じた最大の要因は，この時期の卒業生数が相対的に少なかったこともあるが，高校への進学者数が増加したことであった．進学率は1950年の時点では5割を切っていたのが60年には6割にまで伸び，10ポイントも上昇した．

　しかし，その後の進学率の伸びはさらに激しかった．65年に7割，69年に8割を越え，75年にはついに9割に達した．こうしたなかで，中卒の非農就職者数は60年代前半は高水準にあったが，それはこの時期の卒業生が

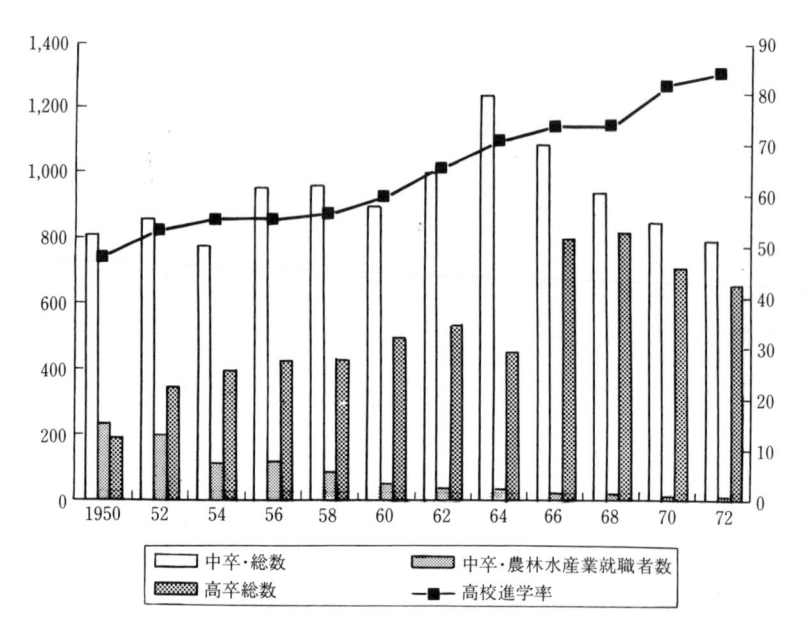

図 6-1　新規学卒者数・高校進学率の推移（男子）（単位：千人，%）

たまたま戦後のベビーブームに出生した世代にあたっていたからである．したがって，卒業生総数が60年代後半にそれまでの水準に下がると，非農就職者数は一挙に落ち込んだ．68年にはその4年前の半分の18万人に止まり，72年には8万人にまで減少した．

これに対して高卒の非農就職者数は1950年の時点で7万人で，中卒の半分にすぎなかった（もっとも，非進学者でみればその差はさらに大きく，高卒は中卒の3分の1だった）．しかし，その伸びは1950-60年代を通して大きく，かつ一貫していた．中卒者との差は1960年までにはかなり縮まったものの，60年代前半は中卒者がベビーブーマーの世代にあたっていたのに対して高卒者の総数が少なめに推移したため，その差は若干強含みであった．だが，60年代後半になると今度は高卒者がベビーブーマーの世代を迎え，さらに60年代前半からの高校進学率の急上昇がタイムラグを経て反映されはじめたのに対して，中卒の非農就職者数は既述のように急減した．この時

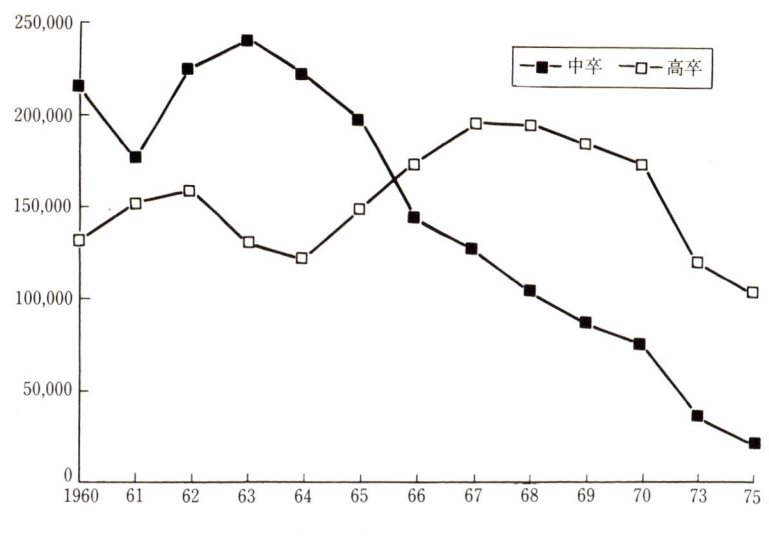

図 6-2 製造業就職者数の推移（男子）（単位：人）

期にはついに高卒者が中卒者を大きく逆転し，しかもその差は年々急速に拡大した．要するに，1960年代後半には中卒者から高卒者への学歴代替が起こったのであるが，その過程は偶然にも人口動態の波の強い影響を受けたことで，きわめてドラスティックなものとなったのである．

　図 6-2 は，製造業への就職数の推移を示しているが，この間の変化がいかに激しかったかをよく物語っている．中卒者の就職先をみると，60年代前半には農業を除けば 7 割が製造業だったが，高卒者は 5 割を切っており，他に卸売・小売業が 2 割強を占めていた．そのため，製造業だけをとれば中卒は 60 年代に入っても高卒を大きく上回り，64 年の時点では高卒の 1.8 倍に上っていた．しかし，その後中卒就職数が急カーブを描いて低落したのに対して高卒は上昇に転じ，66 年に中卒を抜くと 68 年には早くも倍近くの差をつけた．この間，わずか 4 年しか経っていない．しかも，中卒はその後も直線的に減少し，70 年代半ば頃にはほとんどネグリジブルになってしまうのである．図 6-3 は技能工・生産工程従事者数の推移を示している．ここでも 60 年代前半には中卒の供給数が高卒の倍に上っていたのに，68 年にはその

図 6-3 生産工程従事者数の推移 (男子) (単位:人, %)

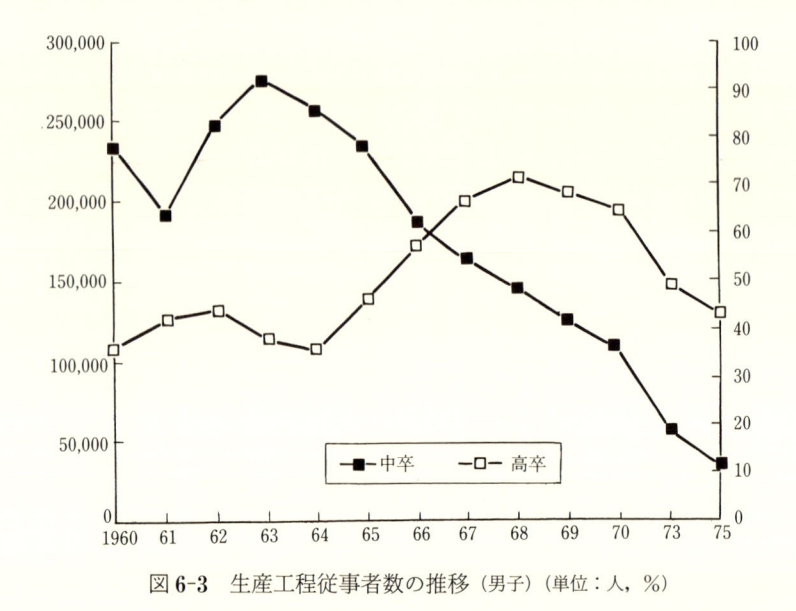

地位が逆転しているのが確認できよう. 関東経営者協会が会員の製造業の会社を対象に実施した調査によれば, 1969 年度の新規高卒の採用実績は現業職 1 万 1000 名に対して非現業職 6000 名であり, 前者が全体の 3 分の 2 を占めていた[4]. 1960 年代後半には高卒者が新たな大衆労働力の主役として登場するとともに, そのブルーカラー化が進行したのである.

(2) 職業紹介

以上にみたように, 中卒の非農就職数は 50 年代前半に激増し, 60 年代半ばまで高水準を保った. 職安による職業紹介はこうした状況のなかで旺盛な活動力を示した. 中卒の就職斡旋数は, 50 年から 60 年までの 10 年間に 7 万人から 20 万人へと 3 倍近くになっている (表 6-1). この間, 職安経由率も 50 年から 52 年の間に 10 ポイントも上昇し, その後もじりじり伸び続けて 60 年には 66% を記録している. この数字は女子にはおよばないが, 非農部門に就職した者の 3 分の 2 が職安を経由したことを示している. 取り扱う

6章 中卒者から高卒者へ　　199

絶対数が急増するなかでシェアもかなりの伸びを示したことは，この時期の職安の活動がきわめて活発なものであったことを如実に物語っているといえよう．

　高卒の斡旋数もこの間に激増した．50年の数字が不明であるが，伸び率は中卒を上回ったものと考えられる．ただし，職安経由率は60年の時点で5割に届かず，その後かなりの減少を示している．しかし，高卒者の場合，この数字はなお制度的な職業紹介の全貌をつたえるものではない．すでに3,4章でみたように，49年の職業安定法の改正によって学校が就職斡旋を行うことが可能になったが，ここには職安に代わって斡旋を全面的に行う33条の2による学校の取扱分が含まれていないからである．

　1956年に出版された労働省編の『職業安定法解説』によれば，全国の中学校のうち職安の業務を一部分担する25条の3による学校は2149校，33条の2による学校はわずかに20校だった[5]．『学校基本調査』によれば，同年の全学校数は1万2738校だったから，単純に引き算をすれば残り1万569校が斡旋を職安に委託する25条の2による学校だったことになる．中学校は25条の2がほとんどで，とくに33条の2は例外だったのである．これに対して高校では，（同様の計算をすれば）25条の2は475校と少なく，25条の3が1792校，33条の2が1062校だった．

　そこで，就職斡旋数を紹介主体別にみたのが表6-2である．これによれば，中卒では圧倒的に職安の比重が高いのに対し，高卒では学校紹介によった者が大多数で，33条の2による学校の紹介を受けた者もかなりの数に上ることが判明する．しかも，この傾向は時代を下るにしたがって顕著になり，68年には半数が33条の2の学校の紹介によっている．60年代に高卒者の職安経由率がかなり低下したのは，そのためであった．いま，33条の2の学校紹介を加えて制度的な斡旋の割合を算出すると，60年78％，64年78％，68年79％となり，8割近い高水準で安定的に推移していたことが知られる．要するに，中卒者に比べて高卒者の間では職業紹介の制度がより深く根づいていたが，斡旋の主体は学校が中心だったのである．

　重要な論点なので，もう1つ性格の異なるデータをあげて検討しておこう．表6-3は，宮城県が県下の中・高等学校の全卒業生（1963年3月卒業）を

表 6-2 紹介主体別就職者数（男子） （単位：千人）

西暦	中卒者		高卒者		
	職安	学校(25条3)	職安	学校(25条3)	学校(33条2)
1952	89.9	31.2	13.1	34.2	—
56	156.5	24.5	24.6	52.3	—
60	187.3	12.4	50.5	83.0	88.5
64	204.3		112.1		95.1
68	118.2		172.2		171.6
72	59.0		123.9		122.6

資料：『労働市場年報』各年度版より作成．
注：「—」は不明を示す．

表 6-3 新規学卒者（1963年3月卒業）の就職経路（宮城県，男子）

	中　卒		高　卒	
	就職者全体	うち県外6大都市就職者	就職者全体	うち県外6大都市就職者
総　数　（人）	6,489	2,618	5,287	1,772
学　校　（%）	15.4	18.2	69.9	79.7
職　安	51.3	58.4	5.2	5.2
小　計	66.7	76.6	75.1	84.9
その他公共団体	0.4	0.6	2.1	0.8
父兄縁故	30.3	21.0	16.2	11.7
その他	2.9	2.0	6.6	2.5

資料：宮城県調査課『本県新規学卒者の就業動向調査』1963年11月，による．
　　　調査時点は1963年3月1日現在．ただし，異動が生じた場合は学校において
　　　同年3月1日現在で補正が加えられている．

対象として行った悉皆調査の結果を示したものである．この調査には「あなたの就職を世話したのはどの経路ですか」という質問が含まれており，卒業生は学校，職安，その他の公共団体，父兄縁故，その他のいずれか1つを選んで答えることになっていた．はじめに，学校・職安計をみよう．就職者全体では中卒の67％，高卒の75％がこれらの機関のいずれかに世話になったと答えたが，この数値は表6-1の全国の水準にほぼ見合っている．県外6大都市への就職に限れば比率は10ポイントほど上昇するが，これは制度的な

職業紹介が学卒労働力の地域間移動を促進したことを示唆するデータとして注目されよう．

次にその内訳をみると，表6-2に比べて学校の比重がかなり高いことが目をひく．このことは，統計上職安扱いとなっているケースでも，実際は学校が大きな役割を果たしていた例が少なくないことを推測させる．すでに4章で詳しくみたように，1950年代の神奈川県の事例からは，25条の2を選択した中学校でも，就職指導，求職受付はもとより，積極的な求人開拓などで求人を受理していた実態があったことが知られる．しかし，それでも，1960年代の宮城県の調査では，中卒の場合は就職を世話してくれた機関として大多数が職安をあげ，その数は学校と回答した者の数を大きく上回っていた．これに対して，高卒はほとんどが学校の世話になったと答えており，職安を選んだ者は全体のわずか5％にすぎなかったのである．

このような卒業生＝当事者の認識は，どのような現実を背景としていたのだろうか．職安による職業紹介はどのようなルールにもとづいて行われたのか．学校はそのプロセスにいかにかかわっていたのか．そして，中卒と高卒ではどのように異なっていたのか．それはなぜか．これらの問題の解明は，戦後日本における企業と学校の直接の結びつきを基盤とする，ユニークな就職＝採用のシステムの形成史を理解するうえで決定的な重みをもつ．以下，まず中卒者の職業紹介のルールを，高卒への代替が進む直前の時期に当たる1960年代半ばの時点をとって検討し，次いで高卒者の職業紹介の実態を明らかにしたうえで，中卒から高卒への学歴代替がもった意味について考察してみることにしたい．

3. 中卒者の職業紹介

「憲法第22条に定められた国民の職業選択の自由権は，職業選択の放任を意味するものではなく，それは，必要あるものに対しての特殊援助の奉仕によって完全に得られるのである」．

「年少者と一般大人とはその就職について援助すべき目的に違いがある．……年少者の場合は，生活責任者であることよりも多くの場合は，将来の

職業人への進路発見でなくてはならない」(「年少者就職斡旋手引」『職業安定行政手引』1948年).

(1) 資料——『手引』と通達

はじめに,以下で用いる主な資料である『手引』と通達の性格についてふれておこう.『手引』は敗戦後にGHQの強い指示によって生まれた新しい制度である[6].職安の業務をサービスと位置づけたGHQは,現場の職員一人ひとりに〈民主的〉な行政のありかたを浸透させることに重大な関心を抱いていた.そこでGHQは,アメリカ本国で使われている職業紹介業務のマニュアルを日本側に手渡し,これを参考にして業務内容を詳しく書いた『手引』を作成することを命じた.ところが,新規学卒者の職業紹介については,アメリカではもともとこれを特別に取り扱うような慣行はなく,したがってマニュアルも存在しなかった.48年に作られた初の『手引』はほとんどが英文のマニュアルの翻訳をもとにしていたが,学卒者の職業紹介の部分は戦前のそれまでの経験を生かして担当者が独自に作り上げたのである.

このようにして作成された最初の『職業安定行政手引』は,初心者にもわかるように行政の手順を一から記述したため3000ページをこえる膨大なものとなり,これまで例規として通達されたような基本事項は以後,『手引』の改正という形で指示されることとなった.GHQは『手引』の導入と並行して監察制度の創設に力をいれ,サービス行政の実態を行政みずからの手で明らかにするシステムを整えた.当初の監察の重点は主として『手引』の実施状況にあったといわれ,これらの制度は全国統一的な行政水準の確保に大きな役割を果たしたと評価されている.

以上のような事実経過からも知られるように,『手引』は日本のユニークな社会的・経済的実践といってよい学卒者の紹介業務の基本文書をなしていた.しかも,初心者にもわかるようにという配慮にもとづいて作成されたため,部内者にはごく当たり前の手続きであっても省略されずに記述されている.職安の日常的な業務のありかたを知るには,第一級の資料といえよう.

しかし,毎年労働省が通達の形で示す新たな方針は些細なものも含めればかなりの数に上る.そのため,『手引』の加除訂正が度重なるにつれて管理

がこれに追いつかず,「どれが生きているのか,どれが死んでいるのか」わからないという状況が生まれた.現場ではかつてのように通達をもとに行政を行う傾向が強まった.『手引』は49年,60年,68年に改訂版が作成されているが,このうち最後の68年の改訂は,こうした状況を踏まえて基本的な手続きだけを『手引』として本編にのせ,これに基本通達の索引を付けるという方針で行われた.そうした通達のうち,学卒者の紹介業務にとってとくに重要な意味をもったのは,毎年労働省職業安定局から都道府県知事あてに示される「新規学校卒業者の職業紹介についての基本方針」とこれを具体化した「業務取扱要領」である.なかでも64年のそれは,同年の「従業員募集取扱要領」の改正を踏まえ,「過去その都度の対策として出された通牒を集大成して,今後の学卒取扱いの基本方針を指示したもの」[7]といわれる.その後若干の手直しと補正が加えられたとはいえ,とくに中卒者の職業紹介は基本的にここで示された方針を引き継いで行われたとみてよい.

そこで本節では,1960年版の『手引』とその後に出された通達——なかでも64年の「新規学校卒業者の職業紹介業務取扱要領」[8]——を参照することで,高卒への代替が進む直前の時期に,職安による中卒者の職業紹介がどのようなルールのもとで行われていたかを吟味することにしたい.すでに3章で指摘したように,GHQの占領下で制定された職業安定法は,新憲法が保障する個人の職業選択の自由を基本的な原理として掲げ,職安行政をサービスと位置づけていた.しかし,戦前からの行政経験を生かして作成された48年の『手引』は,——それは以後の『手引』のひな型になったとみてよい——学卒者を含めた年少者の職業選択には「特殊援助」が必要であると述べていた.それでは,『手引』のなかでうたわれた「必要あるものへの特殊援助の奉仕」とはどのようなものであったのだろうか.また,「将来の職業人への進路発見」のための援助はどのような形で行われたのだろうか.次に,この点を具体的に明らかにしよう.

(2) 求人指導

さて,1960年版の『手引』は,職安が学卒者の求人の受理に際して一般の職業紹介ではみられない「指導」を行う必要があることを記している.ま

ず，これらのうち重要なものを抜き書きしておこう．

> 受理期限：「一定期間毎に受理する……その時期については各年度毎に別途指示することとする」．
> 労働条件：「賃金，労働時間，休日，賞与，昇給，宿舎等の労働条件について，労働基準監督官と緊密な連絡のもとに適切な指導をくわえねばならない」．
> 求人数：「求人数の積算の根拠を十分検討し，適切な指導を加え，適正な求人数を受理するように努めねばならない」．
> 採用希望地：「全国的な需給状況等を勘案して的確な指導を加え採用希望地の決定についてはできるだけ，職業安定機関にゆだねるよう指導する」[9]．

これらの自由な求人活動に対する規制は，どのような論理によって正当化されていたのだろうか．第1に，新規学卒者は毎年新たに供給される労働人口の主要な部分を占め，しかも安価で適応力に富んだ労働力として社会的に重要な意義をもつ．そこで，学卒者の就職は全国的な需給調整を行って計画的に進める必要がある．受理期間の限定や適正な求人数の受理──不確定な求人や水増し求人は取消になる可能性が高く，混乱のもとになる──，あるいは採用地についての職安の裁量権の拡大といった「指導」は，いずれもこうした全国的な需給調整の要請という脈絡で理解できよう．

63年に出された通達[10]では，事業所は求人申込みに際して職種別の年間雇用計画の提出をもとめられ，求人数や採用地の点でさらに厳しいチェックがなされることとなった．しかも，これまで25条の3による学校は所在地の職安管轄内の求人を受理することができたが，この通達によって中学校の求人受理は全面的に禁止された．中卒者に対する求人はすべて職安が受理することとなったのである．これらの措置が職安による需給調整の強化を狙ったものであることはみやすいであろう．

第2に，学卒者のほとんどは年少者であったから，年少労働者の保護という観点から労働条件について労働基準監督官との連絡のもとで制限が課せら

れたのは当然であった．しかし，職安は，年少者への「特殊援助」の必要性を単なる保護の範囲を越えて，さらに広い意味において捉えていた．『手引』によれば，年少者は「職業選択に対する判断力が乏し」く，また「心身未熟な者が多い」．ところが，その就職は「職業人としての出発」となるから，「将来の発展計画が十分考慮された選択」でなければならない．この間隙を埋めるものが，職安の「特殊援助」なのである．

64年に出された通達は，深刻な人手不足のもとで求人活動が活発化するなかで，正にこうしたロジックにもとづいて求人者に対する「指導」を徹底した点で，画期的なものであった．この通達では，同年に改正された「従業員募集取扱要綱」にもとづいて学卒者の委託募集・(通勤圏外からの) 直接募集を禁止するとともに，求人者の学校訪問・家庭訪問についても「厳にこれを禁止する」という方針が打ち出された．本文中の説明によれば，後者の措置がとられた理由は，これらの求人活動が「単に新規学卒者の職業紹介業務を混乱させるのみでなく，生徒を動揺させ……求職者の適正な職業選択を誤らしめる」おそれがあるからであった[11]．しかも，67年には新たに「新規学卒者を対象とする求人活動に関する指導要領」が通達され，中卒者については新聞・広告等の文書募集を行わないよう求人者に対し強力に指導することが指示された[12]．さらに，縁故募集については，やはり64年の通達でその範囲が「募集主と親族の関係にある者及び従前から募集主と直接親交のある者」に限定されたため，従業員の子弟の場合でも他の募集行為と同様に規制されることになった点が重要である．求人者は，新規中卒者に関する限り，職安に求人を出してその「指導」を仰ぐより他にほとんど方法がなくなったといえよう．

他方，そうした求人の申込みに際しては，これも64年の通達で前年に定められた雇用計画の書式が変更され，新たに過去の学卒者の定着状況を記入する欄を設けた「従業員採用計画書」の提出が義務づけられたことが注目される．この通達では，紹介の原則として，「従来新規学卒者の定着状況が良好であり，また社内教育，訓練及び指導等の実施により就職後における職業的向上について，労務管理上適切な配慮がなされている求人への結合を図るものとする」ことが明記されており，定着状況についての記載が紹介の際の

重要な参考事項にされたことが知られる．要するに職安は，学卒者が心身ともに未熟で判断力に乏しいという前提に立って自由な求人活動を徹底的に規制する一方で，過去の定着状況についてのデータを収集し，これを「職業人としての出発」に相応しい職場か否かを判定する有力な材料として用いていたのである．

(3) 職業指導

　求職者の自由な職業選択の規制は，その対象が在学中の生徒であるため，職安と学校との連携にもとづく「職業指導」という形で行われたところに大きな特徴がある．まず，『手引』をもとに職安が行う職業指導がどのようなものかを，さしあたり数の上で多くを占める25条の2による学校のケースについて概観しておこう．

　学卒者が就職するまでに行われる指導は大きく前期と後期に区分される．『手引』によれば，前期職業指導とは「生徒が学校の行う指導と公共職業安定所のこれに協力する職業相談を受けて適職を決定する以前までの過程をいう」．具体的な求人の提示に先立って「適職」を決定するこの指導は，観察や各種の心理的検査によって生徒の適性を客観的かつ科学的に判定することが可能であるとする考え方に立っているといえよう[13]．そのプロセスは，教育の観点から生徒本人と家庭環境について理解をもつ学校を中心に進められる．この段階における職安の役割は年間計画の作成や職業適性検査実施の手助け，職業情報の提供・職業講話の開催などで「学校に協力援助すること」にあるが，その終末期には職安は学校を巡回し，職業相談を実施して求職を受理する．職業相談はあらかじめ本人または保護者（7-11欄）および学校（13-22欄）が分担分を記載した職業相談票（資料6-1）にもとづいて進められ，担当係員は次のような注意を参照しながら相談の結果を12欄に記入する．

　　「記入にあたっては，求職者の希望職業とその理由をよく聞き（これが職業相談の結果決定された職業と著しく異なる場合は『22備考』欄に記入する），……記入内容を総合して求職者の能力，適性，趣味その他の要

6章 中卒者から高卒者へ

資料6-1 職業相談票（表面：1960年）

素を検討評価するとともに，当該労働市場地域内における雇用の傾向並びに労働力の需給状況を十分照合してその求職者に最も適した職業を選定しなければならない．

　この場合，本人の希望する職業を直ちに本人の適職であると安易に決定することは厳にさけなければならないところであるが，判定された職業については求職者と十分話し合い，その職業が自己にとって最も適した職業であることを求職者自身に十分納得させるよう努めなければならない」．

　後期職業指導は職安による学校への求人の提示によって始まる．その後，職安は頃合いをみて再び学校を巡回し，今度は具体的な求人をもとに職業相談を行って紹介する事業所を決定する．『手引』によれば，「公共職業安定所としてはこの期の職業相談に最重点を指向し，爾後の紹介が適格に行われるように努めなければならない」．ところで，学卒者の紹介は，――一般紹介とは異なり[14]――「その求人に最も適する求職者を選抜して必要数だけ紹介し，不必要な数の求職者を集め選考等に混乱を生ぜしめない」必要がある．これと関連して注目されるのが，受書制度の存在である．神奈川県のケースでは，職安が紹介を行う際には通常本人から来年の4月1日に必ず入社する旨を記した受書を取り，相手先の企業に提出していた．本人がそれを断った場合は，少なくとも第2，第3の紹介はしないことを学校と取決めていたという[15]．要するに，職安による中卒者の紹介は，今日高卒者の学校紹介にみられるような1人1社主義にもとづく選抜の過程をともなっていたのである．

　したがって，職安は何らかの方法で各学校の求職者の調整を行う必要に迫られていたといってよい．これに対する1つの解答が，学校別に異なる求人の提示とそのための調整機関の設置であったと考えられる．こうした試みは第一線の職安行政のなかでそれぞれの地域の実情にあった形で模索されていたと推測される[16]が，そのためのガイドラインの役割を果たしたのが64年の通達であった．すなわち，職安は「学校に対し，管内各学校の求職動向を勘案して学校別に所要の調整を行ったうえで求人を提示する」が，その際には「所長及び所内関係職員並びに必要に応じ当該地区市町村教育委員会及び管轄内各中学校を代表する求人求職連絡協議会を定期的に開催し……学校へ

提示する求人を決定する」こととされたのである．

以上は25条の2による学校のケースであるが，25条の3の学校は自校の生徒の求職を受付けることができた．この場合，職業相談票の適職欄には学校側が相談結果を記入し，後期職業相談をうけて決定された対象事業所が所在地の職安の管轄内にあれば自ら紹介を行った（ただし，管轄外の求人に対しては全国的な需給調整の観点から職安が紹介するものとされていた）．ここでは，職安の役割はより純粋なアドバイザーのそれに近くなっているとも考えられよう．しかし，既述のように中卒者の求人はすべて職安が握っていたから，職安は求人の調整を行うことによって学校紹介に実質的な影響力を及ぼすことが可能であった．それだけではない．当時の第一線職安行政官の回想によれば，本省は中学校はすべて25条の2によることが望ましいと考えており，既存の25条の3による学校はできるだけ25条の2に移るよう誘導することを都道府県に示唆していたという[17]．そこで，25条の3の中学校数の推移をみると，既述のように56年の時点では全体の2割を占めていたのが，70年には1割に落ち込んでいるのが判明する．しかも，その地域別の内訳をみると，25条の3による学校は北海道，東京，福岡の3都道県に存在するだけで，他の府県の中学校はほとんどすべて25条の2によっていた[18]．これらの都道県でなぜ25条の3の中学校の存在が許されたのかは不明であるが，他の地域では本省の方針が浸透し，60年代に25条の2校への切り換えが進展したのである．

(4) 学校との役割分担

以上にみたように，職安は中卒労働力の需要と供給が出会う場のルールを設定し，かつ自らが主体となって斡旋を行うことに強い意欲をもっていたといってよい．しかし，こうした意欲とは裏腹に，職安に配分された人員と予算はごく限られたものであった．たとえば，第一線の職安係員を集めて開催されたある座談会では，次のようなケースが報告されている．

「昨年（1957年）当所では学卒専任1名で学校数は34，卒業生3768，求職者1800，その内約80％が管外を希望し，郵便の片道3日かかる学校

が7,電話のない学校が2,地理的に不便で連絡は電話による以外良策がなく,これがため係は日中の電話の応接に忙殺され,残業で書類の整理その他の事務をするので超過支払の対象となった残業時間数のみで12月82時間,1月77時間,2月74時間となっている」[19].

こうした条件のもとで,面接する生徒の多くに実質的な指導を行うのが困難なことは容易に想像されよう.職業指導における職安と学校の役割とそれぞれの分担をめぐって,60年代の半ばに本省の方針が大きく揺れ動いたことの背景には,このような事情が存在したと考えられる.まず,発端となった63年の通達の当該箇所の内容を要約しておこう.

(1) 25条の2の学校は,11月1日以降職業相談票によって職安に求職申込みの取次ぎを行う.
(2) この場合,学校は提示された求人によって具体的に就職希望事業所を決定したものについては,(職業相談票に新たに設けた学校・父兄の希望欄に)その事業所名を示す.職安はこれが適当かどうかを確認してから受理し,紹介する.
(3) 職安は就職希望事業所が未定の者,希望事業所が適当でないと認められる者,職安が提示した以外の求人を示した者に対しては,学校と連絡して適切な指導を実施し,希望事業所の決定もしくは変更を行う.
(4) 職安は従来の職業相談はとりやめ,具体的な就職希望事業所の決定に関する紹介相談に限り,学校からの援助要請をうけて実施する.

このような内容をもつ通達に対して,日本紡績協会はその機関紙のなかで「就職希望事業所の決定が学校でおこなわれるようにはっきりした」とコメントした[20].こうした見方は紡績協会に限られなかった.通達が出されて間もなく『職業安定広報』に掲載された雇用安定課長の論文は,「もう労働省は学卒の職業紹介というのはやらないのではないか,ここまでやったのに野放しにする気か」と巷間にセンセーションが起こったことを伝えている[21].しかし,同論文によればそれは誤解である.労働省の真意は「いろいろの手

続きは簡単にして重点的にやっていく」ところにあり，学校の機能の活用はその一環にすぎない．こうした見解を裏付けるように，翌年の通達は学校が「必要に応じ」て取りまとめる希望事業所はあくまでも一次的なそれであり，最終決定権は職安にあることを強調した．広報に掲載された労働省の公式見解によれば，職業指導における職安と学校の役割分担は次のようなものであった．

「前期職業指導，たとえば求職者の個性の理解，進路及び職業の選択並びに求職条件の把握は学校がこれを行い，個々の具体的な求人に基づく指導や紹介は公共職業安定所が行う」[22]．

65年の通達は，こうした基本的な考え方の上に立って，理念と実態のギャップに折り合いをつけた苦心の作であった．その内容は次のように整理できる[23]．(1)職業指導の主体は学校におき，安定所は職業情報の整備，提供に重点をおく．(2)安定所は「原則として」求職者に対する紹介相談を実施し，職業指導の結果に基づき適切な紹介先事業所の決定および紹介を行う．(3)安定所は学校に対して職業相談票への希望事業所の記入を依頼するが，その目的は「紹介・就職にいたる過程を明確に把握する」ことにある．――巡回職業相談の実施をあらためて規定し，紹介先事業所の決定を職安が行うという原則を明確にした一方，その選定のプロセスに学校が実質的に関与することに柔軟な姿勢を示したことが注目されよう．同年の広報には，中卒者の職業紹介業務の実態について討議を行った担当者のブロック別の打合せ会の記録が掲載されている[24]．これによれば，紹介相談は具体的な事業所を中心に進められる場合と，その場で適切な求人を選定する場合に分かれる．前者では，話し合いの対象となる求人は，(1)生徒もしくは父兄が選ぶ，(2)教師があらかじめ父兄・本人と相談して選定する，(3)あらかじめ安定所において生徒の求職条件に適合した求人を選んでおく，という3通りのケースがあるという．要するに，学校が担った実質的な役割は地域のさまざまな条件に応じて多様であったが，職安は具体的な求人と求職の結合においては自らが主体となるという原則的な立場を譲らなかったのである．

(5) **定着指導**

　職安が行う職業指導は，就職後の補導（指導）によって完結する．『手引』によれば，こうしたアフターケアは職安が「自管内に就職した就職者に対して，責任をもって実施するのがたてまえであり」，主要な目的は「激励」と，「適応を阻害する問題の解決に関する指導，助言」にある．方法は訪問補導によることを原則とする．その実態は，端的にいえば定着指導であった．たとえば，59年版の『労働行政要覧』には，「特に就職後の補導を強化し，定着率の向上を期すこととした」ことが記されている[25]．また，64年の通達によれば，その基本的な方針は次のようなものであった．

　「就職後の指導　公共職業安定所は，新規学校卒業者の職場への定着をはかるとともに職場間の異動の状況をは握するために，学校との連絡を密にして，就職後の指導をさらに強力に実施するものとする」．

　具体的なイメージを得るために，われわれが行ったインタビューのなかから60年代に学卒業務に携わった宮城県の職安OBの回想を引用しておこう．

　「離職については，当時就職後の補導とか，就職後の指導という業務が，重要なあれになっていたんですね，行政のなかで．それで職業紹介やって就職させると，その後4月からですね．少なくとも半年間は訪問指導，就職した先に職員が行って，元気でやっているかどうか，なんかないかというようなことをやっていたんですよ．併せてアフターケアの調査報告書も作ってましてね．そういう形でやってました．それによってある程度，やめたとかやめたいということが把握できたんですよ」．
　「当時は定着が善であり，離職は悪いと．石の上にも3年という職業哲学はどちらかといえば強かったわけですね」．
　「(集団就職の際には) 宮城県から列車で行きまして上野駅に着いて，引き渡しますね．で，すぐ帰るんじゃなくて，1週間ほどは東京宿泊所に泊り込んで……連絡が来る場合があるんですよ，安定所から．何日前に来たあれが帰りたいと言ってるからちょっと来てくれと言われて．そうすると，

地元の足立なら足立の職安の担当者が行って、東京の言葉で言ってもなかなか。そこであっちからきた人間が行って、ちょっと訛っている言葉で、だべという言い方で、我慢しろというような感じで言った方が少しいい面もあるわけですね。それからもちろん学校なり家庭との連絡の役割もあるわけですね。そのままあれしてやめないケースもあるし、どうしてもあれでやめるケースもあるわけです」[26]。

中卒者の職場への定着を奨励する、このような「指導」が熱心に行われたのはなぜだろうか。そこにはどのような考え方があったのか。66年の暮れもおしせまった頃、朝日新聞は1面トップで県外に就職した中卒者に関する同社の追跡調査の結果を報じた[27]。見出しには「どうしている県外就職少年　定着率は36.5％　行政の貧困浮彫り」の大文字が踊り、5・6面ぶち抜きで県外就職者の「精いっぱい生きた4年間」が具体的なケースをもとに再現された。そこでは「期待はずれの職場」で「役所からも見放され」、転職をくりかえす少年・少女の姿が印象的に描かれている。実は、この記事が掲載される1カ月前には年少労働者に関する監察結果が行政管理庁から発表されていた。その内容は、——これも朝日新聞が伝えるところによれば——次のようなものであった。

「就職後、1年以内に離転職している年少労働者が21％もおり、しかも、職業をもつ非行少年のうち70％まではこれら転職者で占められている。これは労働省、文部省などの職業指導が不十分なためだ」[28]。

ところで、職業選択のオーソドックスな理論によれば、青年期は探索の段階にあたり、転職は適職発見のプロセスの重要な一環をなす。翌年1月には神奈川県における流入青少年に関する東京大学教育学部の調査結果が発表されたが、その分析は「流入青少年の転職は、けして病的なものでなく、むしろ転職による現実と期待値の再編成をへることによって、生活安定化への道が開かれる」ことを明らかにしていた[29]。同調査でさらに興味深いのは、就職経路と転職率の関係を解明したことである。これによれば、転職率は学

校・職安の紹介によった者では8.2%と際立って低いのに対し，知人・家族の紹介では39.5%，新聞広告等によった場合は56.6%に上っていた．同様の結果は東京都が行った調査によっても示されている[30]．職安が中卒者の職場への定着に関して残したこの数字は，今日国際比較の観点に立ってこれを眺めるならば，驚きの目をもって迎えられよう．

このようなクールな分析は，しかし，「青少年の不良化」問題に人々の熱いまなざしが注がれるなかで，まったく顧みられることなく忘れ去られたといってよい．事実，学会で発表された東大グループの調査にいち早く注目した朝日新聞は，その内容をむしろ自社の主張を裏付けるものと報道していた[31]．転職に関する新たな事実発見と解釈を盛り込んだこの調査は，皮肉にも青少年の不良化に警鐘を鳴らし，行政の怠慢を告発する朝日新聞のキャンペーンに一役かうこととなったのである．行政監察の発表という絶好のタイミングをとらえたこの朝日新聞の報道は，労働省に大きな衝撃を走らせた．当時，労働省はマクロの雇用計画を策定して労働力の流動化を基本方針に掲げていたが，67年には中卒者の定着対策が職安行政の重点課題の1つに取り上げられ，定着指導員の増員が行われた．68年になると定着指導はさらに強化され，青少年の健全育成を目的として中卒就職者全員に「働く青少年手帳」が配付された[32]．労働省が定着一本槍の方針を転換して，転職を適職探索のプロセスの一環とみなす考え方もあることを認めたのは，中卒就職者数がほとんど取るに足りない数になった73年のことであった[33]．

(6) 少年職業紹介と不良少年問題

このように労働省が朝日新聞の報道に大きな衝撃を受けたのは，実は，職場への定着を進めることで青少年の不良化を防止しようとする考え方が職安行政自身の基本的な立場に他ならなかったからである．実際，『職業安定広報』や『職業研究』をみると，青少年の転職行動が不良化につながりやすいと主張する記事が再三にわたって掲載されている[34]．こうした行政のスタンスは，そもそも公共機関が青少年の職業紹介に取り組んだ，その出発点にまで遡ることができる．よく知られているように，日本における公共職業紹介制度の本格的なスタートを画したのは1921年に制定された職業紹介法であ

ったが，その4年後の25年には少年職業紹介に関する内務省社会局・文部省連名の通牒が地方長官ならびに中央職業紹介事務局あてに出された（3章参照）．誕生したばかりの公営職業紹介所は，一般の成人とは区別して，とくに18歳未満の年少者の職業紹介にあたって格段の取り組みをすることをもとめられたのである．

ところで，当時の一般的な職業紹介制度の理解によれば，青少年の職業紹介は農業労働者や日雇労働者，家事使用人，あるいは「知識階級」のそれと並ぶ紹介事業の専門化（specialization）の一環と捉えることができる[35]．たとえば，アメリカにおける公共的な職業紹介制度の組織と活動の実態を体系的に叙述したS. M. ハリソンの編著では，青少年（junior workers）の職業紹介は著作の最後で「特殊援助（special service）を必要とするグループ」のなかの1章として論じられている．この章は，ボリュームの面でみても全体で600ページを越す同書のなかでわずかに16ページを占めるにすぎないが，中央職業紹介所はこれをとくに訳出して関係者の参考に供していた[36]．その内容を注意深く読むと，アメリカにおける青少年の職業紹介が新規学卒者の就職斡旋を意味するのではなく，すでに職について学校との縁が切れてしまっている大多数の若者（those who in large numbers have broken off school connections）を対象とするものであることがわかる．彼らは求職者として経験をつんでおらず，その職業についての知識も限られている．また，16歳以下の少年については法律によって労働制限が設けられており，就学の便宜もはからねばならないために，雇用者は彼らを雇い入れるのに消極的である．青少年に対して特別な援助が必要なのはこのためであった．こうした現状のもとでは，若者に与えられる仕事はしばしば「行き詰まり職業（blind-alley occupation）」であるのが実態であり，それゆえ安定所の職員はより良い就職口があれば積極的に転職をアシストすべきである．1つの職にしがみつく者こそ盲目的（blind）なのだ．したがって，安定所によるアフターケアも必要ならば転職をすすめ，あるいは職業訓練をうけるよう助言する目的で行われる（いま1つの意図は，雇用主に労働条件の改善を促すことにある）．その方法は文書による問い合わせが主で，雇用主を訪問するのは特殊なケースだという．

戦前の日本における少年職業紹介事業の性格は，これとはまったく異なっていた．その特徴は次のように整理できよう[37]．まず第1に，日本における青少年の職業紹介は，正しく新規学卒者の就職斡旋に重点をおくものだったことが銘記されねばならない．事実，その発端となった25年の通牒は，職業紹介所と学校が連携して「卒業後直ニ求職セントスル者ニ対シテ……適当ナル職業ヲ選職指導セシムル」ことをもとめるものであった．すでに3章でみたように，戦前の青少年の職業紹介は戦後の水準と比べるならばなお低い段階に止まっていたが，しかし，その発展のスピードには目をみはるものがあったといってよい．このように少年職業紹介事業が短期間のうちに急速な発展をとげたのは，学校という組織に所属しているだけに把捉しやすい生徒を主たる対象として，その就職の斡旋に制度的な対応を行ったからであった．

　第2に，こうした新規学卒者への就職の斡旋は，少年職業紹介のあり方に大きな影響を与えたとされる中央職業紹介委員会の答申が強調したように，「永続的職業」への誘導を目標としていたことが重要である．当時の名だたる知識人や，官僚の実力者が名を連ねたこの答申は，少年職業紹介事業の改善をうたっているにもかかわらず，年少者が小学校を卒業して直ちに求職活動を行うことは本来決して望ましい事態ではないと明言していた．すなわち，答申によれば，むしろ本筋は尋常小学校卒業者はさらに中等の学校へと進ませ，高等小学校を出た者もなるべく補習学校や職業学校に通わせることにある．しかし，家計が進学を真に許さない場合は，いわば次善の策として，公共的機関が教育的観点から職業指導を行って，「永続的職業」に導く必要がある．少年職業紹介が意味をもつのは，まさしくこの文脈においてであった．

　このような議論の大枠を規定していた問題意識，それは，年少者が学校を出たあとに生じうる，〈すきま〉をできるだけ排除することにあったと考えられる．戦前の青少年問題を扱った文献からは，すでに，こうした間隙に若者が吹きだまり，失業と転職をくりかえしていることこそが「少年不良化」の温床になっているとする指摘を，しばしば見いだすことができる[38]．少年不良化は，ひいては思想の悪化をもたらし，日本の「国体」を危うくする一因ともなりかねない．こうした危険な空白を生ぜしめない方法，それが，1つは若者を学校に囲い込むことであり，いま1つは，彼らを職業に定着させ

ることであった．要するに，日本の少年職業紹介は，単なる労働市場政策ではなく，青少年問題・都市問題に対する対策としての性格を濃厚にもっていたのである．

したがって，第3に，日本における青少年の職業紹介では就職後の指導に当初から重点がおかれ，転職を未然に防ぐことに大きな関心が寄せられていた．先の通牒の2カ月後には早くもこの点に関する通牒が中央職業紹介事務局から地方職業紹介事務局あてに出され，このなかで「就職後転職セントスル時ハ少年ノ父兄又ハ保護者ヲシテ成可職業紹介所又ハ少年職業指導ニ関スル委員ノ設置アル時ハ之ニ相談セシムルコト」が定められた．さらに28年には，「少年職業紹介従来ノ成績ニ徴スルニ標記就職後ノ指導保護ニ付イテハ特ニ一段ノ努力ヲ要スト認メラレ……貴管下職業紹介所ヲ指導督励シテ以テ該成績ノ徹底向上ニ努メラレ度」という異例の通牒が出されている．学校の先生や職業紹介所の職員が，こまめに職場を訪問して少年の状況をよく把握し，不満があれば耳を傾けて，できるならば辛抱するように諭す．――これが職業指導の大方の関係者に共通する，就職後のアフターケアのイメージだったのである．

だが，青少年が半失業状態で都市の労働市場に滞留する，そうした状況を克服することはもちろん容易なことではない．第4に，日本の少年職業紹介に特徴的だったのは，こうした困難を乗り越えるために，アメリカのように自由な求人・求職活動の保障を前提とするのではなく，むしろこれを国家が制限する，強い規制的なスタンスがとられたことであった．内務省社会局は，少年職業紹介事業の開始にあたって，関係者を集めて5日間にもおよぶ講習会を開催した．その際，中央職業紹介事務局の技官である三沢房太郎が行った講演は，この事業のそうした性格をよくあらわしている．

「只今の少年はその職業に関しては彼等は全く無智であります．又自己の有する才能は何に適するかも知って居りません，或るものは就職するも青年に達す頃には解雇されて転職を余儀なくされています．加之彼等は何等の保護監督も受けて居らぬ為め道徳的標準は低下し為めに不良少年激増の因となって居ります．彼等は全く不熟練労働者であり，常に失業の運命

に彷徨して居るのであります」[39]．

　三沢によれば，少年職業紹介の意義は，まさしくこうした現状にかえて，少年を「心身共健全なる人格者」に育成するために，彼らに「永続的職業」を用意することにある．ところが，少年は職業について無知であり，自分の適性についても心得ていないから，「之を個人に任せると種々な弊害を生じる恐があ」る．そこで，「国家が彼等に適当な職業を準備してやったり，就職を制限し，監督を為したり或いは直接職業に指導してやる必要があ」るのである[40]．

　このような三沢の発言が，はからずも以上にみてきた戦後職安行政のありかたの一面をみごとに表現した内容となっていることは，もはや明らかであろう．確かに，1947年に制定された職業安定法は，「職業選択の自由」を高らかに掲げて，職安行政を国民への奉仕と規定した．このような職業安定法を根拠として設置・運営された敗戦後の職業安定所が，戦前，とくに戦時の活動への反省を出発点として，中卒者の職業紹介に取り組んだことは間違いない．しかし，にもかかわらず，そこで展開された活動は戦前における考え方や蓄積されたノウハウからまったく自由ではありえなかった．何よりも戦後の職安行政の基本となった『手引』が，すでに指摘したように学卒者紹介業務の箇所に関する限り，戦前の少年職業紹介事業のなかで積み重ねてきた経験をもとに担当者が執筆したものであったという事実は，このことの重要な証左であるといえよう．

　しかし，戦前の伝統が戦後における職業紹介の制度に濃い影を落としたのは，何も中卒者の場合に限られなかった．それは，むしろ高卒者の就職斡旋のありかたにより直截な形で受け継がれたといってよい．それでは，高卒者の職業紹介の制度がその前提とした歴史的な経験とはどのようなものであったのか．次節では，まずこの点の検討からはじめることにしよう．

4. 高卒者の職業紹介

(1) 「知識階級」の就職と学校紹介

　教育システム内のアーティキュレーション（接続関係）という観点からみて，戦後の教育改革を経て誕生した新制高校の性格が，その前身をなした戦前の中等学校の場合と大きく変わったことは，よく知られている．今日，高等学校は一般に後期中等教育という位置づけを与えられ，教員資格の面においても新たに義務教育となった中学校——戦前の（高等）小学校——との接続関係が深い．だが，戦前の中等学校はむしろ高等教育機関との接続関係が強く，その卒業生の社会的性格にも共通する側面がみられた．当時の一般的な認識からすれば，5年制の中等学校卒以上の学歴をもつ者は「知識階級」とみなされ，企業や官公庁に就職すれば職員の地位を占めることを期待することができた（もっともこうした期待はしばしば裏切られた）．職業紹介所が彼らを対象とした就職の斡旋について，一般紹介とは異なる特別の取扱をしていたのはそのためである．これとは対照的に，小学校を出ただけの者はもっぱら筋肉労働を担当する職工か，雑用をこなす小使いとして雇い入れられるのが常であった．戦前の大企業や官公庁には厳格な身分制度が存在し，それは学歴とみごとに照応していたのである．

　そこで，こうした戦前における〈学歴身分制〉の実態を，日立製作所のケースによってより詳しくみておこう[41]．戦前の日立製作所では，従業員は大きく「社員」と「職工」の身分に分けられ，社員の規則と職工の規則はまったくの別立てになっていた．職工の就業規則をみると，彼らを企業がどのようにみていたかがよくわかる．これによれば，たとえば守衛は，いつでも職工の身体検査を行い，携帯品をチェックすることができた．また，就業規則にはしばしば侮蔑的とも思える規律心得——たとえば，便所以外で用便をしてはいけないといったそれ——や，懲罰事例の長いリストを見いだすことができる．彼らは筋肉労働を提供する代わりに賃金を受け取る労務者であり，企業経営にとってはまったくの〈よそ者〉（氏原正治郎）[42]であった．彼らを相手に工場内の規律をたもつためには，厳しい罰則と監視が不可欠と考えられていたのである．

他方、社員はさらに「職員」と「雇員」に分かれ、また社員見習いとして「見習生(けんしゅうせい)」がおかれていた(見習生はふつう2年で雇員に昇格した)。職員は経営首脳部かそのスタッフ、またはその候補者である。雇員はデスクワークを行って彼らの仕事を補助するが、勤続を積んでいけばいつか職員に昇格することができた。これに対して職工から社員への「登用」は、ごく一握りの選ばれた者が果たせたにすぎず、社員と職工の〈身分〉の間には厚い壁が存在した。

こうした社員への入職資格として決定的だったのが学歴である。通常、大学または高等専門学校卒が職員に、(甲種)実業学校卒が見習生または(年齢が20歳をこえていれば)雇員に採用された。毎年の新規採用者の大半は、過去につながりのある学校の推薦を受けた、新規学卒者からまかなわれた。応募者は出身校の学校長や人事課、あるいはゼミの教授の推薦状を携えて入社試験を受け、これに合格すれば3月ないし4月付で採用になった。

データを示そう。1932-38年間に日立工場で採用された職員のうち、98%までが高等教育機関の出身者であり、その8割が新規学卒者だった。同様に、見習生・雇員採用者の8割5分が実業学校出身者で、新規学卒者はやはりその8割強を占めた。出身学校の側からみると、この7年間のうち少なくとも5年間で1人以上の新規学卒者を日立工場に送りだした学校の数は、官立大学9校、私立大学・高等専門学校21校、実業学校22校だった。これらの学校は日立製作所といわゆる実績関係にある学校といえよう。表6-4は、見習生の採用をめぐって、日立製作所と工業学校の実績関係がどのように形成されてきたかを示している。この表からもうかがえるように、当初日立工場で採用された工業学校出身者は岩手工業に限られていたのが、第1次大戦を境に採用対象校が広がり始め、1920年代後半には全国の工業学校を対象として1校当たり平均2名を採用する方式が定着している。それはまた、毎年の新規採用者の大部分を実業学校新卒者の定期採用によってまかなうようになった過程とぴったり重なっていた。要するに、日立製作所では1920年代後半に学校紹介にもとづく新規学卒者の定期採用のシステムが確立したのである。

このような事例は日立製作所だけに限られなかった。表6-5は、中央職業

表 6-4　日立工場における甲種工業学校からの採用実績（1910-30年）

	採用者数	採用校数	採　用　校　名
1910	1(1)	1	岩手
11	2(1)	2	岩手，**福岡**
12	3(3)	1	岩手
13	1(1)	1	岩手
14	3(2)	2	岩手，**茨城**
15	1(1)	1	岩手
16	9(4)	4	岩手，**秋田**，**米沢**，茨城
17	18(6)	5	岩手，**宮城**，秋田，米沢，**高知**
18	23(3)	7	岩手，宮城，秋田，米沢，**神奈川**，**兵庫**，高知
19	21(5)	6	岩手，秋田，茨城，兵庫，高知，**佐賀**
20	22(4)	7	岩手，秋田，米沢，茨城，神奈川，**長岡**，高知
21	7(1)	5	岩手，秋田，兵庫，高知，佐賀
22	21(2)	8	**札幌**，岩手，宮城，秋田，長岡，兵庫，高知，**大分**
23	17(0)	9	**青森**，宮城，秋田，米沢，茨城，長岡，**長野**，高知，大分
24	23(3)	11	岩手，宮城，**仙台**，秋田，茨城，長岡，長野，**静岡**，兵庫，**広島**，佐賀
25	33(2)	15	札幌，岩手，宮城，秋田，**鶴岡**，茨城，**足利**，長岡，長野，静岡，**島根**，**下松**，高知，佐賀，大分
26	21(2)	15	札幌，岩手，宮城，秋田，米沢，茨城，足利，長岡，長野，島根，広島，下松，高知，佐賀，大分
27	4(0)	4	仙台，米沢，茨城，長野
28	19(1)	16	**苫小牧**，岩手，秋田，鶴岡，茨城，足利，長岡，長野，静岡，**大阪**，兵庫，**鳥取**，**宇部**，下松，佐賀，大分
29	14(2)	10	岩手，秋田，米沢，鶴岡，**福島**，茨城，足利，兵庫，島根，宇部
30	12(2)	10	岩手，仙台，**能代**，米沢，茨城，足利，長野，静岡，兵庫，高知

資料：菅山真次「1920年代重電機経営の下級職員層」『社会経済史学』53巻5号，1987年．
注：（　）内は採用者中，岩手工業出身者の数を示す．
　　太字は初出をしめす．

紹介事務局が大学・高専・実業学校新規卒業者（1935年3月卒業）を対象として実施した就職状況の調査結果を示したものである．これによれば，実業学校の新卒者では調査時点（同年5月1日現在）で約半数が就職しており，そのうち実に9割までが学校紹介によっていたことがわかる．この数字は大学・高専と比較してもかなり高い．26年の調査では，事務局は卒業生の斡旋方法についても学校に問い合わせているが，実業学校の回答の内容はおお

表 6-5 「知識階級」の就職状況と就職経路 (1935 年) (単位:人,%)

	大学卒	専門学校卒	甲種実業学校卒
卒業生総数	12,588(100.0)	27,998(100.0)	27,998(100.0)
就職	6,147(48.8)	10,752(52.0)	15,321(54.7)
うち自校紹介	4,766	8,570	13,557
その他紹介	1,318	2,182	1,764
自営	515(4.1)	1,336(6.5)	7,290(26.0)
進学	1,835(14.6)	2,034(9.8)	2,506(9.0)
未就職その他	4,091(32.5)	6,573(31.7)	2,881(10.3)

資料:中央職業紹介事務局『知識階級に関する資料』1935 年,より作成.

むね次のようなものであった.

「採用の申込みを受けた場合には生徒の家庭の事情,学校成績性癖を斟酌し本人の希望を確かめ承諾に依り同就職口に推薦するようである.或る学校では推薦する際本人の学業成績表履歴書及身体検査書に推薦を添付して斡旋する」[43].

企業から学校へ求人が出され,それにもとづいて学校が適当と思われる生徒を選んで推薦していることが注目されよう.大企業の職員層の就職=採用は,すでに戦間期には企業と中等以上の学校との継続的な関係として制度化されていたのである.

(2) 職業安定法の改正

ところで,1947 年に制定された職業安定法は,政府が行う以外の職業紹介事業はすべて労働大臣の認可を受けなければならないと規定していた.このことは,しかし,戦前から企業との実績関係にもとづいて卒業生の就職の斡旋を行ってきた(旧制の)中等以上の学校からすれば,きわめて不都合なものであった.戦時の労務調整令によって学卒者の就職が国民職業指導所(職業紹介所の後身)の手で一元的に行われた時代を経て,敗戦後に再び学校が職業紹介を行う慣行が復活したことについては,たとえば,尾崎盛光が紹介している慶応義塾大学のケースからもうかがうことができる[44].したが

って，このような状況からすれば，学校においても卒業生の就職斡旋を行えるよう，職業安定法の改正をもとめる声が学校側からあがったのも自然の流れだったといえよう．こうした要求にこたえたものが，既述の1949年の改正であった．当時，この改正作業を専ら担当した中島寧綱によれば，その間の事情は実のところ次のようなものだったという．――

「職業安定法ができた時には，どんな職業紹介事業でも無料であろうとなかろうと，学校がやろうとですね，全部，労働大臣の許可が必要だったんです．そういう規定があったんですね．そうしたところが，当時，東大の事務局のえらい人から，そうですね，ひと月に2,3回ずつ電話がありましてですね……東大の総長ってのはえらいんだぞっと，文部大臣もえらいんだと，こう言われました．そしてね，そのえらいのがね，安定所長のところへね，書類もって行ってね，そして労働大臣の許可をうけてやるというそういう仕組みは何事だと．こういうえらい高圧的なお話が何回も電話がありましてね．それは改正せよと，そんなものは納得できないと，こういうことだったんですよ」．

「それはね，裏にはこういうことがあったんです．……学校卒業者の職業紹介ってのはですね，安定機関でやっておったのは戦前も戦後もですね，実力があったのは義務教育修了者なんです．義務教育以上の者についてはですね，大体，学校にお任せしとったわけです」．

「許可を受けさせるというのはGHQの方針でね，これは譲れないところなんです．……GHQの考え方は，職業紹介事業っていうのは元来，国が自らやるものだと，それを外部に任せるものならばですね，そりゃ，しっかりしたところにしか任せられない．しっかりしているかどうかは審査しなけりゃならないと，こういう一点張りだった……建前はだから，安定所で全部やれというのがGHQの建前で．ところがとんでもないですよね．歴史的にみたって，（新制の）大学や高等学校についてそういう能力はないですよね．今の高等学校は，われわれは（旧制の）中学校の延長だと思ってましたから．……求人も来ないし，求職者が来ても斡旋する能力がないわけですね．……私どもは，こんな事情でこうしたらどうか，なんとか

解決しなきゃならんということを申し上げて，そして少し時間をかけてですね，GHQに，それからそれじゃ，そろそろ，（昭和）24年になってから考えてみようと」[45]．

　この中島の回想は，1949年の改正が何よりも実態に合わせるという性格のものであったことを明確に示している．したがって，この改正でまず考えられたのは，学校が無料職業紹介事業を行うことができるとする33条の2の規定をおくことであり，それは事実上戦前からの企業と学校の実績関係にもとづく就職の斡旋の慣行を追認することを意味していた．中島によれば，大学はすべてこの33条の2とすることですんなり決まったが，高校については「解釈の幅があった」．というのも，戦前の中等学校はきわめて多様で，卒業生の進路も就職，自営，進学のいずれが主かはそれぞれの学校によって大きく異なり，当然実績企業の数にも大きな差があったからである．そこで，「自力で出来るところはやる，それから自力でできないところは……安定機関のなかで（新制中学校と）いっしょに処理」するが，「それは学校の選択にもよ」ったという．要するに，33条の2によるか，あるいは25条の3ないし25条の2によるかは，結局実績企業の多寡と学校の方針によって決定されたのである．

(3) 職業安定行政と高校――33条の2校の場合

　以上のような経緯からもうかがわれるように，とくに伝統のある工業，商業高校の多くは33条の2による学校として，戦前来の慣行を踏襲して実績企業を中心に卒業生を自らの手で斡旋する道を選んだと考えられる．たとえば，三重県立松阪工業高等学校は「工業高校として最も古い部類に入る学校で，数多くの先輩が化学工業を中心とした産業界の各分野に活躍しており，卒業生には行き届いた情報提供もあった」[46]．高卒者の就職状況がなお厳しかった1953年12月の同校の同窓会誌には，次のような記事が掲載されている．

　「先輩諸兄の最も気に掛けて下さっている新卒業生の就職状況を報告し

ます．7月下旬の松下電器の求人をトップに，11月末までの求人は100社を越えています．その就職確定数は次の通りです．（表略）以上で就職希望者の約3分の1の決定をみたわけです．この数は例年の今頃に比較して少し多いようです．これは全く本校の伝統，先輩諸兄のおかげであると思います．諸兄の歩まれた足跡を，諸兄に導かれながら辿っていけばよい後輩は本当に幸福です」[47]．

学校史にはさらに，72年に同窓会名簿をもとに進路指導課が作成した在籍卒業生の多い企業の番付表が掲載されている．これをみると，150名の在籍数を誇る三菱油化を筆頭に3社が100名を越え，（ほぼ戦後毎年平均1名以上採用した勘定になる）20名以上の卒業生を擁する企業は34社に上っている．さらに6名以上までとれば，企業数は133社に達し，これらの企業に在籍する卒業生の総数は2690名であった．他方，戦後における同校の卒業生のうち就職した者の数は毎年200-300名であったから，この時点までの累計は6000-7000名ほどである．もちろん，これに戦前の卒業生を加えなければならないが，それにしてもこの種の資料にはつきものの脱落や，死亡，転職・退職なども考慮する必要がある．長い伝統をもつ職業科の高校では，なじみの企業とのつきあいはやはり相当に深かったといえよう．

したがって，このような33条の2による学校が行う職業紹介については，——後に指摘する企業の求人活動に対する外枠の規制を除けば——職業安定行政が介入する余地はほとんどなかったといってよい．49年の職業安定法改正の直後に編纂された『学生生徒等の職業紹介手引』をみると，25条の3による学校は受理した求人や確認した就職を遅滞なく職安に通報することを義務づけられているのに対して，33条の2による学校についてはこうした規定は一切存在しない．33条の2の学校が安定所に報告したのは，求人数・求職者数・就職者数のグロスの数値だけであった[48]．しかも，これを集計したデータが労働省の公式の統計書から得られるのは56年以降であり，その前年の55年の数値は不明の取扱がなされている[49]．労働省は少なくともそれまで33条の2校が行う職業紹介に積極的な関心を寄せることはなく，その実態もまったく把握していなかったのである．

(4) 職業安定行政と高校——25条の3校の場合

　問題は，改正職業安定法において安定所の役割を「一部」分担できると規定された，25条の3の高校と職業安定行政の関わりだった．既述のように，25条の3の高校は少なくとも数の上では多数派をなしていたから，この点の検討は重要である．ところが，60年版の『手引』をみても，25条の3による学校が行う業務の分担は中学校と高校の別の形では記載されていない．このことは，しかし，両者が分担する業務の実質的な内容に違いがなかったことを意味するものではない．64年に出された通達の解説では，職安が行う業務がはじめて新規中卒者に対するそれと新規高卒者の場合で分けて記述されたが，そこでは高卒者の取扱の項目は次のような文章で書き出されている．

　「高等学校卒業者の職業紹介については，過去長年にわたる学校の実績があるので，職業安定機関は，これを充分尊重しながら，職業紹介が今後更に効果的に運営されるよう努力することとなったが，さしあたり本年度は，学校の行う職業紹介の実態を充分把握するとともに，公共職業安定所において当面実施可能な業務を取り上げ，実施することとなった」[50]．

　この部分は33条の2の学校を念頭においたものともとれるが，事実はそれだけにとどまらなかった．そもそも，この解説が中卒者と高卒者に分けて記述されねばならなかった最大の理由は，64年の通達が既述のように25条の3の中学校が求人を受理することを全面的に禁止したのに対し，25条の3の高校に対する対応がこれとは違っていたからである．すなわち，——

　「法25条の3の高等学校と公共職業安定所との業務分担は原則として次のように行う．
　ア　求人申込みの受理は，原則として，学校を管轄する公共職業安定所管轄内の事業所から申し込まれた求人は，学校又は公共職業安定所で受理し，他公共職業安定所管轄内の事業所からの求人申込みは，すべて公共職業安定所で受理する．

なお，従来の慣行から，学校に所轄公共安定所管轄外の事業所から直接求人が申し込まれた場合には，管轄の公共職業安定所を通じて申し込むよう学校が求人者に勧奨するとともに学校に求人申込みがあった旨を所轄公共職業安定所に通報するよう学校に協力依頼する．
　イ　求職申込みは，原則として，学校が行う．
　ウ　求人者に対する求職者の紹介は，原則として，学校が行う．
　(エ，オ略)」[51]．

　要するに，25条の3の高校は，所在地職安の管轄内の求人を受理することができるとされたのである．しかも，こうした措置にともなって，求職の申込みは「原則として，学校が行」い，さらに紹介も「原則として，学校が行う」ことが確認されたことが重要である．このような原則が確立されたのは，実は，──学卒紹介の本省の担当部署である業務指導課が自ら用いた表現によれば──「法的には法25条の3であっても実質的には法33条の2の学校と同様の活動を認め得ない状況」[52]があったからであった．「25条の3の実態が『業務の一部分担』には程遠いことは周知の事実である」[53]．64年の通達は，こうした実態を率直に認めるとともに，さしあたり所在地職安の管轄外の求人は職安が握り，これを中学校の場合のように「安定所ですべてを取り扱う」[54]体制を確立するための橋頭堡とすることを狙ったものであった．

　もっとも，翌年の通達の基本方針では，高校については「安定所は，従来の慣行を考慮しつつ，可能な限り求人を安定所に申し込むよう求人者を指導するものとする」とされ，「業務取扱要領」では次のように定められた．

　「法25条の3の学校の求職者を対象とする求人は，安定所又は学校において受理すること．ただし，学校で直接受理した求人については，法25条の3第2項第1号の規定により，必ず学校所在地管轄安定所への連絡をもとめるものとすること．
　この場合，学校に直接申し込まれた求人が，学校所在地管轄安定所の管轄区域外の求人であるときは，安定所は，その内容を，求人者管轄安定所

へ通報するものとすること」[55]．

　すなわち，25条の3の学校が受理する求人については，その把握を徹底するかわりにそれが所在地職安の管轄外の求人であっても黙認することとしたのである．これは明らかな後退だった．その背景には，——この通達のプランの段階では率直な言葉で語られていたように——「安定所においてすべてを取り扱うことも現在の体制では種々困難を伴う」[56]という現実的な判断があったのである．

(5) 職安行政の挫折とその帰結

　1966年になると，しかし，労働省の方針はにわかに積極化した．同年の通達[57]では，25条の3の高校が受理できる求人を再び所在地職安の管轄内に限るとともに，「安定所は各高等学校と求人に関する情報交換を積極的に実施し可能な限り求人を安定所に申し込むよう指導するものとする」ことが指示された．さらに，職業安定法上の取扱区分について高等学校と個別的打合せを行い，その「適性化」を図るとされたことが重要である．この措置は，現行の33条の2校をできるだけ25条の3校に移行させ，職安の影響力を拡大することを狙ったものであった．

　それだけではない．当時，労働省は今後若年労働力の不足が予想されるもとで，国民経済的観点から労働力の需給調整の総合施策を講じることを主旨とする，雇用対策法の立案に取り組んでいた．全国高等学校長会の会誌に掲載された常務理事の署名入りの記事によれば，労働省は，同法の制定に合わせて職業安定法を改正したいとして，文部省に次のような申し入れを行ったという．

　　「改正案の趣旨は，従来高卒生の就職あっせんは学校側に任せきりであったが，本来この仕事は公共職業安定所の業務であるという立場から，学校側の就職あっせん業務を厳しく規制していこうというところにあった．
　　つまり職業安定法33条の2の適用校についても，同法25条の3の適用校と同様に，生徒の就職あっせんに当たり，労働大臣と協議して定めた基

準に従わねばならないと規定し，この基準の内容に就職期日の決定や企業による指定校制度の廃止など，いろいろの制約を設け，これに違反した学校からは，生徒の就職あっせん業務を一切取り上げようということであった」[58]．

すなわち，労働省は，職安が高卒者の職業紹介を一元的に行ううえで最大のネックとなっている33条の2校と企業の実績関係に真っ向から切り込むことを決意して，そのために強制力をもった法制面の整備を計ろうとしたのである．このような労働省の企図は，しかし，当然のことながら学校側の猛反発を招き，その意向を受けた文部省の反対にあって挫かれざるを得なかった．先の記事はこの間の経緯を次のように伝えている．

「したがって基準のきめ方では，かつて戦時中行われた生徒の就職あっせんの統制のようなことになりかねないし，また学校側の生徒の個性を摑んだ，血の通った就職あっせんが機械的，事務的な公共安定所のそれにとって代わられることには，協会としても全面的に反対の旨，文部省を通して労働省に伝えていただいた．
　文部省としても，協会の意見を考慮され，労働省と交渉された結果，職業安定法33条の2の改正も，労働大臣が文部大臣と協議して学校の行う生徒の就職あっせん業務の基準を定めることができると訂正され，その結果法的の規制力が弱くなり，仮に同条適用校に違反があったとしても就職あっせん業務を学校から取り上げる処分ができないことになり，また職業安定法15条の2（労働大臣が新たに職業に就こうとする者に対して職業紹介の実施に必要な基準を定めることができる）の基準を定めるときにも，労働省は文部省と事前に十分話し合いをするとの了解も取り付けられているとのことで，一応この問題も解決を見ることになった」．

だが，労働省はなお高卒者の職業紹介に対する影響力を強める方針を崩さなかった．68年に出された通達[59]は，職業安定法上の取扱区分の適性化をうたったくだりで「その実効を確保するものとする」の一文を付け加え，ま

表 6-6　職業安定法取扱区分別高校数の推移　　（単位：校，％）

	1956	1966	1970
25条の2	475(14.3)	232(5.0)	107(2.6)
25条の3	1,792(53.9)	2,823(60.1)	2,479(60.8)
33条の2	1,062(31.9)	1,642(34.9)	1,491(36.6)
合計	3,323(100.0)	4,697(100.0)	4,079(100.0)

資料：労働省編『職業安定法解説』労働法令協会，1956年，佐柳武「職業安定機関における職業指導の現状と展望」『進路指導』1967年7・8月号，労働省職業安定局『全国高等学校便覧』昭和45年版，より作成．

た「今後に於ける職業安定機関の職業紹介体制の強化と併行して，法25条の2の取扱いが増加することが予想される」と指摘して，高校を25条の2校へ移行させるよう誘導することを示唆している．さらに注目されるのは，この通達が新たに需給調整の実施の項目を設けて，「本省，都道府県及び安定所は……円滑な需給の調整を図るように努めるものとする」としたことである．既述のように，職安は高卒者については求人を掌握することができなかったから，中卒者にみられた全国需給調整会議のような労働力の需給調整を計る試みはこれまでまったく行われていなかった．通達のこの一文は，少なくともその実施にむけて関係機関が努力すべきことをうたったのである．

　このような指示は，しかし，現実にはほとんど影響力をもちえなかった．事実，高卒労働力の需給調整は，まったくの掛け声倒れに終わったといってよい．高卒者への求人を職安がほとんど把握できない状況のもとでは，それも当然であった．表6-6は，職業安定法の取扱区分別高校数の推移を示している．「適性化」方針が打ち出された66年から70年にかけて，33条の2による学校が全体に占める比率はむしろ漸増傾向にあり，代わりに25条の2校が目立ってポイントを落とし，68年の通達をまったく裏切ってネグリジブルな数値になってしまっている．この間のトレンドが，それ以前のものとぴったり一致していることは，表中の56年の数値と比べてみれば明らかであろう．要するに，本省の指示は，事実上都道府県庁や第一線の職業安定所によってまったく無視されるという結果に終わったのである．69年の『職業安定広報』には，都県の職業安定課職業（業務・指導）係長が出席した座談会の記録が掲載されている．席上では，高卒の職業紹介に対する取組につ

いて，次のようなさめた発言が相次いだ．──

A：「安定所の中に1人は，高校の先生から何をきかれようが，対抗出来る職員をおくべきだと思いますね．……内部体制を整えて，なるほど職安にいったらいい話を聞いた．高校の専門の係は立派な考えをもっているという，職安に対する信用を確立すべきだと思います」．

B：「高校求人を職安サイドに取るということですが，現実には大手企業を中心にしまして，5月，6月の段階で選考しているわけです．これは私共が何といおうとやっているわけです．職安へ求人申込するには，8月以降ということを表示しない限り，受理してくれない．したがって，よその企業に遅れてはならんので，職安には申込できない．そこで学校へ直接やらざるを得ないというのが現状だと思いますね」．

C：「高卒の職業紹介業務に本気で取り組むのであれば，人と予算ですね．求人誘引策としては，求人受理制限を撤廃してはどうか．そのことによって企業側の，職安に申し込んでも学校への連絡は遅い，という不信感，学校側の，職安から情報が流れた時にはすでに会社から申込みが来ているというべっ視感を除去することができると思いますね」．

B：「私共も極力求人はすべて職安に申し込む体制にもっていくよう現に指導しておりますが，現実に33条の制度があるかぎり職安だけで，いくら一人相撲しても，かたがつかないような気がします．それに，学校側の抵抗も非常にきびしいと思うのですよ．暗い時代に学校は苦労して生徒をあっせんしていたのに，今売り手市場になってきたので職安がとりあげるというような印象もないことはないと思いますね」[60]．

　職安の内部体制の弱さ，人と予算の絶対的不足，企業の激しい求人獲得競争と職安への不信，33条の2の規定の厳存，そして，高校の教師の不信感・蔑視感と反発．これらは，本省の一片の指示のみをもってしては容易に越えられない高いハードルであった．70年になると，労働省はささやかな成果をあげることに成功した．文部省，関係業界の協力を得て，早期選考を防止するため新規高卒者の求人はすべて職安で選考期日が適正であるという

確認を受けさせることとしたのである[61]．この措置は，同時に求人の内容が法令に照らして問題がないかどうかをチェックする機能をもっており，この点でも文部省ないし高校の現場サイドのニーズにこたえるものであった[62]．しかし，この方式では，求人は職安の確認印を受ければあとは指定された学校に流され，学校での取扱に委ねられたから，職安が関与する実質的な余地はほとんどないに等しい．結局，職安は，求人表に確認印を押すという，中卒の場合に比べればあまりにも控え目な役割をひきうけるだけで事実上高卒の職業紹介から手を引き，ここに企業との直接の結びつきをもとに学校が卒業生の就職斡旋を行う体制が最終的に確立するのである．

　しかし，このことからただちに，職業安定行政が新規高卒労働市場の制度化になんらの影響も与えなかったと結論するならば，それは早計であろう．というのも，新規高卒者については，中卒者の場合と同様に企業の自由な求人活動に対して，行政による厳しい規制が加えられたからである．推薦および選考開始時期の設定（1952年），委託募集と通勤圏外の直接募集の禁止，縁故募集の範囲の厳格な解釈，家庭訪問の禁止（以上，1964年），そして文書募集の禁止（1968年）．──行政によるこれらの一連の措置は，企業が自ら行う募集活動に大きなタガを嵌めるものであったといってよい．要するに，企業の側からすれば，高卒の求人は学校に出すか，職安に出すかの他には選択の余地はほとんどなかったのである．したがって，職安による求人把握の失敗は，そのまま学校が求人を一手に引き受け，就職の斡旋を独占的に行うことを意味していた．このような企業と学校の結びつきを中核とする「制度」のなかに，新規高卒市場がかつてないほど深く埋め込まれる（embedded）にいたったこと，これが職業安定行政がはからずももたらした重要な帰結だったのである．

(6) 新規高卒市場のパフォーマンス

　もとより，職安行政の観点からすれば，このような「制度」は決して望ましいものではありえなかった．第1に，すでに詳しくみたように，1960年代後半には中卒から高卒への学歴代替がドラスティックに進展し，高卒労働力のブルーカラー化が進んだ．ところが，企業と高校が直接に結びつくこの

制度のもとでは,今や毎年新たに供給される新規労働力の中心となった高卒者に対して,——これまで中卒者に行ってきたように——その流れを政府が計画的にコントロールする余地はほとんど残されていなかった.1966年の時点で,今後深刻な若年技能労働力の不足が起こることを予想した労働省が,労働力の需給調整の総合施策をうたった雇用対策法の制定にあわせて,企業の指定校制度に抜本的なメスを入れることをいったんは決意したのも,こうした脈絡から理解することができよう.

第2に,労働省は,高校は「的確な労働市場情報とくに現実の求人についての具体的情報」に疎く,その職業指導体制は「弱体」であると認識していた.それゆえ,「高校卒業者がホワイトカラー職種へ集中し,技能的生産工程従事労働力の充足が困難になっているとともに,未就職となる者も発生する危険性がある」[63].このような高校の職業指導体制についての不信は,実は,戦後の職業安定行政のなかで折りにふれて表明されてきたものであった[64].その端緒は,そもそも戦前の中等学校が行う職業指導に対する評価にまで遡ることができる[65].企業との実績関係にもとづいて就職の斡旋を行う高校の職業指導は,ともすれば「手近な,就職のしやすい,また縁故のある求人口へ卒業生を向ける傾向」[66]があり,生徒の「個性」を尊重して,観察や各種の心理的テストによって「適職」を客観的・科学的に把握することを前提に行われる本来の職業指導の名に値しないものとみなされていたのである.71年の通達が,高校の就職希望者全員を対象として職業適正検査(GATB第1)を実施することを指示したのも,このような文脈で理解できよう[67].こうした批判は,大学で教育心理学を専攻してその関係から行政に携わった官僚の間ではとくに根強かった.このようなキャリアをもつ人たちにとって,企業との結びつきにもとづいて学校が生徒の就職斡旋を行う「制度」の定着は,正しく科学的な職業指導運動の実践の後退譜を意味していたのである.

それでは,このような「制度」の欠陥は,その後の現実の展開のなかでどのような形で露呈されたのだろうか.それとも,新規高卒市場のパフォーマンスは,行政側の危惧にもかかわらず,その予想を越えた良好な結果を示したのだろうか.

表 6-7　新規学卒者就職1年後の離職率　(単位:%)

	中卒			高卒		
	A	B		A	B	
	男女計	男女計	男子のみ	男女計	男女計	男子のみ
1966	23.4			25.7		
67	22.1			25.5		
68	19.9	20.0	23.9	22.9	23.0	24.5
69	19.9	20.1	24.3	22.3	22.5	24.1
70	19.1	19.4	23.6	19.1	19.4	21.0
71		19.0	22.6		16.6	17.8
72		19.6	24.7		18.2	19.6

資料：A＝労働省『昭和46年3月新規学卒者の職業紹介状況及初任給調査結果の概要』．
　　　B＝同上，昭和43年3月新規学卒者版．
注：AとBで数字が若干異なるので，両方掲げる．

　第1の論点，すなわちマクロな労働力の需給バランスの問題については，すでに大東英祐の鋭利な分析がある[68]．大東によれば，1960年代に入ると「労働力不足」の意識が中小企業の間で強まり，それは65年の不況を境に大企業にも波及していった．ところで，所要の労働力の調達が困難となった場合，経営を縮小するという方途をとらないとすれば，企業が行いうる方策は必要労働量を削減するか，新たな労働力の供給源を開発するかのいずれしかない．60年代，とくにその後半にはこの両面からあらゆる対策が動員され，機械による労働の代替，管理体制の強化，そして採用基準の緩和が一斉に進展した．そのため，「意識された需給のギャップは事後的にほどなく均衡していた」という．要するに，労働省が強い懸念を表明していた労働力不足の問題は，これを深刻にうけとめた企業の自律的な行動を介して，市場メカニズムの原則にもとづいて比較的短期間に克服されたのである．
　第2の論点に移ろう．すでに詳しくみたように，職安が学校とタイアップして行う職業指導は，職場への定着を1つの重要な目安とみなしていた．そこでまず，問題の1960年代後半から70年代初めにかけて新規高卒者の離職率がどのように推移したかを確認しておこう．表6-7は，新規学卒者の就職1年後の離職率を示している．ここでのデータのもとになったのは，労働市場センターが行う失業保険期間通算業務のための被保険者の記録であり，当

該年度の新規学卒就職者のほぼ全数をカバーしているとみてよい．これによれば，1966-72年間における学卒者の1年後の離職率は中卒・高卒とも2割前後に止まっていた．よく知られているように，欧米では学校を離れた10代の若者はその後数年はいわゆるモラトリアム期にあり，転職と失業を頻繁にくりかえす傾向があるという[69]．全数調査にもとづくここでの数値は，戦後日本の学卒労働者の転職行動が，それとは質を異にしていることをあらためて印象づけるものといえる．次に，時系列の推移をみると，この間の離職率はかなり目立った低落傾向を示しており，これはとくに高卒で顕著であった．その結果，66年の時点では高卒の離職率は中卒のそれを上回っていたのが，70年には格差は解消し，翌年になるとこの関係が逆転している．ところで，この時期は，既述のように高卒者のブルーカラー化が急速に進み，新規高卒の求人倍率がかつてないほどに高まった時期と重なっていた．当時，労働省は，このような環境の変化のもとで高卒者の早期かつ安易な転職が増えつつあり，今後こうした傾向はますます強まるとみていた[70]が，事実はそれとはまったく逆だったのである．

　それでは，新たに大衆労働力の中心となった高卒者の職場への定着化が，労働省の予想に反してスムーズに進行したのはなぜだろうか．苅谷剛彦は80年代初めに行ったT県のインテンシブな調査にもとづいて，高校の職業指導のメカニズムをはじめて明らかにした[71]．苅谷の議論はこの問題を考えるうえでも有力な手掛かりを与えてくれる．苅谷によれば，企業は新規高卒者を採用する場合，一般に個々の求職者に直に接触することはせずに，学校別に異なる「枠」を設定したうえで（職安の確認印を受けて）高校に求人票をまわす．高校は，こうした求人枠に見合うように職業指導を通して生徒を選抜し，企業に推薦する．ところで，高校の行う職業指導は教育活動の一環に他ならないから，そこでの指導は生徒の自主的な職業選択を尊重することが基本になるが，この理念はしばしば求人枠による選抜の要請という現実と対立する．こうした対立は，教師が学校で行う選抜の基準の情報を積極的に与えて，生徒に「自己選抜」を促すことで解決される．「授業中やホームルームでのなにげない教師と生徒との会話，生徒同志のおしゃべり，廊下に張り出された卒業生の就職実績，就職模擬試験，そして，担任教師との個人面

接．さまざまな場面で，生徒たちは，どんな企業を希望すれば学校推薦を受けやすいかを判断するためのシグナルを受け取る」(103頁)．

こうして生徒の自己選抜は学校の日常的な場面をとおして進行するが，このような日常化した選抜は，「職業アスピレーション（野心）のコントロールという点で，無駄のない効率的な職業配分を実現している」(111頁)．これとは対照的に，選抜が労働市場のなかで行われる場合，求職者は雇用主の門を叩いて，その都度採否の判定に接する．このような仕組みのもとでは，アメリカの例が示すように，求職者は能力以上に野心的な希望を抱き続け，いくたびかの失敗を経てはじめて自分の能力に見合った職業のレベルを自覚するという．

以上にみた苅谷の議論は，学校の日常的な場面のなかで進められる職業選抜が，求職者の野心をコントロールすることによって，結果として求人とのミスマッチを事前にチェックする機能を果たしていることを示している．「教育とは，生徒の主体性を尊重しつつ，生徒の希望を変える（より正確にいえば自ら変わるように生徒にわからせる）ことであり」(41頁)，教育活動の一環として行われる高校の職業指導はそもそもそうした作用を内に含んでいるのである．ところで，『職業安定行政手引』によれば，職業指導においては本人の希望をただちに「適職」と認めることは厳にさけるべきだが，客観的・科学的に判定された職業については求職者と十分話し合い，その職業が相応しいことを本人に「納得させるよう努めねばならない」．苅谷の議論を援用するならば，教育的配慮にもとづいて行われる高校の職業指導こそ，正しくこうした『手引』のめざすところに適うものであったといえよう．その意味で，学校紹介という「制度」を介して就職した高卒者の離職率が低位に止まったことは，決して偶然ではなかったのである．

高卒労働力の職場への定着化を促した要因としては，いま１つ企業の労務管理の動向も見逃すことができない．事実，60年代後半には，高卒のブルーカラー職種への流入を重要な契機として，大企業を中心に職能資格制度が普及したことが知られている[72]．管理職への昇進の道は，この措置によって少なくとも形式上はブルーカラー労働者にも開かれることとなったのである（いわゆる「青空の見える労務管理」）．しかし，これまでの研究では，こう

した中卒から高卒への学歴代替が企業の採用管理のありかたにもたらしたインパクトについては，ほとんど論じられてこなかったといってよい．果して，企業における高卒労働力への切替えは，すでに明らかにした新規学卒市場の「制度」のもとでどのように進められたのだろうか．それはまた，どのような意味をもち，いかなる結果をもたらしたのか．次節では，このような観点に立って，企業の採用管理のありかたとその変化を吟味することにしたい．

5. 定期採用の形成

(1) 定期採用率の推移

今日の日本社会では，企業の採用は定期採用が中心であり，中途採用は補助的に行われているにすぎないという通念が流布している．それでは，定期採用は，実際に毎年採用される新規入職者全体のうちでどのくらいの割合を占めているのだろうか．また，その割合は企業規模によってどのくらい異なるのだろうか．近年は中途採用者の比重が高まっているとよくいわれるが，そうした傾向は統計的にも確認することができるのだろうか．小池和男は，このような問いに対して，1991年に出版された著書のなかで『雇用動向調査』をもとに実証的な検討を加え，次のような結論を引き出した．

「（1970年代・80年代の入職者の内訳をみると）通念に反し，大企業男子でも，転職者が新卒よりむしろ多いことがわかる．中小企業にいたっては圧倒的に転職者である．……なお，時系列のめだった傾向はみとめられない．1970年代にくらべ，最近とくに転職者が多くなったとはいえない」[73]．

このような小池の主張は，一般に通説では定期採用の役割が著しく過大にみつもられていることを実証的なデータにもとづいて批判した点で，妥当なものといってよい．小池の時系列の変化に関する評価は，しかし，より長期のトレンドを問題にする歴史的な視点からすれば不十分であり，なお再検討の余地が残されている．表6-8は，小池と同じく『雇用動向調査』（および

表 6-8 新規学卒者採用比率（製造業：男子）

(単位：千人，％)

	入職者総数				新卒者入職数 (1-6月入職分)				新卒者採用比率			
	500人以上	100-499人	30-99人		500人以上	100-499人	30-99人		500人以上	100-499人	30-99人	
1952	147.4	197.2	219.8		45.0*	54.8*	53.1*		30.5	27.8	24.2	
56	202.6	276.7	280.8		69.0**	96.7**	80.9**		34.1	34.9	28.9	
60	456.2	484.2	502.8		160.9**	166.8**	135.7**		37.3	35.5	29.5	
64	500.0	619.0	563.4		200.4	207.3	120.9		40.1	33.5	21.5	
68	567.5	636.0	516.0		222.3	188.8	93.6		39.2	29.7	18.1	
72	238.6	216.2	202.3		109.2	55.0	24.8		38.5	25.4	12.3	

資料：『労働異動調査』各年度版，『雇用動向調査』各年度版，より作成．
注：*は既経験者を含む．**は7-12月入職者を含む．

表 6-9 新規学卒者の規模別就職者数（職業安定機関扱い：男子）

(単位：千人，％)

		実 数					比 率					
		1000人以上	500-999人	100-499人	30-99人	29人以下	1000人以上	500-999人	100-499人	30-99人	29人以下	計
中卒者	1956				60.9*	89.4**				35.2*	51.7**	100.0
	60		22.7	46.0	79.9**	49.1**	13.1		23.0	40.0**	24.6**	100.0
	64	24.7	50.7	62.2	48.9	42.6	12.4	24.8	30.4	23.9	20.9	100.0
	68	20.9	11.1	29.9	24.4	31.8	17.7	9.4	25.3	20.6	26.9	100.0
	72	9.2	4.5	16.5	11.4	17.5	15.6	7.6	28.0	19.3	29.7	100.0
高卒者	1956				33.0**	23.0**				42.9*	29.9**	100.0
	60		20.7	39.6	47.1**	14.5**		24.2	29.7	35.3*	10.9**	100.0
	64	32.3	45.8	38.9	20.3	7.1	26.9	40.9	34.7	18.1	6.3	100.0
	68	45.8	27.1	51.8	31.7	15.8	24.2	15.7	30.1	18.4	9.2	100.0
	72	36.8	17.4	41.1	18.6	10.0	40.9	14.0	33.2	15.0	8.1	100.0

資料：『労働市場年報』各年度版，より作成．
注：*は15-99人，**は14人以下．

その前身の調査である『労働異動調査』）から，製造業の男子労働者（学歴計）をとって，1950-60年代における毎年の入職者総数（A），うち新規学卒者数（B），および定期採用率（C＝B÷A）の推移を示したものである．この表からは，いくつかの興味深い事実を指摘することができる．

まず第1に，1950年代の定期採用率をみると，これが52年の時点ですでに2割4分から3割という比較的高い水準にあり，その後いずれの規模においても比率をたかめていることが注目される．さらに興味深いのは，50年代には規模別にみて定期採用率の水準に大きな差がみられなかったことである．とくに従業員数500人以上と100-499人では有意な差はなく，56年には若干だがむしろ後者が前者を上回っている．すでにみたように，この時期職安は新規学卒者の職業紹介事業を最重点課題の1つにすえて活発な活動を展開しており，新規中卒者の紹介数は非農就職者数が激増するなかで56年には50年の実績の3倍を記録した．非農就職者を分母にとってその割合を算出すると，職安経由率は52年の時点で6割に上り，その後50年代を通じて着実にポイントをあげている．この傾向は高卒の場合も同様であった．

表6-9は，こうした職安経由の学卒者の就職先を規模別に示したものである．これによれば，56年の時点で，職安ないし学校紹介によった中卒就職者の半数は従業員数14人以下の小・零細規模の企業に就職し，15-99人の中小企業に就職した者も3割に上っていた．これとは対照的に，100人以上の中堅ないし大企業への就職は，全体のわずか1割を占めたにすぎない．『事業所統計調査』（1957年版）によれば，事業所規模別従業者数（製造業民営：男女計）の構成比は，19人以下36％，20-99人25％，100人以上39％であった．職安を経由した新規中卒者の就職先は，平均からみてもより小・零細規模の経営にシフトしていたのである．表6-9にみられる明らかなトレンドからすれば，こうした就職先企業の規模の零細性は，50年代前半にはいっそうきわだっていたことが予想される．敗戦後に再出発した職業安定所は，まず戦前は縁故が大多数だった小・零細規模の就職口を開拓することをとおして，学卒者紹介事業を軌道にのせることができたのであった．50年代の定期採用率にみられる特徴は，このような職安の活発な活動が反映された結果として理解することができよう．

しかし，第2に，60年代に入ると定期採用率の規模別格差はようやく顕著になり，その差は時期が下るにつれて拡大した．すなわち，従業員数500人以上のそれは60年から72年にかけて4割前後の値を保ったのに対して，まず30-99人が60年代前半から目立った落ち込みをみせはじめ，次いで100-499人も60年代後半には低落傾向が明確化した．その結果，70年代の初めには，従業員数1000人以上の4割に対し30-99人では1割という大変大きな差がつくにいたり，定期採用が大企業中心に行われる，今日みられるようなパターンが定着している．このような格差の発生・拡大をもたらした要因はどこにあったのだろうか．

まず考えられるのは，労働市場がタイトになるなかで求人の獲得をめぐって企業間の競争が激化したことに伴う影響である．図6-4をみよう．中卒の求人倍率は52年に1倍を越えたが，50年代にはなお1.2-1.4倍の水準に収まっていた．それが60年に1.9倍を記録すると，翌年には2.8倍へとハネ上がり，その後年によって変動を含みつつもかなり勾配の急な上昇カーブを描いている．高卒の場合は求人倍率が1を越えたのは57年と遅かったが，変化のテンポはより急であった．求人倍率はここでも60年を画期として急上昇に転じ，64年には早くも5倍を突破した．その後2，3年は小康状態を保ったものの，68年には再び急伸をみせ，ピークの70年には実に10倍近い数字を記録している．このような求人倍率の動向を反映して，充足率は中卒・高卒とも60年代に直線的な下落を示しており，50年代の末には5-6割の水準にあったのが，60年代後半には2-3割（中卒）ないし1-2割（高卒）という低水準にとどまった．

表6-10はこの間の求人数と充足率の推移を企業規模別に示しているが，ここからは61年の時点で，中卒・高卒のいずれについても規模別にみて充足率の水準に大きな格差が存在したことが判明する．この格差は時期が下るにつれて縮小しているが，しかし，これは充足率が高水準にあった規模の大きい企業ほど求人数の伸びが著しく，それに反比例して充足率の低下が起こったためであった．この傾向は，60年代後半に学卒労働力の中心となった高卒についてより明確な形で観察することができる．事実，61年から68年にかけての高卒求人数の伸びをみると，従業員数99人以下は1.4倍に止ま

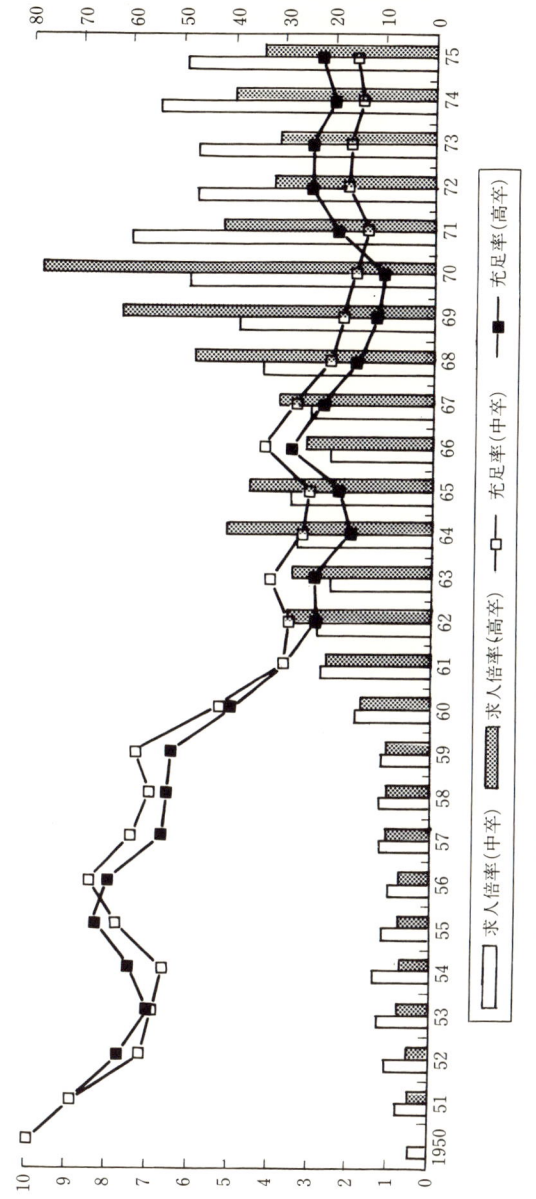

図 6-4 新規学卒者の求人倍率・充足率の推移（男子）（単位：倍，%）

表 6-10 新規学卒者の規模別求人数・充足率（職業安定機関扱い：男子）

(単位：千人, %)

		求人数					充足率				
		1000人以上	500-999人	100-499人	30-99人	29人以下	1000人以上	500-999人	100-499人	30-99人	29人以下	計
中卒者	1961		48.2	117.4	235.7*	145.8**	69.9		42.2	24.3*	16.0**	100.0
	64		84.5	203.4	253.7	251.9	59.9		30.5	19.3	16.9	100.0
	68	52.2	35.4	149.6	162.5	169.4	40.1	31.4	20.0	15.0	18.8	100.0
	72	38.1	23.3	176.8	134.6	123.8	19.0	14.9	11.8	9.7	14.8	100.0
高卒者	1961		92.5	140.4	155.1*	56.6**	46.5		36.2	26.9*	20.4**	100.0
	64		157.8	213.3	160.4	83.2	29.0		18.3	12.6	8.5	100.0
	68	175.6	103.3	275.2	202.2	98.8	26.1	26.2	18.8	15.7	16.0	100.0
	72	257.3	143.0	381.9	226.2	105.5	18.5	16.5	11.8	10.1	10.9	100.0

資料：表6-9と同じ。
注：*は15-99人、**は14人以下。

っていたのに対し，100-499人では2.0倍，500人以上では2.9倍に上っていた．このような動きに照応して，後2者の充足率はそれぞれ20ポイント，30ポイントの大幅な下落を記録している．ここからは，中堅・大企業を中心に新規学卒者のリクルート活動が活発化し，企業間の学卒者獲得競争がにわかに激しさを増したさまを彷彿とすることができよう．こうしたなかで相対的に不利な立場に立たされたのは，より規模の小さい企業であったと考えられる．60年代に大企業の定期採用率がそれまでの水準を維持したのに対し，まずは小・零細企業のそれが急落し，これに中規模の企業も続いたという事実経過は，こうした解釈と整合的であるといえよう．

(2) 養成工と臨時工

規模別格差の発生・拡大をもたらした要因としては，いま1つ従業員数1000人以上，とくに5000人以上の製造業のトップ企業にみられた採用管理のありかたとその変化が注目される．意外なことに，50年代から60年代前半までは，――業種と企業の方針によって事情は違っていたとはいえ――大企業における中卒の定期採用は，毎年の新規採用全体からみればおおむねごく少数に止まっていた．少なくとも数量的な面でみる限り，この時期のブルーカラー労働者のリクルートは，必要労働量にあわせてその都度行う中途採用に重点があったのである．この点は，同時代のすぐれた調査がそろって指摘したところであった．たとえば，京葉臨海地区に進出した大企業9社を対象とした調査[74]によれば，1959-63年間の新規採用者は男子では中卒が半分を占めていたが，うち新規学卒者は5分の1にすぎず，残りは18歳を越えた若年の（企業の多くは25歳以下という年齢制限を設けていた）中途採用者であった．これに対して，高卒の過半は工業課程の卒業者だったが，ここでは新規学卒者が9割に上り，この数値は大卒のそれに匹敵した．この調査の統括者は，以上のような結果から当時の大企業の採用方針を次のように概括している．

「職員については，大学・高校卒業者を卒業時に採用する．『中幹工員』については，中卒者を卒業時に養成工として採用するか，（高校の）工業

表 6-11　規模別採用形態別採用数 (1960 年，製造業：男子)

A　職員（ホワイトカラー）　　　　　　　　　（単位：千人，%）

	5000 人以上	1000-4999 人	100-999 人
定期採用計（A）	1,456	2,720	1,324
うち大卒・短大卒	699	1,038	525
高卒	757	1,682	799
中途採用計（B）	343	369	353
定期採用率（A／A+B）	80.9	88.9	79.0

B　工員（ブルーカラー）

	5000 人以上	1000-4999 人	100-999 人
定期採用計（C）	1,357	3,523	2,866
うち高卒	0	823	934
中卒	1,357	2,700	1,932
（内養成工）	981	1,027	630
中途採用計（D）	15,127	14,623	7,771
うち本工	2,039	2,176	2,023
臨時工	13,036	12,447	5,748
定期採用率（C／C+D）	8.2	19.4	26.9

資料：経済企画庁『新規雇用に関する調査報告』1961 年，より作成．
注：30-99 人は調査対象人数が少ないため，表から省いた．

課程卒業者をこれも卒業時に採用する．一般工員については，時期・学歴を選ばずに採用する」[75]．

表 6-11 は，京浜・中京・阪神の 3 大工業地区とその周辺地域の製造企業約 600 社を対象として経済企画庁が行った調査の結果を示したものである．ここでの知見もおおむね先の京葉調査の結果を裏付けているが，この調査のメリットは企業の新規雇用の状況を規模別に比較することができる点にある．まず，職員の採用状況をみると，ここでは定期採用がほとんどで，企業規模を問わず全体の 8-9 割に上っていた．これに対して工員では，定期採用者はむしろ少数で，新規雇用の重点は中途採用の臨時工にあった．重要なことは，こうした傾向がより規模の大きい企業ほど顕著だったことである．とくに従業員数 5000 人以上では定期採用率は極端に低く，この年の労働力需要の 9 割までが臨時工の採用によってまかなわれている．今日の状況とは異なり，60 年の時点ではこうした大企業こそ中途採用が中心だったのである．

学卒者の採用については有利な立場にあったと考えられる大企業で，このように定期採用が労働力需要のごく一部を満たすに止まったのはなぜだろうか．先の京葉調査は，この点について興味深い考察を行っている．これによれば，調査対象企業の多くは新規中卒者の採用を養成工に限っており，その他の中卒採用については18歳以上という方針をとっているという．その理由は，労働基準法の関係で18歳未満の年少者には危険有害作業の就業禁止制限があり，また残業が認められないためであった．とくに交替制のある事業場では，——労働基準法では16歳以上の男子にはただし書きで例外措置が認められているとはいえ——夜間労働が原則として禁止されていることがネックとなっていることが報告されている．さらに興味深いのは，企業側の回答に次のような意見がみられたことである．すなわち，「新規学卒の一部を養成工として採用し他を作業職として採用することはしない．そうすれば，どうしても同じ年齢ですから問題が起こるわけです」．要するに，大企業では労働基準法の制限と労務管理上の配慮のために，中卒者の定期採用は即戦力というよりは将来の中堅工として期待された（そして，一定の防護措置を講じれば危険有害作業に就くことができた）養成工の採用にほぼ限定されていたのである．

　この点は，表6-11の調査結果からもよみとることができる．これによれば，従業員数100-999人の中堅企業では60年の時点で高卒の採用が工員の定期採用全体の3分の1を占め，中卒の養成工は2割に止まっていたのに対し，5000人以上の大企業では定期採用は中卒に限られ，その7割までが養成工で占められていた．この結果は，新規高卒者の現業職への定期採用が，学歴別のデマケーション（分断）がより明確で，養成工制度が整備されていた大企業よりは，むしろこうした伝統から比較的自由であった中堅企業で先行したことを示唆していて興味深い．

　ところで，労働基準法は長期の教習を必要とする技能者養成の実施に際しては，使用者は「予めその員数，教習方法，労働時間並びに賃金の基準及び支払いの方法を定めて行政官庁の認可を受けなければならない」ことを規定していた．また，「技能者養成規定」は，教習事項の基準を設け，指導員を労働大臣が行う資格検定試験に合格した者に限るとしていた．このように養

表 6-12　中卒養成工採用数の推移

	三菱長崎造船	三菱日本重工		日立製作所日立工場		トヨタ自動車	プレス工業
		横浜造船	東京車両製作	日専校	技能訓練校		
1952	109	60	—	146	—	—	27
53	112	35	—	153	105	31	12
54	110	0	—	150	55	37	23
55	110	40	—	85	15	16	13
56	110	80	—	120	0	17	15
57	140	50	50	198	53	54	25
58	122	50	47	200	94	47	23
59	70	52	56	253	96	82	23
60	76	45	58	318	203	152	27
61	100	50	58	374	286	230	40
62	120	25	23	429	245	284	45
63	90	25	59	128	41	184	41
64	82			192	93	385	61
65	86			250	92	333	70
66	27			67	0	211	53
67	30			240	94	234	53
68	—			292	95	442	77
69	—			188	44	541	120
70	—			251	95	826	136

資料：隅谷三喜男・古賀比呂志編著『日本職業訓練発展史　戦後編』日本労働協会，1978年，『三菱重工業株式会社史』1967年，田中博秀「日本的雇用慣行を築いた人達＝その2　山本恵明氏に聞く(2)」『日本労働協会雑誌』276号，1982年，プレス工専学校『半世紀の歩み』1990年，より作成．

注：空欄は不明，「—」は制度が存在しないことを示す．
　　三菱重工業の数値は当該年の採用者中翌年4月に1年次の課程を修了した者のみ．日立製作所の教育制度について，詳しくは同上の隅谷・古賀編著を参照せよ．

成工制度は行政の監督をうけたうえに，通常3年間の教習を行うために教室や実習工場・設備，寮などの施設を整備しなければならず，その新設・拡張にはかなりのコストと手間を必要とした．

　こうした状況のもとでは，労働力需要が急増したとしても養成人員の大幅な増加を計ることが困難だったことは容易に想像できよう．先の京葉調査で報告されている1958-63年間の各企業の養成工採用数も，毎年ほぼ一定であった．表6-12はいくつかの企業の実例を示しているが，10年ないし20年のタイムスパンをとってみても採用数の伸びは緩慢だったことがうかがわれる．このうち日立製作所のケースでは60-62年の採用実績がかなり増えてい

るが,しかし,同社の社史資料[76]や従業員数の推移からすれば,この時期には数千人というオーダーの労働力の新規需要が生じていたと推測される.ユニークな例外をなすのはトヨタ自動車のケースである.ここでは60年代後半に中卒就職者が急減するなかで,他社の多くが高卒採用に転じたのに対して戦略として中卒養成工の大量採用を打ち出し,67年に通信制工業高校と連携して卒業後高卒の資格がとれるように改め,さらに70年にはトヨタ工業高等学園と名称変更を行った.とはいえ,中卒の大量採用はやはり長くは続かず,76年以降は急速に減少している[77].要するに,中卒養成工の定期採用数は,ほとんどの場合必要労働量の増大に対して非感応的であり,既存の施設や設備によってその上限を画されていたのである.

1950-60年代前半における生産の急拡張に伴う雇用の著しい増加を支えたのは,もっぱら学歴不問で随時行われた臨時工の採用であった.この時期の臨時工については,同時代の研究によって次のような2つの類型があることが知られている[78].第1は,本工とは異なる雑役・運搬などの作業に従事する不熟練労働者としての臨時工である.これらは,戦前の組夫に連なる系譜をもち,主に装置工業にみられたが,50年代後半以後は関連中小企業の従業員である社外工による代替が進展した.したがって,この時期の主流をなしたのは,本工と同種の,しかしよりグレードの低い仕事に携わった第2の類型の臨時工であった.その典型は,量産型の機械工業にみることができる.ここでは,雇用は期間を定めて行われたものの更新されるのが一般的で,本工への登用が定期的に実施されていた.60年前後の時点では,本工採用のメインルートはこうした臨時工からの登用であったが,臨時工のうち本工に昇格しえた者の割合はなお低く,全体の1割前後にとどまっていた.

以上の整理からも明らかなように,この時期の臨時工制度は,──とくに第2の類型については──事実上質の高い労働者をえり分けるスクリーニング期間という意味あいをもっていた.こうした制度が経営者にもたらす利点はみやすいであろう.それは,臨時という雇用形態が往々にしてもたらす労働力の質の低下というアポリアを回避しつつ,雇用のフレクシビリティを確保する手段を提供したといってよい.当時の経営者の多くは高度成長の持続性になお懐疑的で,また40年代末から50年代前半にかけて行われた大量解

雇に際して生じた労使関係の深刻なフリクションの記憶も生々しかった。フレクシビリティの確保は雇用管理の重要な目標だったのである。このことは，養成工の採用数の急拡大を防げた，いま1つの主体的な要因をなしていたといえよう．将来の中堅工の候補者である限られた数の中卒養成工と即戦力としての多数の臨時工．——大企業にみられたこうした採用管理の構図は，臨時工制度が労働力の質とフレクシビリティという，一般にはトレードオフ関係にあると考えられる要請を同時にみたしえたことで，はじめて成り立っていたのである．

(3) **高卒労働力への切替え**

したがって，60年代後半以降，中卒から高卒への代替がドラスティックに進行し，労働市場がタイトになるなかで臨時工制度も急速に姿を消していったことは，大企業の採用管理のありかたに大きな変容をもたらさずにはおかなかった．高卒への代替についてはすでに詳しく論じたので，ここではまず臨時工制度の動向を，日経連が1970年に業界団体の資料をもとにまとめた報告書[79]からの抜き書きによって確認しておこう．すなわち，——

(1)鉄鋼業：かつては「社員をまず臨時工として雇用しその中から本工に登用するというやり方で，景気変動の調節弁・労務費節減の効果をもたしていたが，最近のように雇用情勢が逼迫してくるとこのような形の臨時工は存在しえなくな」った．
(2)造船業：「景気後退時のバッファーとしての機能はなくなり，単なる試用期間，或いは本雇にする迄の見習期間としての意味しかなくなっている．以前は6ヵ月，1年という長期間の臨時期間を設け，本雇とするには厳しい関門を設けている会社が多かったが，現在では殆どの会社が2-3ヵ月の見習期間を経た後大部分を本雇とし，中には直接本雇として採用する会社もある」．その結果，業界全体の臨時工人員は60年代後半に急減し，64年から68年までの4年間で半数になった．
(3)電機産業：「昭和40年代に入ると臨時工であろうが社員であろうが，中途採用者は激減し，パートタイマー等の主婦或いは中高年層の採用が増

加しつつある」．

(4)自動車産業：「雇用量が急激に膨張した昭和40年代以前は，一般労働市場も今日とは比較にならない程需給関係が緩やかであったため，労働力は，必要な時に，必要な量だけ，選択して採用することができた．従って，採用に関しては一時期過剰人口をかかえることとなる定期採用よりも，むしろ，賃金が安く，しかも自由に採用できる臨時工の方が遙に得策であるとの考え方が強かった」．1965年の景気後退後，労働需給の逼迫のもとで「採用方針は，定期採用比重の増大，臨時工採用の常時実施という，いわば二本立て採用へと転換」したが，数量的不足は厳しく，試用工（社員登用を前提とした臨時工）の69年の年間採用人員は66年の約60％に減少し，「中途採用区分も従来の試用工一本の採用から，期間工，学生アルバイト，パートタイマー，さらに季節工というように多岐にわたり，質的にも低下している」．

　これらの叙述からは「景気変動の調節弁」，「景気後退時のバッファー」としての臨時工はもはや存在しえなくなり，事実上（あるいは名目でも）試用工に変質していること，そのため雇用のフレクシビリティを確保する新たな手だてとして，質の低下を覚悟のうえでパートタイマーや季節工の活用が急速に広まっていることを読み取ることができよう．先に参照した大東の議論を援用するならば，65年の不況を境に「採用基準の緩和」が一斉に進展したのである．それだけではない．こうした臨時工からパートタイマーへという流れは，——電機産業や自動車産業の項の叙述に示されているように——同時に定期採用の比重の拡大をともなっていたことが重要である．ところで，この時期の定期採用については，既述のように中卒から高卒へという注目すべき変化が生じていた．定期採用率の上昇が高卒労働力への切替えの時期と重なっていたのは単なる偶然だったのだろうか．それとも，両者の間には何らかの内的な因果関係が存在したのだろうか．

　先の日経連調査は，この点に関連していくつかの興味深い材料を提供してくれる．たとえば，鉄鋼業では，当時定期採用される新規学卒者の大半は高卒だったが，その数は毎年1万人近くに上り（その7割は大手5社で占めら

れた)，これが新規雇用全体に占める比率はかなり高かった．その理由は，「とくに大手では年度内に予測される生産，設備増，退職予定等から年間人員計画をたて，その不足分を年度初めに先取りする」という方法を中心にしているから」だという．

この記述は，長らく新日本製鉄で人事管理の業務に携わってきた小松廣の次のような証言とも一致している[80]．すなわち，小松によれば，新日鉄における高卒の技能系社員の定期採用は各製鉄所が作成する当該年度中の要員人員計画をもとに，本社による調整を経て決定された採用計画にそって行われるが，こうした方式は55年以降に「徐々に明確化してきた」．それ以前は朝鮮戦争のブーム時に2万8000名におよぶ人員を採用したが，「この当時の採用基準は，そもそも鉄鋼労働者というのは重筋・高熱労働に耐えられるものでなければならないという考え方が強かったから，学歴よりも例えば米俵を担げるかというようなことの方が重視され……技能系社員については，新規学卒の定期採用という考え方はなかった」．ところが，その後の生産の落ち込みにともなってしばらく採用を停止していたのが，55年に再開すると業界に先駆けて新規高卒者を定期採用する方式を採用した．以後，原則として新規雇用は基本的に定期採用でまかなう方針で臨んだという（もっとも，生産の拡大のテンポが予測を越えて急で，結果としてかなりの数の中途採用を行った年もあった）．社史の記述によれば，「より計画的な要員施策という意味」で定期採用方式をとったのは57年度からとされており，これは小松の証言をほぼ裏付けている．

以上にみたような鉄鋼業のケースは，新規高卒の定期採用数を決定する際の基準が中卒のそれとは原理的に違っていたことを明示している．すでにみたように，大企業では新規中卒の定期採用はほとんど養成工に限られていたため，毎年の採用数は既存の教育訓練施設や設備の容量に制約されておおむね一定であった．これに対して高卒は，通常3ヵ月ほどの短い訓練をうけるだけで現場に配属されたから，中卒養成工の場合に比べてかかる訓練のコストは著しく小さかった．しかも高卒は満18歳以上であるため，中卒にみられた労働基準法上の制約も存在しない．高卒については，それゆえ鉄鋼業の場合が実際そうであったように，毎年の定期採用数を当該年度の年間人員計

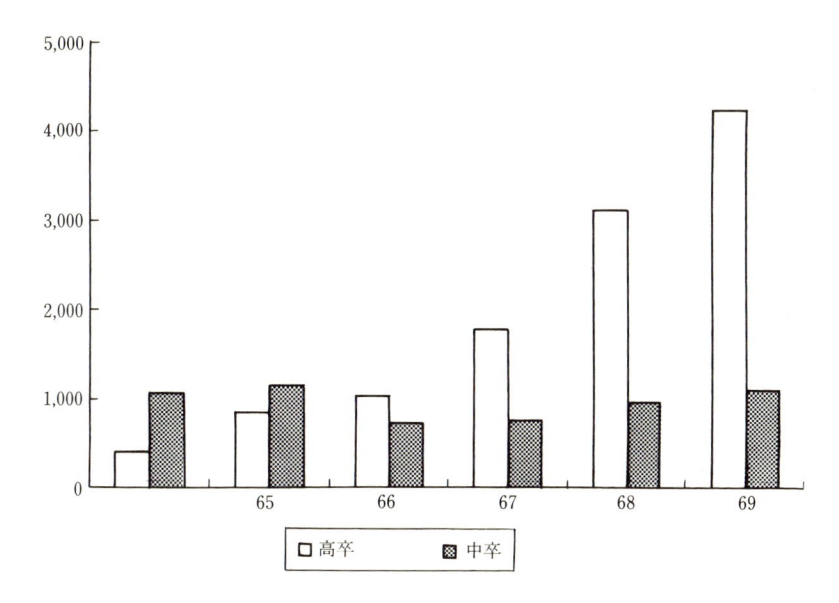

図 6-5　造船業における学歴別定期採用数の推移
資料：日経連雇用政策研究会『技能労働力不足の現状と対策の方向』1970年．
注：調査対象は造船工業会加盟企業．

画にもとづいて決定することが可能だったのである．

　日経連の調査は，いま1つ造船業のケースについても興味深いデータを掲げている（図6-5）．これによれば，中卒の定期採用数は毎年ほぼ一定であるのに対し，高卒のそれは67年以降激増している．その理由は，「中途採用が困難になったため」であった．高卒の定期採用数は中卒に比べてよりフレクシブルであり，労働力需要の増大に対して敏感に反応したのである．このことは，個別企業の事例によっても確認することができる．社史[81]によれば，三菱神戸造船所では57年から62年にかけて折からの大型景気のもとで大量の労働需要が発生したが，それは主に臨時工の大量採用によってまかなわれた．この間，中卒の養成工採用数も増えたが，その数は新規雇用全体の2，3割前後にとどまっていたと推定される．その後，しばらく生産は停滞したが，67年から再びブームをむかえると同所は新規高卒者の現業職への定期採用にふみきり，69年には中卒を対象とした養成工制度を廃止した．69年

から75年までの高卒の定期採用数は毎年300名を超え，71年には642名を記録した．この間の中途採用数は年平均290名だったから，新規雇用の過半は高卒の定期採用によってまかなわれた勘定になる．また，とくに71年度の採用数が平均の倍になっていることは，この採用方式の柔軟性を示すものとして注目されよう．要するに，中卒から高卒への学歴代替は，中途採用から定期採用へと，大企業における採用管理の重点が大きく変化していく，そうした重要な転換点となったのである．

(4) 新規高卒者のリクルート

中卒から高卒への切替えが企業の採用管理のありかたにもたらしたいま1つの重要な変化は，リクルートの方法におけるそれであった．最後に，われわれが行ったインタビュー調査[82]から，この間に企業の採用活動がどのように変化したかを具体的に知ることができる事例を紹介し，これがすでにみてきたような新規学卒市場の制度化のありかたに強く規定されていたことを検証しておこう．

日本鋼管は，49年に労働基準法に準拠した養成工制度を設け，63年に廃止するまで毎年100-120名ほどの新規中卒者の定期採用を行った．同社で長く労務の仕事に携わった高田義人の回想によれば，当時労働者採用は労働省職業安定局の管轄で，その出先機関である各県の職業安定課のルートを経ることが原則になっていた．会社は養成工を募集する際にはこのルールに従い，会社の事情を説明した「依頼書」と必要職種や募集条件を詳細に記した「募集要項」を県の職業安定課に提出し，その指示を仰いだ．許可が下りると指定された職安に赴いて詳細に日程等を中心に話し合い，宣伝広告を新聞に掲載して選考試験を行った．養成工の採用は実際は従業員の縁故者が多かったが，この場合も職安を通し，縁故の有無は会社に提出させる入社志願書に縁故者の名前を書く欄を設けて把握した．このように職安中心の採用方法だったため，学校訪問は原則として行わず，たまたま多くの生徒を送ってくれた学校に挨拶に行く程度だった．

これに対して，59年から開始した新規高卒現業員の定期採用に際しては，募集は次のような方法で行われた．すなわち，「資料としてはリクルート社

の『要覧』をしらみつぶしに全国的にマークして学校を選定した．当時はまだ比較的集めやすく，遠隔地の高校へ行くと大変歓迎された．……翌年も実績ができたので，学校へはいち早く依頼し，生家へは本人の働いているところの写真を持っていき親兄弟を安心させ，2-3年はこの方法でうまくいっていた」．この場合，最初は労働省を通し募集区域となる県の許可をもらったが，一度つながりができると「そんなことは無視しちゃって，毎年，毎年実績のある学校へはいち早く行ってお願いします，お願いしますといって歩」いた．

しかし，60年代に入ると次第に他社との競争が激しくなり，求人の確保は困難になっていった．当初高卒現業員は技術養成員として採用し，1年間1週3回の集合教育を行っていた．だが，人手不足のため「ただただ人手が集まればいいという風潮」が広まって技能養成は次第におろそかになり，70年頃には新規学卒者も一般高卒としてただちに現場に配属した．こうしたなかで，日本鋼管では66年に福山製鉄所の基幹要員1500-2000名を緊急募集したのを機に本社労務部に外局として「要員対策部」を設け，「例のリクルート方式により全国くまなく離島に至るまで係員を派遣して要員の応募をお願いして歩いた」．高田はこの要員対策部のスタッフとして要員確保の仕事に10年間従事した．九州の担当地区を頻繁に回って駐在員を励まし，学校はもちろん農協や林業組合にも出向いて声をかけ，あるいはその地区の出身者で高卒後鋼管に就職して1年ほどの者を連れて行き，鋼管に子どもが勤めている親を皆呼んで「同窓会」を開いたりした．ところが，70年代も半ば頃になると人手が必要ではなくなり，一転して学校の教師が就職のお願いにくるようになった．その場合は，「まったく火が消えちゃうということもあれだから」，減耗対策として1名かそこらを採用して関係を継続させた．

この高田の回想は，新規中卒者の募集は県の職業安定課の許可を受けてその指導のもとで行われていたこと，しかし，新規高卒者についてはそうした行政の規制は形骸化し，リクルート活動はもっぱら学校を対象として行われていたことを明らかにしている．とくに新しい学校の開拓にあたってリクルート社の『要覧』が利用されていたという指摘は印象的である．高田によれば，リクルート社の『要覧』は類書のなかでもっとも分類が細かく，卒業生

数が学校ごとに課程別・男女別に記載されていたため大変便利で，当時これを使わなかった会社はないほどだったという．60年代後半には，こうした企業による活発な求人活動の展開をきっかけとして，企業と高校の新しい実績関係がつくられていったのである．

　以上にみたような新規中卒者と高卒者におけるリクルートの方法の違いが，それぞれの労働市場の制度化のありかたに規定されたものであったことは，もはや贅言を要しまい．中途採用から定期採用へ，そして職安から学校へ．——企業と学校の結びつきを制度的基盤とする日本的な採用＝就職のシステムは，ここにその完成をみたのである．

6. むすび

　吉谷二郎は東京大学教育学部で教育心理を専攻し，1954年に同校を卒業後，労働省に入省，横浜職業安定所職業課職業指導係に配属されたのを皮切りに，その後長く職業指導のエキスパートとして学卒紹介業務に携わった．吉谷は，日本労働研究機構（JIL）で行ったわれわれとのインタビュー[83]のなかで，戦後の職業安定行政の歩みをふりかえり，日本における新規学卒者の職業紹介の現状について次のように述べた．

　　「おそらく，よその国なんかに比べて，安定所とか，学校とかの公共機関の関与率というのは，学卒をみた場合，関与率は非常に高いと思います，日本はね．7割か7割5分関与しているわけですから．それは非常にいいことなんだろうと思うんですね．労働市場が組織化されているということでね．……学校と安定所の関係というのは，よその国からみても結構うまくいっている……システムとしてはね」．

　吉谷によれば，今日職業安定行政における学卒紹介業務のウエイトは1950-60年代の頃に比べて大きく低下している．職安は「最低限，だから新規学卒の場合は，求人をチェックしている．……そういうシステムがとられているということは，これは非常に大事な効果がある」．だが，肝心の学校

が行う職業指導の現状は，このようなシステムが整備されているにもかかわらず，決して満足できるものにはなっていないという．

　「だけど，進路指導とか，職業指導をやってきて，ずーっとやってて進歩したのかなと思ってみると分からないね．全然進歩していないんじゃないかな．進歩しているんだろうか．材料は揃った．昔に比べて．この職研（雇用職業総合研究所，JIL の母体の１つ）の御活躍によってね．材料は随分揃ったんですよ．これは間違いなく．ただ学校ですよ．学校がね．学校の対応がそれだけレベルアップしたかという問題，非常に大きいと思うんですよね．学校の先生．……生徒に直接関わっているわけですから．学校の先生がうちの，労働省の，この研究所の職業適性検査と，どっかの業者の学力テストと区別がつかないんですね．区別がつかない先生がいっぱいいますよ．業者テストはやりませんなんていって，適性検査もやりませんという．そういう先生がいるわけですから」．

　〈システム〉としての新規学卒者紹介制度の定着＝成功と，それとは裏腹な学校が行う職業指導の空洞化．吉谷の発言にみられるこのアンビバレントな評価は，高度成長の時代を全速力で駆け抜けてきた職業安定行政が行き着いた先がどのようなものであったか，その一面をあざやかに映し出している．現代の日本社会では，新規学卒者は学校から職業の世界へと，吸い込まれるように間断なく移行する．また，企業は学卒者を４月１日付で一括採用する．これは，学卒労働力のジョブマッチングが欧米やかつての日本がそうであったように，市場メカニズムの働きや縁故などのパーソナル・ネットワークに委ねられるのではなく，一定のルールをもった「制度」の介在のもとで行われているからに他ならない．戦後の職業安定所が最重点課題として精力的に取り組んだ学卒者紹介は，正しくこのような労働市場の制度化――吉谷の言葉を用いれば「組織化」――をめざすものであった．その試みは，短期間のうちにめざましい成果をあげることに成功したといってよい．

　職安の活動力は，しかし，60 年代後半以降，大衆労働力の中心が中卒から高卒へとシフトするなかで急速に衰え，職業紹介の主役は職安から学校へ

と移っていった．今日では，高卒者の就職は企業と学校の直接の結びつきを中核とする「制度」のもとで行われ，行政がこれに介入できる余地はごく限られている．企業が出す高卒の求人はそのほとんどが職安を経由するが，ここでは求人の内容が法的に適切か否かがチェックされるだけで——こうした機能が重要であることは明らかであるにしても——，問題のない大多数の求人票はそのまま企業が指定した高校に回されている．高校は求人票に記載された「枠」に見合うように進路指導を行って生徒を選抜し，企業に推薦する．教育活動の一環として行われるそこでの指導は，求人枠の制約のもとで，教師がさまざまな情報を積極的に与えて生徒に〈自己選抜〉を促すことで進められる．こうした仕組みのもとでは，具体的な求人の提示に先立って「適職」を選定するという職業指導の本来のプロセスは，そもそも成り立ちようがない．現在の高校の進路指導が，一貫して〈科学的〉な職業指導の普及に尽力してきた吉谷の立場からすれば，不満足なものでしかないのは，だから当然のことなのである．

　重要なことは，それが本来の職業指導のプロセスから逸脱しているにもかかわらず，教育の論理にもとづいて行われるために，「生徒の主体性を尊重しつつ，生徒の希望を変える」という作用を内に含んでいることである．これこそは，かつて新規学卒者の職場への定着化を重要な政策課題としていた職安行政が，学校とタイアップして行う職業指導の実施にあたってとくに強調したポイントであった．高校が行う進路指導は，求職者の野心をコントロールすることで求人とのミスマッチを事前にチェックし，結果として転職率の水準を低位に抑えることに貢献しているのである．事実，日本における新規学卒者の離職率は国際相場からみて極端に低い．やや古くなるが，比較可能な日米の高校生の追跡調査によれば，アメリカでは卒業後2年で同じ職にとどまっている者は3割にすぎないが，日本ではその値は7割に達している[84]．欧米では，青年期はいわゆるモラトリアム期にあるといわれ，学校を離れたノン・エリートの若者は転職と失業をくりかえすのが通常であるという．景気の状況にもよるが10代の失業率は一般にとびぬけて高く，若者の失業が深刻な社会問題になっていることもよく知られている．これとは対照的に，今日の日本社会では若者は学校から職業へと隙間なく移行し，初職へ

の高い定着傾向を示す．このような青年期の職業キャリアにみられるユニークな特徴は，実のところ，戦後における職業安定行政の展開を契機として進展した，新規学卒市場の制度化によって強く規定されたものだったのである[85]．

　学校を卒業してただちに企業に就職し，同一企業で定年まで勤めあげる．また，企業は学校を卒業した直後の人を採用し，定年まで雇用を保障する――日本の雇用関係の特質は，しばしばこうした「終身雇用」にあるといわれる．これは，事実認識としては明らかに過大である[86]が，日本の雇用関係にみられるある特徴的な側面を確かに言い当てている．エクスプリシットな国際比較の観点からすれば，日本の雇用慣行がユニークなのは，単にこれが長期的・固定的性格をもっているからではない．小池和男がつとに指摘してきたように，長期の雇用関係が企業にとって，あるいは個人の社会生活において重要な意味をもつのは，今日では先進産業社会に共通する現象をなしている[87]．たとえば，マクロデータにもとづく丹念な推計によれば，アメリカでも30歳をすぎた人々はその後も長期にわたって同一の企業で勤め続ける傾向にあり，その半数は最終的に20年以上の勤続を積むことが予想されるという[88]．アングロサクソン系の国では，こうした長期勤続者の雇用を守る先任権制度が発達し，その雇用保障の程度は雇用調整が高齢者に集中する日本に比べて見劣りしないという議論も存在する．

　このようにみてくると，日本の雇用関係を際立たせているものは，実は，キャリア・ディベロップメントの観点からみて適職探索の時期にあたる，青年期における離転職水準の低さにほかならないことがわかる．日本においても，10・20歳代の若者の離転職は他の年齢層に比べて頻繁であるが，その水準は欧米諸国の場合からすれば際立って低い．また，欧米では解雇は勤続の短い若年者にシワよせされるのが普通であるが，日本では正規従業員として雇い入れられた若者が解雇されるケースはほとんどない．こうした慣行も，大企業を中心に新規学卒者の定期採用のシステムが確立していることと関係がある．定期採用が採用管理の柱をなす限り，アメリカでみられるような先任権制度がなじまないのは当然だからである．やや古くなるが小野旭が提出したデータ[89]によれば，アメリカでは25歳以下の若者の離職率は年率で

95％に上るのに対し，日本では19歳以下26％，20-29歳27％に止まっていた．このデータでさらに興味深いのは勤続年数別の離職率の推移である．勤続1年未満ではアメリカ150％に対し日本47％と大きな差があるのに対し，勤続5-9（10）年では日米ともに11％になり，格差が解消している．

最近では，比較可能な日米男子労働者の職業経歴のデータを，計量的に分析した平田周一の研究がある[90]．これによれば，企業に入ったあとの勤務継続率（survival rate）は，日本と比べてアメリカの方が明らかに急速に減少する．アメリカでは，日本と比べてとくに入社後5年までの間に際立った減少が起きるが，その後は比較的なだらかなカーブを示す．ある企業からの移動というイヴェントが起きる確率，すなわち退職のハザード率をみても，上下の変動があまりない日本に比べて，アメリカでは勤めはじめてから最初の5年間のハザード率が非常に高くなっている．しかし，勤続年5年をすぎると日米の地位は逆転し，アメリカのハザード率はむしろ日本よりも低くなるのである．

以上の考察からすれば，日本の雇用関係のすぐれて特徴的な側面が，すでにみてきたような新規学卒市場の制度化のありかたと深く関わっていることは，もはや明らかであろう．本章では，こうした現代の日本社会を特徴づける労働市場の「制度」がどのような過程を経て形成されたか，その歴史的なプロセスを職業安定行政の果たした役割に注目しながら解明することを試みてきた．今日では，かつて職業安定所が新規学卒者の就職のプロセスに深くコミットし，青少年の不良化の防止という観点から職場への定着指導に取り組んできたという事実は，ほとんど忘れ去られている．だが，それは，単なる過去のエピソードにとどまるものではない．その営為がもたらした歴史的な遺産は，学校を卒業と同時に就職するという人びとの「常識」や，同一企業で定年まで勤めあげるのが「標準」的な職業キャリアだとする考え方[91]のうちに，現在でも確かに生きつづけているのである．

1) 苅谷剛彦『学校・職業・選抜の社会学』東京大学出版会，1991年．データの原資料は，雇用職業総合研究所『青年の職業適応に関する国際比較研究：学校から職業への架橋』職研調査研究報告書 No.24, 1989年．

2) たとえば，戦前におけるもっともインテンシブな調査である野尻重雄『農民離村の実証的研究』岩波書店，1942年，によれば，農民離村者のうち男子の移動年齢は15-19歳がもっとも多く全体の3分の1を占め，20歳以上の割合は4割に上っていた（サンプル数6909戸；調査時点1939-40年）．この研究では，農村からの移動が学校卒業と同時に行われるといった指摘はまったく見いだすことができない．
3) 『学校基本調査』からは1964年以降被雇用就職者数が得られるが，これと非農就職者数との間に大きな差は認められない．たとえば，64年の男子の例をとれば，被雇用31万7000人に対して非農32万3000人であった．
4) 雇用管理研究会編『高卒現業員管理』日本実業出版社，1969年，25頁．
5) 労働省編『職業安定法解説』労働法令協会，1956年，180頁．
6) 以下，手引の性格については，中島寧綱「職業安定行政手引」(1)-(3)，『職業安定行政と私』(64)-(66)，『職業安定広報』1995年11月21日，96年1月1日，96年3月1日，および同氏とのインタビュー（1996年8月8日実施）による．同氏の経歴について，詳しくは同上の連載記事を参照．
7) 「昭和40年度の学卒紹介要領について」『紡績労務月報』159号，1965年．
8) その全文は，労働省職業安定局編『従業員募集と学卒者採用の手引』労働法令協会，1964年，に収録されている．なお，『紡績労務月報』の各号には，1960年代の新規学卒者の職業紹介に関する通達の重要箇所が解説を付したうえで掲載されている．また，1967年以降の通達類については，宮城県庁所蔵の文書を情報公開制度にもとづいて閲覧請求を行い，利用することができた．
9) 「学生・生徒等の職業紹介業務」32-33頁（『職業安定行政手引』1960年，労働省図書館所蔵）．
10) 労働省職業安定局編『学卒の採用と就職　昭和38年版』労務行政研究所，1963年．「昭和39年3月新中卒職業紹介要領の改訂について」『紡績労務月報』134号，1963年．
11) 前掲，労働省職業安定局編『従業員募集と学卒者採用の手引』162頁．
12) 「42年度中卒者の職業紹介について」『紡績労務月報』187号，1967年．
13) 日本職業指導協会編『職業指導概論』実業之日本社，1950年，参照．
14) 一般職業紹介の「求人に対して選定する求職者数」の項目には，次のように書かれている．
　　「求人数に対して求職者を何名程選定，紹介すべきかは，職種別の求人，求職状況によって差違があり，一概に定めることができないが，求人者のうちには，求人数に比して著しく多数の紹介を希望する場合がある．紹介が多すぎることは，いたずらに不採用者を多くし，求職者にめいわくをかけることとなるから，求人者を指導して適当な数を紹介しなければならない」．
15) 斉藤明氏とのインタビュー（1997年1月7日実施）による．斉藤氏は，

1950 年労働省に入省，任官と同時に神奈川県川崎職業安定所に配属されたのを皮切りに，30 年近くも第一線で学卒紹介業務に携わった．
16) 事実，1963 年の通達では，「学校に対する求人の提示の項目」で次のように書かれている．
　「なお，求人の提示は，すべての求人をすべての学校に提示しなければならないということではなく，また，求人および求職者の状況等から，求人数を学校別に配分することも必要であるので，提示の具体的方法については，各公共職業安定所の実情によってもっとも適当な方法によるものとする」（前掲，労働省職業安定局編『学卒の採用と就職』155 頁）．
17) 斉藤明氏とのインタビュー（前掲），岩佐久典・川井幸二両氏とのインタビュー（1996 年 8 月 5 日実施）による．岩佐氏は，1948 年入省，宮城県職業安定課に配属され，そこでながく学卒紹介業務に携わった．川井氏は，1954 年入省，宮城県仙台職業安定所を皮切りに，ながく第一線で学卒業務を担当した．
18) 労働省職業安定局『全国高等学校便覧　昭和 45 年版』（労働省図書館所蔵）．
19) 「座談会　第一線エキスパートが語る新規学校卒業者の就職斡旋」『職業安定広報』1958 年 11 月号．
20) 前掲，「昭和 39 年 3 月新中卒職業紹介要領の改訂について」．
21) 中島寧綱「紹介業務の重点と合理化」『職業安定広報』14 巻 10 号，1963 年．
22) 「これからの新規学校卒業者の職業紹介」『職業安定広報』15 巻 10 号，1964 年．
23) 労働省職業安定局編『従業員募集と学卒者採用の手引　昭和 41 年版』労働法令協会，1965 年．
24) 「新規学校卒業者職業紹介業務運営の実態——学卒ブロック別打合せ会から——」『職業安定広報』16 巻 36 号，1965 年．
25) 労働省編『労働行政要覧　昭和 34 年版』220 頁．
26) 城哲也氏とのインタビュー（1995 年 10 月 13 日実施）による．城氏は，1961 年入省，62 年から 64 年まで宮城県職業安定課で学卒紹介業務に携わった．
27) 『朝日新聞』1966 年 12 月 25 日．
28) 同上，1966 年 11 月 30 日．
29) 『神奈川県における流入青少年の適応と定着に関する調査研究』神奈川県立教育センター，1967 年，57 頁（天野郁夫執筆分）．同調査の対象は，川崎市の製造業の中小企業で働く 16-24 歳の男子現場作業員 1435 名（中卒 889 名，高卒 546 名）である．勤続年数別構成は，1-3 年 66%，4-6 年 28%，7-9 年 5

%，無答 1% であった．
30) 東京都労働局『新規学校卒業者就業実態調査結果報告』1965 年．同調査によれば，男子新規中卒者のうち転職経験者の割合は，職安経由 6%，学校紹介 4%，縁故 11%，新聞広告等 47% であった（328-329 頁）．同調査の対象は，製造業，卸売・小売業，サービス業に属し，64 年 9 月末日に 5 人以上の常用労働者を雇用する事業所で働く新規学卒者（うち男子中卒 1415 名）である．
31) 『朝日新聞』1966 年 12 月 30 日．
32) 「昭和 42 年度職業安定行政の重点」『職業安定広報』18 巻 12 号，1967 年．「昭和 43 年度職業安定行政の重点施策」『職業安定広報』19 巻 11 号，1968 年．
33) 「学校卒業就職者の離転職に対する考え方について」（宮城県庁所蔵）．同文書は，労働省職業安定局業務指導課長が 1973 年 10 月 31 日付で各都道府県職業安定主管部長あてに参考資料として配付したものである．
34) たとえば，稲葉金四郎（栃木県職業安定課長）「『菊と刀』と農村の二三男——少年不良化の一側面観」『職業安定広報』1952 年 11 月．中原利一（労働省職業安定局広報担当官）「青少年の職場環境と問題点」『職業研究』1960 年 7 月．「勤労青少年の保護育成と職場定着指導」『職業安定広報』16 巻 15 号，1965 年．
35) たとえば，国際労働局編，鈴木遷吉訳『職業紹介事業の国際的研究』自彊館書店，1936 年，参照．
36) Shelby M. Harrison, *Public Employment Offices*, Russel Sage Foundation, 1924．中央職業紹介事務局『米国に於ける少年職業紹介』1925 年．
37) 以下，少年職業紹介事業に関する基本的な通牒，答申等については，中央職業紹介事務局『少年職業紹介施設及取扱成績 昭和 5 年 2 月』1930 年，所収のものを利用した．
38) 髙瀬雅弘『昭和戦前期における都市と「勤労青少年」』1997 年度東京大学大学院教育学研究科修士論文．
39) 東京地方職業紹介事務局『少年職業指導と紹介』1927 年，9 頁．
40) 同上書，10-11 頁．
41) 以下，日立製作所のケースについては，菅山真次「日本的雇用関係の形成」山崎広明・橘川武郎編『日本経営史 4 「日本的」経営の連続と断絶』岩波書店，1995 年，同「1920 年代重電機経営の下級職員層」『社会経済史学』53 巻 5 号，1987 年，による．
42) 氏原正治郎「戦後労働市場の変貌」『日本の労使関係』東京大学出版会，1968 年．
43) 中央職業紹介事務局『大正 15 年 3 月 全国大学専門学校主要府県甲種実業学校卒業生就職状況調査』1926 年，19-20 頁．
44) 尾崎盛光『日本就職史』文藝春秋，1967 年，264-269 頁．新制高校の例で

は，たとえば，石川県立金沢商業高等学校『金商70年史』1970年，181頁，を参照．
45) 中島氏とのインタビュー（1995年12月12日実施）による．
46) 三重県立松阪工業高等学校『赤壁80年史』1985年，298頁．
47) 同上，229-230頁．
48) 「学生生徒等の職業紹介手引」『職業安定行政手引』1949年，「職業安定法の改正に伴う学生生徒等の職業紹介について」（国大第65号，昭和24年10月8日付通達，文部省『学校の行う就職指導』1951年，所収）．
49) 『労働市場年報』1964年，86-87頁．
50) 前掲，労働省編『従業員募集と学卒者採用の手引』1964年，148頁．
51) 同上，150-151頁．
52) 「新規高校卒業者職業紹介業務の問題点と労働市場センター機能の活用」『職業安定広報』17巻19号，1966年．
53) 「新規学卒者職業紹介の運営」『職業安定広報』20巻11号，1969年．
54) 「昭和41年3月新規学校卒業者の職業紹介業務の基本方針（案）」『職業安定広報』16巻11号，1965年．
55) 前掲労働省編『従業員募集と学卒採用の手引　昭和41年版』1965年，169頁．
56) 前掲，「昭和41年3月新規学校卒業者の職業紹介業務の基本方針（案）」．
57) 「42年3月新規学校卒業者の職業紹介」『職業安定広報』17巻13号，1966年．
58) 常務理事小田公治（東京都立第一商業高校長）「就職問題について」『会誌（全国高等学校長会）』15号，1966年．
59) 労働省監修『従業員募集と学卒者採用の手引』労働法例協会，1968年．
60) 「座談会　職業行政の課題」『職業安定広報』20巻27号，1969年．
61) 業務指導課「職業紹介業務の充実」『職業安定広報』21巻32号，1970年．
62) 前掲，城哲也氏とのインタビューによる．
63) 前掲，「新規高校卒業者紹介業務の問題点と労働市場センター機能の活用」．68年の通達では，安定所は「高校卒業者については，ホワイトカラーへの意向の強い面がみうけられるので，技術・技能的な職業の社会的意義ならびに価値について，周知を図り，正しい理解をもたせるようとくに指導する」とされている．前掲，労働省『従業員募集と学卒採用の手引』1968年，10頁．
64) たとえば，水谷統夫「学校と職業指導について」『職業研究』1953年2月．
65) たとえば，「巻頭言　中学校における職業指導の必要性」『職業指導』3巻3号，1930年．
66) 水谷，前掲論文，24頁．
67) 職業安定局業務指導課「新規学校卒業者の職業紹介業務取扱要領の改訂に

について」『職業安定広報』22巻12号，1971年．ただし，この措置も，「管内の高校の実情により，ただちに実施し難い場合には，段階的に対象範囲を拡大していくものとする」とされている．

68) 大東英祐「労働市場の変動と雇用管理の展開」隅谷三喜男編著『現代日本労働問題』東京大学出版会，1979年．
69) たとえば，Paul Osterman, *Getting Started*, The MIT Press, 1980 を参照．
70) 「新規学卒就職者の職場適応指導——雇用主の皆様へ」『職業安定広報』18巻16号，1967年，業務指導課「職業紹介業務の強化」『職業安定広報』20巻33号，1969年．
71) 苅谷，前掲書．以下の引用ページは同書のものである．
72) 熊沢誠『新編 日本の労働者像』ちくま学芸文庫，1992年，VI章．佐口和郎「日本の内部労働市場」吉川洋・岡崎哲二編『経済理論への歴史的パースペクティブ』東京大学出版会，1990年．久本憲夫「電機産業における工職身分格差撤廃」『経済論叢』155巻3号，1995年．
73) 小池和男『仕事の経済学』東洋経済新報社，1991年，53頁．なお，小池は，大企業の定期採用率が普通に考えられているよりも小さいことについて，後にみるような1950年代における採用管理の例を引き合いに出して説明を加えているが，これは明らかにミスリーディングである．
74) 東京大学社会科学研究所『調査報告第6集 京葉地帯における工業化と都市化』第IV編第3章，1965年．
75) 氏原正治郎・高梨昌『日本労働市場分析』上，東京大学出版会，1971年，409頁．
76) 『日立工場50年史稿本 労務管理』日立製作所本社所蔵，132-133頁．
77) 隅谷三喜男・古賀比呂志編著『日本職業訓練発展史 戦後編』日本労働協会，1978年，田中博秀「日本的雇用慣行を築いた人達＝その2 山本恵明氏に聞く(2)」『日本労働協会雑誌』281号，1982年，猿田正機「雇用管理の展開とA自動車の二分化傾向」野原光・藤田栄史編『自動車産業と労働者』法律文化社，1988年．
78) 山本潔『日本労働市場の構造』東京大学出版会，1967年，同「大企業労働者」氏原正治郎編『講座労働経済1 日本の労働市場』日本評論社，1967年．
79) 日経連雇用政策研究会『技能労働力不足の現状と対策の方向』1970年．
80) 田中博秀「日本的雇用慣行を築いた人達 小松廣氏に聞く(2)」『日本労働協会雑誌』276号，1982年．
81) 『三菱神戸造船所75年史』1981年，151-158頁．
82) 高田義人氏とのインタビュー（1997年2月8日実施）．高田氏は，日本鋼管に1940年入社，戦後折井日向氏のもとで長く労務管理の仕事に携わり，採用関係の業務も担当した．

83) 吉谷二郎氏とのインタビュー（1996年3月25日実施）．
84) 苅谷剛彦，前掲書，27頁．
85) 1995年に実施された最新のSSM調査は，初めて初職への入職経路を尋ねる質問を行った．これを利用した苅谷の研究によれば，(1)職業別では高卒の事務職・中卒の熟練的職業のように比較的スキルの高い職業ほど，また規模別では従業員数50人以上の大企業ほど，学校紹介によって就職した者が多く，さらに，(2)就職先が大企業の場合には，従業員数100人未満の中小企業に比べて，初職をやめる確率が顕著に減少するという．しかも，ロジスティック回帰や重回帰の手法を用いて，従属（被説明）変数に重要な影響を与えると考えられるさまざまな要因コントロールした分析では，学校経由の就職が，それ自体で大企業への就職チャンスや，初職の勤続年数を高める効果をもつという結果が得られている（苅谷剛彦「学校から職業への移行過程の分析」同編『1995年SSM調査シリーズ11　教育と職業──構造と意識の分析』1995年SSM調査研究会，1998年，および本書2章）．この分析結果は，日本では，企業と学校との制度的なリンケージが，若者に良好な就職機会を用意し，初職への定着率を高めるうえで重要な役割を果たしているというここでの見方を，あらためて裏付けたものといえよう．
86) この点については，たとえば，野村正實『終身雇用』岩波書店，1994年，参照．
87) 小池和男，前掲書．
88) Robert E. Hall, "The Importance of Lifetime Jobs in the U. S. Economy," *The American Economic Review,* Vol. 72, No.4.
89) 小野旭『日本の労働市場』東洋経済新報社，1981年，206頁．
90) 平田周一「初期キャリア形成の日米比較」日本労働研究機構『職業キャリアとライフコースの日米比較研究』1998年．
91) この点については，矢野眞和『高等教育の経済分析と政策』玉川大学出版部，1996年，9章，参照．

7章 結論

菅山真次・石田浩・苅谷剛彦

　この章では，これまでの分析をふまえて，以下の3点について考察を行い，本書の結論の章とする．すなわち，①中卒者の就職斡旋「制度」形成の歴史的背景の考察，②そうした「制度」の評価，そして，③本書が明らかにした知見の理論的含意とそれが現代的課題に対しどのような意味をもっているのかについての考察である．

1. 新規中卒市場の「制度化」:「制度」の成立と展開

　この節では，戦後の日本社会を特徴づけた新規中卒者の就職斡旋の「制度」がどのように形成されたか，その歴史的なプロセスをこれまでの分析結果をもとに検討する．その際，なかでもわれわれが重視するのが，戦前・戦時の「職業行政」が取り組んだ少年職業紹介の歴史的経験をどのように評価するかという問題である．

(1)「遺産」の評価：量的・制度的側面

　敗戦後，GHQの指導のもとで制定された職業安定法が施行されたのが1947年12月1日．戦後新たに義務教育となった新制中学校が初めての卒業生を出したのは，それから4カ月後の48年3月末である．卒業生総数は約70万人であった．この年，新しい名前で再出発した職業安定所に求職の申込を行った新規中卒者は11万1000人，うち7万5000人が職安の紹介によって就職した[1]．

　それから5年後，53年3月には174万7000人が中学校を卒業し，うち38

万 5000 人が職安に求職の申込を行った．最終的に職安の斡旋によって就職した者は 27 万 1000 人に上り，これは非農林水産業部門に就職した者全体のおよそ 6 割を占めた．4 章で詳しくみたように，この年の卒業生に対しては，職安はひとりの落伍者もだすことなく卒業から就職への切れ目のない移行が行われることを目標に，年度のはじめに詳細な年間計画をたて，これに沿って中学校と密接な連携をたもちながら職業指導・斡旋活動を実施した．さらに，職業安定機関は，求人，求職の需給状況の動態を正確に把握したうえで，新規中卒者の「就職確保」を目指して学卒 LM や全国需給調整会議などの広域紹介の「特別」な仕組みを利用しながら，全国的な視野に立った活発な「需給調整」を行った．このような職業安定機関の組織的な努力が積み重ねられた結果，この年の最終的な求人倍率はついに 1 倍を越え，求職申し込みが取り消される確率は数年前に比べて顕著に減少した．いまや就職を希望する満 15 歳の少年・少女たちの大半が，職安の斡旋によって「桜の花の咲く頃に」一斉に就職していくようになったのである．

　このように，新制中学校卒業者に対する就職斡旋の試みは，その開始からわずか数年足らずのうちに目ざましい発展をとげたといってよい．中卒者の就職斡旋の「制度」は，日本経済の高度成長が本格的に展開する以前に，すでにその基礎を確立していたのである．戦後日本社会の変貌をもたらした激しい労働人口の地域間移動が比較的スムーズに進行しえたのは，労働行政がこうした中卒者のジョブマッチングの仕組みを最大限に活用して，農村から都市へと向かう若年労働力の巨大な流れをコントロールするのに成功したからであった．このような「制度」の速やかな発展は，戦前・戦時の歴史的な「遺産」を抜きにしては到底理解することができない．そこでここでは，戦後のシステムの発展にとって戦前・戦時の経験が残した「遺産」がどのようなものであったかを，量的な側面，制度的な側面，そして理念的な側面のそれぞれについて吟味することにしたい．

　第 1 に，量的な面で，戦前・戦時の少年職業紹介の実績がきわめて重要な意味をもったことは疑いをいれない．なかでも，職業紹介所（41 年に国民職業指導所と改称）の利用を行政的に，さらには法的に強制した戦時の労務統制の果たした役割は決定的であった．3 章でみたように，職業紹介所によ

る新規小学校卒業者の斡旋数は1930年代に急増したものの,その絶対数は紹介所が国営化され,本格的な労務統制が展開されるまでは比較的小さな数にとどまっていた．国営化直前の36年の時点で,上級学校に進学しなかった新規小学校卒業(中退)者の数は102万1000人,このうち雇用労働に就いた者は39万5000人．これに対して紹介所の斡旋数は4万8000人にすぎず,非進学者全体に占める割合はわずかに5%,雇用労働に就いた者のみを分母としても12%にとどまった．他方,敗戦後は,データが揃う初めての年である50年の職安による新規中卒者の斡旋数は15万2000人で,これが非進学者,非農就職者全体に占める割合はそれぞれ16%,55%に上った．戦後の新規中卒者の職業紹介は,戦前の水準＝到達点を大幅に上回る規模からスタートすることができたのである．短い期間ではあれ,新規学卒者の就職が全面的に国家の統制のもとにおかれ,ひとたびは国営の紹介所の経由以外は許されなくなったという経験＝歴史的な記憶は,そうした制度的な規制が取り除かれた後もまったく忘れ去られることはなかったといえよう．

　第2に,制度的な面からみても,戦時の労務統制が残した「遺産」はきわめて大きかった．なかでも重要な意味をもったのが,戦時の「職業行政」が構築した,全国一律の年間計画にもとづいて運行する,中央集権的な求人,求職に関する情報の収集,集中,そして配分のシステムである．その基礎となったのは,厚生省が定めた日程に合わせて全国津々浦々の小学校,紹介所で一斉に行われた求人,求職状況調査であった．このシステムを導入した1938年の通牒では,状況調査の結果は小学校,紹介所から道府県庁へ,そして道府県庁から厚生省へと,画一的なフォーマットによって報告される．厚生省はこうして集約した情報を整理して全国的な学卒労働力の需給状況を把握し,今度はこれを道府県庁に流して,求人,求職をバランスさせるよう促す手筈になっていた．こうした労働需給の調整は,最終的には末端の紹介所が中心となって,小学校と連携しながら求職児童に対する職業指導を徹底・強化することで果たされる．そのような「指導」のための〈場〉として新たに設けられたのが,紹介所の係員が管内の小学校を隈なく巡回して実施する職業相談であり,そこでは「児童求職票」が有力な材料として活用された．画一的な年間計画,求人,求職状況調査をはじめとする集権的な情報収

集・伝達の仕組み，そして児童求職票をもとに行われる職業相談．戦後の就職斡旋の「制度」を支える道具立ては，そのほとんどがすでに戦時期に整えられていたとみてよい．学卒LMや全国需給調整会議などの戦後の新しい需給調整の手法もまた，こうした制度的な枠組みを前提としてはじめて可能になったといえよう．それらは，国家による強権的な労務配置がもはや許されなくなった状況のもとで，若年者の大量失業問題の解決という焦眉の急の課題に対処するなかで生み出されてきた，行政担当者の智慧の結晶だったのである[2]．

(2) 「遺産」の評価：理念的側面

　それでは，第3に，理念的な面からみた戦前・戦時の少年職業紹介の「遺産」はどのようなものだったのだろうか．この問題に答えるためには，まず戦前に少年職業紹介がそもそもどういう考え方に立って始められたのか，その出発点を確認しておく必要がある．6章で詳しく論じたように，日本における少年職業紹介は，これがモデルとしたアメリカの場合などがそうであったように，単なる労働市場政策ではなく，青少年の失業や不良化といった社会問題に対する対策という側面を濃厚にもっていた．若者は職業に関する十分な知識や技能をもたず，また求職者としても経験が浅いために，「行き詰まり職業」の罠にはまりやすい．このように都市の労働市場に大量の若者が半失業状態で滞留するという状態は，不良少年の激増を結果し，社会秩序に混乱をもたらすと考えられたのである．だが，そこでとられたアプローチの仕方は，個人の主体的な職業選択をあくまでも尊重するという立場から，行政の役割を基本的にアドバイザーのそれにとどめたアメリカの場合とは，大きく異なっていた．日本では，紹介所と学校が協力して，未だ職業経験をもたない，在学中の生徒を対象として職業指導・斡旋活動を実施し，学校卒業から切目なく「永続的職業」に誘導するという方法がとられたのである．そのため，日本の少年職業紹介では当初から就職後の補導が重視され，職場への定着指導が行われた．それは，個人がさまざまな職業を経験するなかで自分の適性や能力を自覚し，自分に最も相応しい就職先を選択していくという「自由な」労働市場におけるジョブサーチのモデルとは，明らかに違ってい

7章 結論

る．事実，中央職業紹介事務局の技師・三沢房太郎は，少年職業紹介事業の開始にあたって関係者を集めて行った講演のなかで，職業選択を個人に任せることは危険であり，「国家が彼らに適当な職業を準備してやったり，就職を制限し，監督を為したり或いは直接職業に指導してやる必要があ」ると述べていた[3]．日本における新規学卒市場の「制度化」は，その当初から自由な求人・求職活動の保障を前提とするのではなく，むしろこれを国家が制限する，強い規制的スタンスのうえに立って進められたのである．

このような国家の介入の余地は，しかし，職業紹介所が市町村営にとどまり，紹介所間の連絡・統一が中央・地方の職業紹介事務局に委ねられるという状況のもとでは，さほど大きなものではなかった．ところが，日中戦争の勃発を境に経済の直接統制が全面化し，職業紹介所が国営化されるに及んで，少年職業紹介は労務動員計画の一環に有機的に組み込まれ，行政による自由な求人・求職活動に対する統制は一気に強まった．このような流れのなかで，少年職業紹介の目的は，高度国防国家の建設にむけて新規学卒労働力の「適正配置」を図ることへと大きく転換し，紹介所と学校が協力して行う職業指導は，「国家的」要請の表現である「割当」を充足する場へと変貌を遂げていった．「職業選択の自由」は，いまや克服されるべき「自由主義的」な，「身勝手な」思想となったのである．

敗戦後，GHQの指導のもとで制定された職業安定法は，「職業選択の自由」の原則を高らかにうたいあげ，職安の活動を「公共への奉仕」＝サービスと規定した．これらは，戦前のオリジナルな少年職業紹介の理念とは本質的になじまない考え方であり，戦時の実践からすれば，明らかにその反対物であった．だが，このことからただちに，戦後の新規中卒者の職業紹介が，理念的な面では戦前・戦時の経験のまったき否定のうえに立って展開されたという結論を引き出すならば，それは早計であろう．3章で強調したように，敗戦直後の荒廃と混乱のさなかに制定された職業安定法は，いま一つ上のような理念とは原理を異にする，むしろ戦時の計画経済にとっては馴染み深い考え方を孕んでいた．それによれば，職安行政の使命は，「産業に必要な労働力を充足し，以て職業の安定を図るとともに，経済の復興に寄与することにある」（第1条）．そのためには，個人の基本的人権を尊重しつつも，政府

当局が「国民の労働力の需要供給の適正な調整を図ること及び国民の労働力を最も有効に発揮させるために必要な計画を樹立すること」（第4条）が必要となる．そして，こうした計画的な需給調整がもっとも組織だった形で実施されたのが，ほかならぬ新規中卒者への就職斡旋の場面であった．というのも，「新規学卒者は毎年新規労働力として労働市場にあらわれる最大のものであり」（労働省編『職業安定法解説』1956年），しかも学校の出口のところでマスとして捕捉できる，それゆえ計画的な「調整」のしやすい労働力であると考えられていたからである．このような認識はまた，つとに戦時の労務動員計画が提起した見方であった．

　それだけではない．戦後の職安行政は，求職者が15歳の未成年者である新規中卒者の職業紹介では，一般の成人の場合にはみられない，「特殊援助」が必要になると考えていた．職安の業務内容を詳細に記述した『手引』によれば，新規学卒者は「職業選択に対する判断力が乏し」く，また「心身未熟な者が多い」．ところが，その就職は，「職業人としての出発点」となるから，「将来の発展計画が十分考慮された選択」でなければならない．この間隙を埋めるものが，『手引』にいう「特殊援助」なのである．具体的には，職安と中学校が協力して，在学中の生徒を対象に詳細な年間計画に沿って職業指導・斡旋活動を実施し，さらに，生徒の就職後は職場へのスムーズな適応がなされるように定着指導を行う．このような理解が，職業経験をもたない生徒を学校卒業から切目なく「永続的職業」へと誘導することを目標とした，戦前の少年職業紹介の考え方を継承・発展させたものであることはみやすいであろう．

　政府当局のオーソドックスな見解によれば，「憲法22条に定められた国民の職業選択の自由権は，職業選択の放任を意味するのではなく」，むしろ「必要あるものに対する特殊援助の奉仕によって完全に得られるのである」（「年少者就職斡旋手引」1948年）．──自由な個人活動を尊重しつつも，個人の職業選択の過程に深くコミットし，さらに「国家的」な観点から労働市場における需給関係を「調整」する．否，行政がこうした積極的な「サービス」を行うことによってこそ，求人，求職のマッチングがより「適格」に，効率的に行われ，ひいては個人の「職業選択の自由」も保障されることとな

る．戦後の新規中卒者の職業紹介は，おおよそこのようなレトリックによって，戦前・戦時の「遺産」とGHQの指導によって持ち込まれた新しい理念との間の調和をはかってきたとみることができよう．確かに，戦後の需給調整方式は，自由な「市場」の存在を前提として，「未結合」の求人，求職を結合させる〈場〉を政策的に設けるという手法をとった点で，戦時統制のもとで行われた「労務調整」とは明らかに違っていた．中卒者の就職斡旋の「制度」は，それゆえ「市場」の需給関係によって強い影響をうけざるを得なかったといってよい．さらに，〈民主化〉の時代の趨勢のなかで，労働省が自由な職業選択の尊重や，サービスとしての行政といった理念を高く掲げたことは，職安が個人に対して行う「指導」の強制的な性格を大きく変化させたと考えられる．

しかし，にもかかわらず，1950年代の中卒者への就職斡旋が，生徒の自由な求職活動の保障のうえに立って行われたとみることはできない．なによりもまず，生徒が目にすることができた求人票は，職安行政によって幾重にも「調整」が重ねられた結果，学校に配付されたものに限られていた．生徒は，こうしたなかから自分にもっとも相応しい「適職」を考慮して，斡旋をうける企業1社を選びだすが，そうした生徒の「主体的な」選択は，実のところ，学校の就職担当教員や職安係員による度重なる「指導」をうけて行われる，「自己選抜」の結果に他ならなかった．職安行政の側からすれば，こうしたハードな制度的枠組みとソフトな「教育的作用」にもとづく求職生徒の誘導によって，全国的な労働需給の調整をはかることが可能になっていたのである．

このようにみてくると，戦後における中卒者の就職斡旋の「制度」は，量的，制度的な側面にとどまらず，理念的な側面でも戦前・戦時の「遺産」を継承したところが大であったことがわかる．戦前の日本における少年職業紹介を特徴づけた自由な求人，求職活動に対する規制的スタンスは，敗戦後にうけた〈民主化〉の洗礼にもかかわらず，新規中卒者の職業紹介のあり方を規定し続けたのである．

(3) 「制度」の発展

　戦後の職安行政をとりまく環境は，しかし，戦時の場合はもとより，戦前と比べても大きく変化していた．なによりも，戦後新たに発足した新制中学校の制度のもとでは，戦前までの尋常小学校，高等小学校，青年学校，補習学校など，初等教育の出口が複数存在した時代とは異なり，15歳という同年齢の卒業生が一時期に大量に社会に輩出されることとなった．これに対して，戦後復興の足取りは重く，戦地からの引揚者も加わって，巷には大量の失業者があふれる有り様であった．朝鮮戦争の勃発を境に日本経済が復興から高度成長への軌道に乗った後も，50年代には農村に大量の過剰人口が滞留していたために，労働市場は比較的緩慢に推移し，雇用情勢はひきつづき厳しい状況が続いた．

　このようななかで，職業安定機関は新規中卒者の「就職確保」を目標に掲げ，活発な求人開拓を行う一方，既述のような広域紹介のシステムの活用や求職生徒の巧みな誘導によって大きな成果をあげ，多くの卒業生を把捉することに成功した．だが，その反面，求人者に対する「指導」は，露骨な人身売買や，周旋人による中間搾取のケースについてはともかく，労働基準法に定められた労働条件の遵守などは，「年少労働者の保護」の建前にもかかわらずなかなか徹底しなかった．また，5章で詳しくみたように，大口の優良求人である紡績企業に対しては，労働省はブロック制度の廃止や直接募集・労務出張所の容認，さらには分割採用の許可など，さまざまな譲歩を重ねていた．50年代の職安行政は，このような措置によって，求人者を自らが設定した「制度」の枠内につなぎとめることに全力を注いでいたのである．

　ところが，60年代にはいると求人数が飛躍的に増加し，新規中卒市場は一気に売り手市場へと転換した．こうしたなかで，労働省は「年来の希望」だった積極的な求人指導を展開し，すべての求人を職安が握ることを目標に，自由な求人活動に対する徹底した規制を行った．中学校による求人受理の禁止，委託募集・（通勤圏外からの）直接募集・文書募集の禁止，さらには縁故募集の厳格な解釈などにより，大口の求人は職安に出すより他にほとんど手がなくなったといってよい．職業安定機関は，こうした求人の一元的把握をもとに，年間計画の早期化・全国画一化をおしすすめ，全国需給調整会議

の運営方式を改革して各県の求人倍率を人為的に全国平均化する,「強力な需給調整」を行ったのである.

それだけではない.自由な求人活動に対する制限が著しく強化された一方で,求職者に対する職安の影響力もまた確実に高まっていった.いったん職安に申し込まれた求職はほとんど取り消されることがなくなり,しかも,申し込まれた求職に対して職安が行う職業紹介数は,求人数が飛躍的に増えたにもかかわらず,60年を境に顕著に減少した.要するに,職安は,求人と求職のマッチングをみずからの手で,より確実に行うことができるようになったのである.こうしたなかで,職安は,中卒者の就職の「質」を高めることを目指して,就職後の定着状況が良好な企業に優先的に紹介を行っていった.

新規中卒者に対する求人の職安による一元的把握と,全国的な観点に立って,計画的に行われる「強力な需給調整」.そして,青少年の学校から職業への「間断のない移動」と,初職への定着化を促すシステムの深化・拡大.——高度成長期の日本社会を特徴づけたこれらのタイトな「制度」は,戦後の職安行政が試行錯誤の果てにようやくたどり着いた,そうした終着点を示すものだったのである.

以上にみたように,新規中卒者に対する就職斡旋の「制度」は,これをとりまく労働市場の需給状況に応じて,その役割や強調点をフレクシブルに変化させながらダイナミックな発展をとげてきたということができる.そのコアには,しかし,自由な求人,求職活動に対する規制的スタンスや,学校卒業から切目なく「永続的職業」へ誘導するという戦前の少年職業紹介を特徴づけたオリジナルな考え方が,予想される以上にしっかりと根づいていたといえよう.

それでは,このような歴史的過程を経て形成された新規中卒者の就職斡旋の「制度」は,その関係者,なかでも生徒,企業に,果して何をもたらしたのだろうか.1999年現在の時点に立って,こうした「制度」の評価を行うこと,これが次節のテーマである.

2. 学校・職安が介在したジョブマッチングの評価

本節の目的は，学校と職安が担い手となった就職の仕組みのもつ意義と問題性について多角的な評価を試みることにある．ここでは大きく2つのセクションに分けて論じてみたい．第1に，ジョブマッチングのアクターである生徒個人と企業の視点を考慮して，職業斡旋制度の評価を行うことであり，第2に，学校・職安による職業斡旋の仕組みが階層移動に果たした役割に注目して評価を行うことである．

(1) 学校・職安が介在した職業斡旋と生徒，企業

本研究は1章でも述べたように，学校と職安という新規学卒者のジョブマッチングに深く関与した中間的制度に着目してきた．しかし，就職をした生徒個人，そして採用した企業というジョブマッチングにおける供給側と需要側のアクターについては，十分に注意を払ってこなかった．そこでこの節では，まずはじめに学校・職安という「制度」を担った側から見たシステムの評価を明らかにした後，生徒個人と企業の視点から見た場合の評価を考えてみたい．

本研究では，歴史的なダイナミズムに焦点を当てながら分析してきた．そこで，戦後の歴史的コンテクストに沿いながら，まず1950年代前半，学校と職安が連携した職業斡旋の仕組みがスムーズに機能しはじめた時期を取り上げよう．学校・職安の視点からこれらの果たした役割を評価するとき，最も重要な歴史的背景として，戦後新たに発足した新制中学校の存在がある．戦前期には尋常小学校，高等小学校，青年学校など異なる年齢の生徒が複数の出口を通じて就職していったのに対し，戦後の義務教育制度の下では15歳という同年齢で卒業生が大量に社会に輩出されるという前代未聞の事態に直面することになった．このため職安行政は，大量の失業者が都市に滞留することを恐れ，そして新しく発足した中学校が，卒業生を無事に社会に送り出すことができるのかという危機感を抱いていたことは容易に想像できる．さらに女子の繊維関連求人に代表されるように，当時全国的レベルでの需給のアンバランスが明確に存在し，多くの中卒者の就職は農村から大都市部へ

7章 結　論

の地域間移動を伴った．県を越えた職業機会が，職安と学校という制度を通して全国津々浦々の中学校の生徒に提示され，その結果大量の男女生徒が大規模な地域間移動を整然と体験できた意味は極めて大きいと言える．大量の失業者を生み出すことなく，就業経験のまったくない「心身ともに未熟な年少者」である求職者のほとんどが，卒業と同時に就職できたことは，学校・職安による「徹底したスケジュール管理」「適職紹介」「1人1社主義の原則に基づく選抜」「就職後の定着指導」など，すでに本研究で明らかにされた「制度」が介在した職業斡旋の仕組みに負うところが多大である．このように，新制学校制度の発足により提起された中卒者の就職という重い課題に対しては，学校・職安は見事な解答を用意したといえる．

　企業の視点から見ても，この時期重要産業に指定された鉄鋼・紡績などの基幹産業にとって，若年労働力がスムーズに供給される仕組みのメリットは大きかったといえよう．青少年は，扶養家族を持たないために移動が容易であり，低賃金で雇用でき，適応力に富んだ労働力と考えられていた．大量の中学校卒業者が，スケジュールに従って毎年決まって一定時期に新たな労働力として捕捉できる条件をこの「制度」が用意したことは，企業側に年間採用計画を立て，定期一括大口採用を可能にする基礎を提供した．採用にかかわるコストに関しても，紡績などの広域採用を行う企業にとっては，広域になればなるほどコスト高になることを考えると，そのメリットは大きいものであったことは想像がつく．さらに，重要産業に指定された大口求人は，紡績産業に典型的にみられるように，「分割採用」「労務出張所の職安行政内での位置付け」など，職安行政の「制度」の中においても優遇されてきた．また，養成工制度をもつ企業では，優秀な人材を確実に提供してくれるシステムとして，学校・職安の職業斡旋を考えていた．

　しかし，ここで忘れてはならないのは，新卒者を採用した企業の中にも違いがあったという点であろう．4章でも検討した神奈川県の例でも明らかなように，職安は企業規模により採用試験の時期を微妙にずらすように指導し，大企業が優秀な人材をまずはじめに選抜できる仕組みを用意した．大企業にとっては，学校・職安による職業斡旋は，自由な求人活動の制限ではありながらも，優秀な生徒を事前に選抜し推薦してくる都合の良い仕組みであった

ことは否定できない．他方，零細企業にとっては，大量に採用するわけではないのにかかわらず，求人票をわざわざ記入し，職安行政の「制度」にのっとって新卒者を雇用するメリットは，それほどはっきりしたものがあったとは考えにくい．このように，企業側にとって「制度」のもつ意義は，企業規模間や産業間で隔たりがあったと推察される．

　それでは，このような「制度」を個人の視点から見るとどのような評価が下せるのであろうか．学校・職安を通して就職していく生徒個人にとっては，卒業後の進路選択とは職安の職員と職業指導担当教員との3者面談の際に提示される就職先に他ならない．生徒1人1人には，その特定の就職先を含む求人情報がどのようなシステムに基づいて出てきたのか，管轄職安と学校の連携，県レベルの「学卒LM」と呼ばれる需給調整，そして労働省での全国需給調整会議などの「制度」の存在はまったく見えないのである．生徒の側の体験に基づけば，「職業適性検査」などにより「科学的に判定された適職」について教員と話し合い，卒業生の就職実績，教師や他の生徒との会話から，どのような企業を希望することができ相応しいかを自己選抜し，職業的アスピレーションをコントロールする．そして最終的には学校に割当てられている求人の中から1つの企業が提示され，その企業の採用試験を受け，合格した場合は必ず採用された企業に就職することを了解する「受書」を提出し，卒業と同時に就職する．さまざまな就職先を受験しその結果から，自分の能力を自覚し，最も自分に相応しい就職先を選択していくという，生徒個人の自由な求職活動とは明らかに対極に位置するシステムである．特に，「制度」がタイトであり透明性が乏しいほど，生徒各個人に許容されている裁量は最小限にならざるを得ない．個人に保障された「職業選択の自由」は，「制度」を基礎付ける「保護と統制」の前に圧倒され，形骸化してしまった．

　次に1960年代の時期に目を移してみよう．ここでは歴史的なコンテクストが大きく変化することになる．すでに3章でも述べたように労働市場の需給状況に大きな変動が見られ，求人倍率が1950年代後半には概ね1.2倍前後であったものが，1960年には約2倍，1964年には3倍以上に跳ね上がった．本格的な労働力不足の時代を迎え，学校・職安はそれまでの時代以上に「制度」を強化し，強力な需給調整に成功することになる．職安行政はまず

7章 結　論

求人側に対して，受理期間の限定，採用希望地決定に関する指導などの規制強化を行い，大口求人が職安以外を通して採用することを極めて困難にした．求職側については，大都市へ流入する青少年の離転職は非行の温床となるという指摘に基づき，求職者への「保護と統制」——すなわち適職紹介と定着指導——がいっそう強化されていった．「制度」を担ってきた主体，特に職安行政側のこの時期の評価としては，1960年代を迎え，「制度」が本来果たすべき役割をかなりな程度達成することができたというものであった．

　自由な求人活動に対する徹底した規制は，企業側の職安行政に対する評価に変化を及ぼしたといえる．特に大量の中卒者を採用する大企業については，売り手市場という需給状況を反映して，職安行政の「制度」の枠内での求人活動が余儀なくされ，1950年代に経験した優遇処置とは明らかに異なる状況であった．中卒者に関して自由な採用行動が大幅に規制されたことは，電機関連の大企業が中卒者から職安の規制が及ばぬ高卒者へと採用の対象者をシフトさせた契機になったことも推察される．しかし，以下に述べるように，求職者への規制もあわせて強化されたことにより，職安を通せば比較的容易に求人が確保できたことは，企業にとってはメリットと考えられた．さらに，中小・零細企業にとっては職安の規制強化は大きな負担となった．職安行政は労働条件が悪い求人については求人受理時に改善を求め，一定の労働基準を満たさない求人については全国需給調整会議の対象外とする処置を行った．このような規制強化の結果，優良でない零細求人が学校・職安の「制度」そのものからはじき出されることになった．1960年代の「制度」のもつ意味は，大規模企業と零細企業の間で明らかに異なっていたといえよう．

　1960年代の歴史的コンテクストは，就職していった生徒たちにも逆説的な変化をもたらした．本来，市場原理に基づけば，売り手市場は求職側の選択の幅を広げることになる．しかし，このような急激な売り手市場への転換は，皮肉にも個人の自由な求職活動の拡大にはまったくつながらなかったのである．職安行政は求人状況を徹底して把握することにより，求職側に対しても中学校による求人受理を全面的に禁止したり，学校間で求人調整をしたり，自由な選択の幅が広がることを制限することに成功した．失業の不安がもはや遠のき，露骨な人身売買のような新卒者の就職はほとんど皆無であっ

た時代にもかかわらず，職安行政の「保護と統制」が強まったのである．事実，1960年代にはいっても非農全就職者に占める職業安定機関を経由した就職の割合は一貫して上昇しており，職業安定所経由の求職取消し率に関しては減少している．つまり，ますます多くの生徒が学校・職安を通して就職活動を行い，その結果得られた就職先に関してはより確実に就職していくようになっていった．すなわち，売り手市場への急激な変動は，売り手であるところの生徒個人の自由な選択を拡大するのではなく，「制度」のさらなる強化に帰結してしまった．すでに1950年代に学校・職安という組織に深く埋め込まれたジョブマッチングの仕組みが存在したことによって，1960年代の労働市場の需給状況の急激な変動が市場の原理にのっとって供給側の選択肢の拡大につながるのでなく，制度自体の強化につながるという，まさに市場のパラドックスが出現したのである．

　さらにこの「制度」に基づいた就職は，個人のライフサイクルを徹底して標準化する．「卒業＝就職」という隙間のない移動，年間計画表に基づくスケジュール管理，就職後の補導という形で，規定のスケジュールに従わない行動はきびしく規制される仕組みができあがっている．特に，定着指導をうながす就職後の補導は，定着率を向上させるという側面と同時に，いったん就職してしまった生徒に対して転職の手助けをする可能性をまったく閉ざしてしまっているといえる．就職した企業に定着するという「標準」から逸脱する者には，たとえ中学校を卒業して間もない「心身ともに未熟で援助を必要とする年少者」であったとしても，在校生と同じような手厚い「保護」の手が差し伸べられるわけではない．つまり，離職していく青少年は「制度の保護と統制」からはずれた，いわば「自由な選択」のできる個人であった．

　「制度」によって明確に敷かれたレールの上を走らない個人にとっては，「制度」のもつ意味は根本的に異なっているといえる．学校と職安の見事な連携の上に成り立っている「制度」であるが故に，いったん学校の「保護と統制」の枠外にでてしまうと，中卒者はもはや「援助を必要とする生徒」ではなく，労働市場の荒波に一人立ち向かう「自由な」労働者に変身することになる．個人の職業的キャリアの発展から見れば，また若年層の雇用の流動化という視点からも，このような「制度」の根源に潜む標準化の吸引力と排

7章 結　論

外性に起因する負の遺産は極めて大きいと言わざるを得ない．

(2)　**学校・職安が介在した職業斡旋と階層移動**

　学校・職安を通した就職の仕組みを評価する上で避けて通れない重要な問題に，階層移動の視点がある．すなわち，出身階層の間に学校・職安を通した就職機会の不平等が存在したのかどうかという疑問である．恵まれた階層の出身者には，学校・職安経由でより良い就職機会が与えられ，恵まれない階層出身者は学校・職安を通した就職から排除されその不利な地位が再生産されていったのか．それとも学校・職安がジョブマッチングに介在することによって，就職機会の平等化が推進されたのだろうか．

　この問題に正面から解答を与えることは大変むつかしい．というのは学校・職安を通した就職が階層移動に果たした役割を直接的に検証するデータが極めて限られているからである．すでに4章でも見たように，学校と労働行政はいわゆる「母子家庭」の問題については，極めて高い関心を払っていた．戦後まもなく父親を戦争でなくした家庭に育った子供たちが体験した就職の厳しさには，なみなみならぬものがあったことは想像にかたくない．労働省は通達等により，両親・片親のいない生徒の採用に関して差別することのないよう再三にわたり雇用主に申し入れ，対策要綱を決定してきた．学校でも就職担当教員や校長が父親代わりの身元保証人となり，就職の際の不利益を少しでも解消しようとしていた．市場のメカニズムに任せていてははじき出されてしまう，最も恵まれない階層の出身者に対して，学校・労働行政が積極的に介入していた事実は，その効果のほどを正確に測定することは困難だが，出身階層の就職機会に与える影響を軽減していったと考えられる．

　階層移動の問題に手懸りを与えてくれる唯一のわれわれが探し出すことのできた体系的データは，4章でも紹介した1953年3月に神奈川県の中学校を卒業した生徒の進路調査である．この調査では生徒の出身階層，就職経路，就職先などの項目がふくまれている．表7-1は学校・職安経由による就職先と縁故による就職先の規模と初任給の違いを学校の地域別に示したものである．この表から男女ともに，学校・職安を経由した就職は，縁故を通した就職に比べ，就職先規模と初任給の平均値が高く変動係数も小さい，よりよい

表 7-1 地域別，男女別，就職経路別就職先規模と初任給　（％）

	男　子		女　子	
	学校・職安	縁故	学校・職安	縁故
1 横浜・川崎工業地域				
規模				
1-29 人	15.20	46.40	16.50	26.00
30-99 人	23.50	17.90	16.00	18.30
100-499 人	19.70	7.10	14.30	5.80
500 人以上	41.70	28.60	53.20	50.00
規模計（実数）	732.00	112.00	545.00	104.00
平均	395.65	287.87	561.62	523.53
変動係数	1.03	1.45	0.81	0.92
初任給				
3000 円未満	0.10	8.50	0.30	2.60
3000-3999 円	16.70	10.30	40.40	21.10
4000-4999 円	29.50	28.20	26.20	44.70
5000-5999 円	37.80	39.30	22.70	21.10
6000 円以上	15.90	13.70	10.40	10.50
給与計（実数）	723.00	117.00	577.00	114.00
平均	4,804.00	4,615.00	4,305.00	4,442.00
変動係数	0.21	0.27	0.27	0.27
2 横浜・川崎市街地，横須賀市街地				
規模				
1-29 人	32.20	66.30	25.70	66.30
30-99 人	21.00	11.50	18.90	11.80
100-499 人	12.80	5.90	20.10	6.60
500 人以上	34.00	16.30	35.30	15.30
規模計（実数）	1,309.00	661.00	1,031.00	483.00
平均	330.32	197.82	422.09	173.22
変動係数	1.24	2.83	1.38	2.20
初任給				
3000 円未満	4.70	15.70	9.00	17.70
3000-3999 円	27.00	34.30	43.30	47.60
4000-4999 円	41.30	33.60	22.90	22.20
5000-5999 円	21.60	10.50	19.80	8.90
6000 円以上	5.20	5.90	5.00	3.50
給与計（実数）	1,391.00	792.00	1,159.00	594.00
平均	4,186.00	3,689.00	3,966.00	3,476.00
変動係数	0.25	0.34	0.29	0.34
3 横浜・川崎農村，鎌倉，逗子，葉山				
規模				
1-29 人	35.30	61.80	31.70	60.10
30-99 人	20.20	15.00	15.60	11.70
100-499 人	11.00	4.30	15.80	13.50
500 人以上	33.50	18.90	36.90	14.70
規模計（実数）	519.00	254.00	417.00	163.00
平均	352.70	214.74	406.58	188.28
変動係数	1.29	2.09	1.14	2.11
初任給				
3000 円未満	7.90	28.40	8.90	30.50
3000-3999 円	26.60	26.50	30.60	29.40
4000-4999 円	33.00	19.30	26.20	23.20
5000-5999 円	25.70	17.80	28.60	11.90
6000 円以上	6.80	8.00	5.60	5.10
給与計（実数）	533.00	264.00	447.00	177.00
平均	4,184.00	3,543.00	4,132.00	3,308.00
変動係数	0.28	0.45	0.29	0.43

	男子		女子	
	学校・職安	縁故	学校・職安	縁故
4 藤沢, 茅ヶ崎, 平塚, 小田原				
規模				
1-29 人	50.40	76.10	32.30	62.80
30-99 人	16.20	13.90	22.10	15.20
100-499 人	17.10	4.80	21.70	14.60
500 人以上	16.20	5.30	24.00	7.30
規模計 (実数)	234.00	209.00	217.00	164.00
平均	165.14	66.93	265.28	101.76
変動係数	1.74	2.99	1.40	2.30
初任給				
3000 円未満	11.90	38.20	14.50	40.40
3000-3999 円	35.40	33.80	40.20	29.20
4000-4999 円	24.30	16.20	19.60	18.60
5000-5999 円	20.60	7.40	20.60	8.10
6000 円以上	7.80	4.40	5.10	3.70
給与計 (実数)	243.00	204.00	214.00	161.00
平均	4,047.00	3,081.00	3,922.00	3,097.00
変動係数	0.29	0.48	0.29	0.41
5 農村郡部				
規模				
1-29 人	63.90	81.90	41.80	77.20
30-99 人	20.80	9.40	21.80	12.00
100-499 人	8.00	3.80	22.80	8.30
500 人以上	7.30	4.90	13.60	2.50
規模計 (実数)	562.00	797.00	565.00	518.00
平均	95.11	64.87	202.99	46.19
変動係数	2.78	3.77	1.87	3.38
初任給				
3000 円未満	32.70	51.60	37.90	57.90
3000-3999 円	34.70	25.60	36.40	27.30
4000-4999 円	21.60	13.00	11.60	8.50
5000-5999 円	7.00	7.00	5.70	4.30
6000 円以上	4.00	2.80	8.30	2.10
給与計 (実数)	556.00	754.00	601.00	532.00
平均	3,245.00	2,725.00	3,221.00	2,549.00
変動係数	0.40	0.53	0.43	0.50

就職先であることがわかる[4]．このことは，特に職安が把握している労働市場が，比較的に規模が大きい企業であることを反映しているといえる．縁故を通した就職は，初任給の水準が相対的に低く，またその散らばりも大きい．それではこのような相対的により良い労働条件の就職先を斡旋することができた学校・職安という制度にアクセスできたのは，一部の階層の出身者であったのだろうか．学校・職安を経由した就職の比率を出身階層別，学校の地域別に示したのが，表7-2である[5]．まず最後のコラムにある神奈川全地域について見てみよう．学校・職安経由で就職したものの比率には明らかに出

表 7-2 男女, 地域, 出身階層別の学校・職安経由就職者の割合

	1 横浜・川崎 工業地帯	2 横浜・川崎市街 横須賀市街地	3 横浜・川崎農村 鎌倉, 逗子, 葉山	4 藤沢, 茅ヶ崎 平塚, 小田原	5 農村郡部	地区全体計
男子						
1 農林漁業	90.9%	62.2%	64.7%	48.6%	43.0%	50.9%
2 独立商業者	75.8%	55.1%	70.5%	32.9%	35.9%	52.7%
3 独立工業者	87.8%	58.3%	62.5%	40.4%	34.7%	54.4%
4 工員	89.3%	63.6%	64.5%	59.7%	34.4%	70.2%
5 運輸・通信・公共	76.9%	62.8%	79.5%	58.8%	29.8%	59.6%
6 俸給生活者	78.3%	61.9%	56.1%	55.2%	41.5%	60.0%
7 単純労働者	81.1%	56.1%	70.7%	47.8%	34.8%	56.5%
出身階層全体計	85.7%	60.3%	65.6%	48.4%	40.0%	58.6%
女子						
1 農林漁業	58.8%	62.5%	66.8%	58.7%	52.4%	57.0%
2 独立商業者	84.4%	60.8%	70.3%	48.0%	44.2%	59.1%
3 独立工業者	75.6%	66.3%	72.2%	50.0%	55.0%	63.3%
4 工員	86.0%	66.8%	71.6%	55.8%	45.0%	72.4%
5 運輸・通信・公共	68.2%	55.8%	87.8%	68.0%	43.9%	61.7%
6 俸給生活者	85.7%	62.2%	67.2%	68.0%	51.0%	65.5%
7 単純労働者	83.3%	65.7%	67.2%	55.0%	38.5%	60.7%
出身階層全体計	83.8%	64.1%	70.3%	57.9%	49.8%	63.9%
男子 カイ2乗値	16.27	8.75	9.32	14.19	9.72	120.74
自由度	6	6	6	6	6	6
P-値	p=.012	p=.188	p=.156	p=.028	p=.137	p<.001
生徒数	756	1,973	744	436	1,315	5,224
女子 カイ2乗値	13.44	6.4	10.31	7.68	9.95	62.28
自由度	6	6	6	6	6	6
P-値	p=.037	p=.380	p=.112	p=.262	p=.126	p<.001
生徒数	660	1,590	555	342	1,066	4,213

7章 結 論

身階層の間で差が見られる[6]. 男女とも父親が「工員」である家庭の出身者は, 学校・職安を通した就職の比率が70%以上と高く, 親族などを通した縁故就職の比率が残りの30%以下である. 父親が「俸給生活者」の場合も60%以上が学校・職安経由の就職である. これに対して, 男女とも父親が「農林漁業従事者」の場合, 学校・職安経由率が最も低い.

しかし, 出身階層と就職経路の関係を5つの地域別に調べると, 2つの変数の間には神奈川全域で見られた関係はほとんど確認できない[7]. すなわち, 各地域ごとには出身階層間に学校・職安経由の就職へのアクセスは違いがないことになる. どのような階層の出身であろうとも, 学校・職安はほぼ平等に就職斡旋の機会を開いているといえる. このことは, 制度を介在した就職斡旋の仕組みが, 出身階層格差を軽減する役割を果たしていることに他ならない. 「母子家庭」という最も恵まれない階層出身者への労働市場での差別を軽減するだけでなく, 異なる階層間の就職機会の平等化を推進したと言えよう.

それでは何故, 神奈川全域では出身階層と就職経路の間に関係が見られたのに, 地域をコントロールすることによりその関係は消滅してしまったのであろうか. この点はまさに職安行政が平等化を推進したと同時に, その限界として出身階層間の不平等を再生産する側面があったことと関係している. 1953年当時, 神奈川県下には11の公共職業安定所があったが, その所在地は地域的に大きなかたよりがあった. 京浜工業地帯には川崎, 鶴見, 横浜と3つの安定所があり, その管轄範囲も比較的狭いのに対して, 神奈川県の農村部には職安の数が限られ, その管轄範囲も非常に広く, 管内交通の便も悪い. 表7-2にも明らかなように, 農村・郡部の学校では, 職安経由の就職者の比率が低く, いきおい縁故による就職者の比率が高くなっている. そしてこれらの地域には, 農林漁業従事者の子弟の割合が高い. すなわち, 地域と学校・職安利用率に強い相関が見られると同時に, 地域と出身階層の分布にも強い相関が見出されるのである. このため, 地域をコントロールしないと, 出身階層と学校・職安利用率に相関が発見されることになり, 工員や俸給生活者出身の利用率が高く, 農林漁業出身者の利用率が低くなるのである.

このように学校・職安を介在した就職の仕組みと階層移動の関係には両義

性がある．一方では，各学校内では学校・職安を通した求人を出身階層にかかわらず平等に紹介する仕組みを整え，就職機会の平等化を促進した．しかし，職安が地域的に偏在しており，さらに農村部の卒業生のために十分な求人を職安が開拓できなかったために，都市部に多かった工員や俸給生活者の子弟には学校・職安を通して，大手企業を中心とする労働条件の比較的良好な雇用機会を提供することができたのに対し，農村・郡部に多かった農林漁業出身者には同様な雇用機会を十分に用意することができず，結果として，出身階層間の不平等を拡大することになったのである．

　すでに述べたように，階層移動の視点から「制度」の評価を下すには，われわれは極めて限られたデータしか持ち合わせていない．神奈川県の調査に基づく考察を，すぐさま全国的なレベルの結論に導くことは慎まなければならない．しかし，神奈川県で指摘された職安の地域的偏在は，『職業研究』や『職業安定広報』などの資料を見る限り，全国に共通した問題であったことは容易に想像がつく．このことは，他の都道府県でも職安へのアクセスに関して格差があり，その結果出身階層のあいだの就職機会の不平等を生み出すことになっていたと推察することができよう．各学校内で学校・職安を通した求人が平等に紹介され，出身階層間の就職機会の平等化を促進した側面に関しては，全国的な傾向であるかを検証することは困難である．しかし，「母子家庭」の問題が全国規模で取り上げられ，労働省が全国を対象に対策要綱を発表していたことを想起すると，平等化への推進力は見過ごせないものがあったであろう．

3. 理論的な含意と現代的課題

　つぎにここでは，これまで本書が明らかにした知見を踏まえながら，それらがどのような理論的な意味をもつのかを，とりわけ「制度の市場への介入」という視点から考察し，さらにそれらが持つ現代的な課題について検討したい．

7章 結　論

(1) 制度的リンケージとしての学校・職安の職業紹介

　すでに1章の「理論的枠組」のところでも述べたように，中学校と職安との連携による職業紹介の制度は，求職者と求人側とからのみなる通常の労働市場とは異なり，「制度的リンケージ」の一形態であると見なすことができる．制度的リンケージとは，組織間での信頼関係をもとにした継続的な関係であり，その結びつきを通じて，人びとの「学校から職業への移行」のパス（経路）が形成され，そこを通ってジョブマッチングが行われるしくみである．このように見ると，本書が明らかにしたように，中学校と職安との関係においても，学校・職安と企業との関係においても，一定の継続的な関係が形成されており，それらの組織間の関係を経路に，求職側と求人側とが出会うしくみであったと見ることができる．

　本書が扱ってきた中卒就職において，こうした関係の中で，もっとも緊密であったのは，職安と中学校との間の関係であった．所管内の学校の就職担当者と職安の職員との間に緊密な，継続的な関係があったことは，4章の分析が示す通りである．求職者である中卒者（個人）は，このルートを通してしか，求人側との接触を許されていなかった．その意味でも，学校・職安を通じて求人情報，求職情報が流れるこのしくみは，まさに制度的リンケージとしての特徴をもっていたということができる．このように制度的リンケージとして学校・職安ルートの就職を見なすと，このパス（経路）を通じたジョブマッチングのしくみの特徴が明らかとなる．

　第1にそれは，求職者やジョブに関する情報が，こうした制度のフィルターを幾重にも通過して，求人側，求職側の双方に伝えられたということである．とくに60年代に入り，職安の指導が強化された以後は，3章および6章の分析が示したように，求人情報の提示方法についての統制が強まり，より精度の高い情報がこのルートを通じて流れるようになった．こうした情報は，全国一律に標準化された方法で集められ，記述されたものであり，職安組織の全国網をくまなく流れるようにもなった．これらの意味で，情報の信頼性の向上をはかりながら，なおかつ情報伝達を広域化する上で，学校・職安の連携による制度的リンケージは，市場のみにゆだねられたジョブマッチングとは異なる特徴を備えることになったのである．

第2に，このような「情報統制」は，自由な求人活動や求職活動を制約することの犠牲の上に，情報の信頼性を二重の意味で高めるものであった．つまり，高められた情報の信頼性は，情報の正確さという点だけにとどまらなかったのであり，加えて，求人・求職活動の実現可能性を高めるしくみを内在させることで，情報の信頼性を高めるものでもあった．4章でみた「1人1社主義」のように，求人側にとっては，求職者が同時に他社に出願していないことを保証する就職活動の「制約」によって，情報の信頼性を高めるものであった．他方，求職者にとっても，行政側の企業への「指導」による採用活動の制約が，自由な市場に比べれば採用取り消しのリスクを低める役割を果たしていた．これらの意味で，この制度的リンケージは，情報の正確さに加え，採用活動，就職活動の双方にとってマッチングの確度を高めるしくみを内在していたのである．

　第3に，中卒就職における制度的リンケージは，継続的な関係を特徴としながらも，パーソナルな紐帯とは異なり，特定の個人に利するようなしくみではなかった．パーソナルな関係を通じたジョブマッチングの場合，個人がどのような関係を「社会的資源」としてもっているかによって，就職のチャンスにも差異（とくに社会階層によるアクセスの差異）が生まれうる．それに対し，組織間の関係を特徴とする制度的リンケージのもとでは，すでにこの章の2.で述べたように，出身階層によるアクセスの差異は生まれにくい．制度的リンケージは，どの個人に対しても，開かれた機会を提供することで，個人間のパーソナルなネットワークの欠点を持ち込まないことができるのである．

　もちろん，ただちに付け加えなければならないが，このような平等化の機能が現実に十全に働いたかどうかには疑問が残る．その理由は，本章の2.ですでに述べたように，職業安定所の所在地に偏りがあったからである．その意味で，実態のレベルでは不完全さを残した平等化・標準化であったことはたしかである．それでも，理論的にみれば，制度的リンケージの機能自体としては，ここでいう平等化の契機が含まれていたことを，なお強調できるだろう．というのも，ここには，制度の媒介が，コネなどの個人間のリンケージとは異なる機能を果たしうることが，可能態としてではあれ示唆されて

いるからである．

　第4に，なるほど，中学校，職業安定所，企業の間の関係には，高校と企業との間の「実績関係」のような，より個別性をもつ信頼関係とは若干異なる点もあった．職業安定所という，官僚的な組織が介在することによって，個別主義（パティキュラリズム）を排した，それゆえ原則としては，どの求人側にも開かれた普遍主義的な関係が形成されたという点で，高校と企業との実績関係とは異なっている．しかし，4章の分析が示したように，職安行政の組織を通しながら，特定の中学校と特定の企業との間に，一種の「指定校制度」的な結びつきがあったことも知られている．もちろん，職安側は，こうした指定校制を是正しようともしている．にもかかわらず，結果としては，職安システムを通した上で，企業側が特定の学校を指定できる余地も残されていたのである．このような点で，高校と企業との間の実績関係ほどではないにせよ，普遍主義的な制度のもとでもなお，個別主義的な関係を残す継続的な関係が維持されていた．その意味でも，中学校，職安を通じた職業紹介制度は，制度的リンケージとしての特徴を備えていたということができるのである．

(2) 制度と市場の相互作用：2つの理念を含んだ制度のはたらき

　以上に見た中間的制度の介在した就職のしくみは，しかしながら，市場の影響からまったく逃れられていたわけではなかった．いやむしろ，新規学卒労働市場における需給関係の変化に対応しながら，この制度は，そこに込められた複数の理念の強調点を巧みに変更しつつ，制度全体としての役割を変えていったということができる．

　これまでの分析によれば，新卒者の就職に対する職業安定機関の姿勢には，「職業選択の自由」という理念と，年少者の「保護」という理念の2つが含まれていた．このうち，職業選択の自由については，憲法が保障する「人権」としての（政治的・理念的）意味合いと，求人側，求職側ともに，市場における個人の自由な選択行動が，効率的なジョブマッチングを生み出すはずだという，市場経済原則に立つ（経済的）意味合いの2つを合わせ持つものであったということができる．そして，これら2つの意味で，戦時期の労

務統制下における人員配分の原則とは対立するものであった．いいかえれば，第1に，国家統制による労働力の完全な統制から逃れ，人権としての個人の職業選択の自由を保障した．そして第2に，軍事体制下で国家が計画する「労務統制」とは異なり，自由な労働市場において求人側と求職側とが出会うことをよしとした．これら二重の意味での「自由」の理念が合わさることで，個人の職業選択の自由を保障することこそ，自由な市場を通じた最適なジョブマッチングに結びつくはずだという前提が構成されていたと見ることができる．「職業選択の自由」には，こうした前提が含まれていたのであり，それゆえ，職業安定所はそもそも職業情報の提供という限定されたサービス機関としての役割にとどまるべきだとも考えられた．そうした限定がやがてゆるめられ，職業安定所の役割が拡張していくことはすでに分析した通りではあるが．

　さらにいえば，年少者の保護という場合にも，そこには2つの意味が含まれていたということができる．第1に，人身売買や不法就労などの危険から，文字通り年少者を守るべきであるという意味での「保護」である．求人情報の内容やその正確さについて，職安行政が第三者の立場からチェックをすべきであるという考えには，この意味での「保護」が含まれていた．

　ところが，「保護」の理念はそこだけに留まらなかった．「科学的」な職業紹介を経て紹介された職場こそ「適職」であり，それゆえ，そうして最初に紹介された職場にできるだけ定着することが，年少者の将来の職業生活にとってプラスに働くはずだという，「適職紹介」「定着指導」と結びついた職業紹介もまた，「保護」の理念には含まれていたのである．職業安定行政が進めた「科学的な」職業紹介という考え方には，生徒の適性を科学的に把握したうえで，職業紹介が行われるはずだという理想が込められていた．そうした適職紹介ができると考えられていたからこそ，指導を通じて紹介された職場は適格な職場であり，自ずから定着も促進されるという前提が含まれていたといってよい．この点は，4章の分析が示唆したとおりである．しかも，6章の分析が示した通り，適職紹介・定着指導という，新規中卒者の職業への移行に関わる職業紹介の理念は，不良化防止という就職後の青少年の「健全育成」の価値とも結びついていた．これらの知見からわかるように，最初

7章 結 論

についた職場に定着することが，年少者の「保護」につながるという点にまで，「保護」の概念は拡張された．それゆえ，就職後の指導（補導）にとどまらず，定着を可能にする職業選択を促すことが，「保護」の名目で職業指導に介在するようになったのである．

さて，問題は，これらの意味での「保護」と「自由」の理念とが，それぞれどのような関係にあるかである．第1の意味の保護は，論理的に見れば，職業選択の「自由」の理念と矛盾するわけではない．1950年代半ばまでに行われた人身売買の禁止措置や不法就労を避けるための職業安定機関の措置は，そのようなマージナルな部分を除去したうえで，自由な職業選択を行うことを可能にするからである．

それに対し，第2の意味の「保護」は，場合によっては職業選択の自由の理念と対立する要素を持っていた．しかも，第2の意味の拡張された「保護」の理念は，職業選択の自由の2つの意味のそれぞれと対立する可能性があったのである．第1に，適職紹介を経て初職定着をめざした「保護」の理念は，「人権」としての生徒個人の自由な選択に抵触する要素を含んでいた．「科学的」という形容を与えられ定着をめざした「適職紹介」には，事実上，生徒の選択肢を狭めたり，「自己選抜」のメカニズムを通じて生徒の選択を変更させる余地が含まれていたのである．就職先の評価に，「定着」のよさという基準が入っていたことから推察して，職業安定機関が見なす「優良企業」への適職紹介は，求職者の適性を考慮する一方で，企業の採用条件を重視しそれに見合う生徒を選ぶという形で求職者の「自由」を制約し，生徒の希望をそこに「善導する」する可能性を含んでいた．生徒の全く自由な職業選択が行われたわけではなく，「適職紹介」の名の下に，定着率の上昇をめざす指導が入り込んでいたのである．ここにおいて，職業安定所の役割は単なる情報提供のサービス機関から拡張することになる．

第2に，ジョブマッチングを市場にゆだねる市場原理という意味での「職業選択の自由」の点から見ても，保護を重視した職業安定機関の介入は，自由を制約するものであった．「1人1社主義」の原則や，全国需給調整会議を通じた求人情報の調整＝統制は，中卒者たちのスムーズな職業への移行を保障し，定着を促進するために必要な手だてであると考えられていた．だが，

同時にそれは，まったき自由な労働市場におけるジョブマッチングとは異なる形態をつくり出すことになったのである．

しかしながら，ここで見落としてならないのは，こうした職業安定機関による「保護」の理念が，どのような労働市場の状況を背景にしたときにもっとも有効性を発揮できたかという，市場と制度との相互関係のあり方である．というのも，適職紹介や定着を促すための「保護」の推進が可能になるためには，法的に裏付けられた行政的な権限のみでは十分ではなかったからである．企業側の求人情報をチェックし，あるいはそこに訂正を求めたり，求人条件自体に介入するためには，企業側との力の関係において，行政側の指導を受け入れざるを得ない市場の環境が用意されなければならなかったのである．

これまでの章の知見を単純化して示せば，1950年代の「買い手」市場においては，学校・職安を通じた職業紹介制度は，この意味の保護については，必ずしも十分な役割を果たしたわけではなかった．この時期までは，人身売買などの防止といった，より限定された第1の意味での保護が中心だったといえる．就職難の時代にあっては，求職側にとって，より確実に就職できるルートとして，学校・職安に期待することは，ある意味で理解できる．しかしながら，求人側に対しては，求人ルートを職安を窓口とすることに一本化することにある程度成功はしても，求人情報や求人条件の統制という点では，この時期の職業安定機関の役割には限界があった．

ところが，60年代に入り，市場が「売り手市場」に大きく転換すると，職安行政はその転機を利用して，市場の調整を強めていった．求人側，求職側の「自由」な職業選択・採用活動を重視するよりも，就職先の選び方や求人票の提示のしかた等を含め，第2の意味での「年少者の保護」を名目に，職業紹介における統制を強めていったのである．

なるほど，進路指導における統制の強化は，生徒たちの主体的な職業選択を，「指導」の名の下に一定の方向へと狭め，制約するものであった．その意味で自由と保護の対立は際立たざるを得ない．この対立を解く鍵が，生徒たちに情報を与え，それに沿って「自己選抜」が行われるような指導体制をつくり出すことであったことは，すでに6章で見た通りである．その意味で，

7章 結　論

　たしかに「保護」を推し進めることは,「人権」としての職業選択の自由と抵触する面があったことは否定できない．しかも, 1960年代の売り手市場は,「自己選抜」の論理がうまくはたらくために, 格好の環境を用意するものであった. 求人倍率が高まり, 数字の上では生徒一人当たりの就職先の選択肢が増えた. にもかかわらず, 本章第2節でも述べたように, 売り手市場による数の上での選択肢の増加は, 逆説的に, 選択の制約をもたらすことになったのである.

　売り手市場を利用して集められた「よりよい就職先」を, 職業安定機関があらかじめ準備する, そして, そこに向けて「科学的」な適性判断を通じ職業選択を支援することが, 生徒たちを望ましい職業キャリア（＝適職）へと結びつけるはずだ. このような価値が, 進路指導を通じて生徒たちに伝達された. こうして目の前に提示された求人票のリストの中から, 生徒たちは,「科学的」に自らの適性を判断された上で, 自ら進んで「自由」に進路を選びとっていった. そのリストが作成される以前にどのような調整が行われていたか, 科学的な適性判断がどれだけの客観性を持ち得たのかといったことを, 彼ら・彼女たちは知る由もなかった. 生徒の「主体性」を尊重した「職業選択の自由」は, このようにして「年少者のための保護」という理念と折り合いを付けたのであり, その実効性を高めたのは, 売り手市場という状況だったのである.

　以上見たように, 市場の状況に応じて, 制度は, その役割や強調点を変えていった. この知見は, 従来の「市場と制度」問題に新しい視点を与えるものといえる. 制度は市場に介入し, 市場の役割を補ったり, 制約したりするだけではない. その制度の役割自体が, 市場の状況によって強調点を変える. あるいは, 制度がある特定の役割を発揮するうえで, 市場が有利な状況をつくり出したりもする. そして, 幅広い解釈可能性を残した複数の理念が制度に込められていたことが, 市場の変化への制度の柔軟な対応を可能にしたといえるのである. いずれにしても, このような制度と市場との相互的な関係を明らかにした点で, 本書の知見は, 従来の「市場と制度」の議論に新たな視点を付け加えるものだということができるだろう.

　さらに, このような検討によって, 戦時期との違いも明らかとなる. 戦時

体制下の統制経済の場合とは異なり，戦後の場合には，市場の状況との相互作用の中で，職業安定機関の役割も力点が変わっていったからである．つまり，市場を無視して，戦時期のように国家権力による制度の介入が可能になったわけではないのである．その意味で，戦後の職業安定機関の枠組みは，戦時期の経験をルーツにもちながらも，市場との対応という点において，それとは異なる特徴を有していたということができるのである．

(3) 市場の「自由」と効率

市場と制度の問題にからんで，本書が付け加えることのできた視点は，両者の相互作用だけにとどまらない．市場と制度の関係を，どのような視点から評価するかという面においても，この研究では新しい視点を提供することができたと考える．それは，制度による市場への介入や，制約という場合，それらを「人権」の次元で評価すべきか，あるいは「効率性」の次元において評価するのかという論点の提出である．

この問題は，先に述べた「自由」の2つの意味と関係している．加瀬や乾の議論のように，中学校・職安を通じた職業斡旋が，個人の自由を制約したという場合，その「自由」は，ここでの文脈に照らせば，第1の意味の自由に相当するだろう．つまり，人権としての「職業選択の自由」である．

ここで議論すべきは，ここでいう「自由」の保障は，第2の意味の自由，すなわち，自由な市場にゆだねることが，より効率的なジョブマッチングをもたらすという，規制緩和を標榜する市場原理重視の経済学の考え方と同じ土俵に乗っているとは思えない点である．むしろ，これらの論者は，暗黙のうちに，「教育的な」視点から，生徒の自由意志を阻害していること自体を，「主体性」の侵害として問題にしているように見える．

こうした議論が示しているように，制度による個人の自由の制約といった場合，あるいは市場への介入といった場合，それが「問題」であるのは，どのような理由によるのか，この点について，従来の研究では，十分理論的な詰めが行われていたとはいえない．個人のまったき自由にゆだねられた職業への参入が，その個人の希望に沿う就職を可能にするかどうかは，さまざまな制約条件による．効率的なジョブマッチングを帰結するという主張とは別

に，新規学卒者の自由な職業選択が，その個人の希望の実現可能性を高めるかどうかという問題を立てた場合，その答えは，機会の構造的な制約と，その機会の情報に関する制約の両者に依存することになるはずである．そして，機会に関する情報の伝達を，自由な市場や，あるいはコネなどのパーソナル・タイにゆだねた方が，個人の希望の実現により寄与するかどうかは，先験的に決まるものではない．制度的リンケージが有効に機能した場合のように，制度の介在を伴わない自由な市場やパーソナル・タイの場合よりも，求人・求職情報の信頼性や，情報伝達の範囲・速度が高められることもあり得るのである．その意味で，自由の制約が，それに代わって何をもたらしたのかという視点からの評価も可能である．

　もちろん，こうした自由の制約や制度の市場への介入が，はたして，完全に自由な労働市場に比べ，どれだけ効率的ないしは非効率的であったかを，実証的に検証し評価することは容易ではない．それでも，前述した制度的リンケージの情報伝達におけるパフォーマンスの高さを考慮すれば，労働力需要が急激に高まった時代に，全国需給調整のような求人・求職情報の全国的な調整が行われたことは，地域間の需給バランスの是正に一定の寄与を果たしたと見ることができるだろう．実証的に厳密にその効率性を検証することはここではできないが，そうした調整＝統制がまったくなかった場合に比べ，制度の介入は，かえって市場やパーソナルなコネ以上のパフォーマンスをあげていたといえるのではないか．大量に輩出される中卒者のスムーズな職業への移行を達成したという点では，制度の介入は，市場のみにゆだねた場合に起こりえた混乱を抑える機能を果たしえたと見ることができるのである．その意味で，第2の意味の職業選択の自由とは抵触しながらも，それが市場のみにゆだねられた職業への移行に比べ，ジョブマッチングの効率性を一定程度高めることができたといえるのである．

　もちろん，このようにいったからといって，制度の市場への介入が，常に自動的に効率的なジョブマッチングを可能にするわけではない．さらにいえば，第2の意味の職業選択の自由を犠牲にして行われた「適職紹介」が，事前の選抜を通じて企業側にとって適格者の採用を容易にするという意味で効率的なジョブマッチングを可能にしたとしても，それがそのまま求職者にと

っても適性に見合ったジョブマッチングを効率化したかどうかについてはなお実証的に検討する必要が残る．むしろ，職業安定行政の立場から見れば，企業にとって適格な人材を選び出すジョブマッチングの効率性は，そのまま生徒にとっても望ましいジョブマッチングであるという前提があったのかもしれない．それがそのまま求職者にとっても同じように望ましい適職であったのかどうかについては，この制度を通じて就職していった個人に焦点をあてた研究が必要なことはいうまでもない．

以上のように，実証的に解明できない問題を本研究は残している．その限界を認めた上でもなお，自由と保護の対立を市場の効率性という文脈で検討することが重要な課題である点をここでは指摘したい．職業安定機関のような制度についての評価を行う場合，その制約が何を可能にし，何を不可能にしたのかを評価する視点が重要だということを，確認しておきたいのである．

(4) 現代的課題

さて，最後に，以上の理論的考察をふまえたうえで，本研究の知見がもつ現代的な課題について検討し，本書のしめくくりとしたい．ここでは，現代の高卒者の就職に焦点を絞り，制度的な制約の有無が，市場の需給関係の変化と相まったときに，新卒者のジョブマッチングにどのような影響を及ぼすのかという問題について，近年の高卒労働市場を念頭に考察する．中卒者ではなく高卒者に焦点を当てるのは，ひとつには，本書の6章で示したように，高卒者の就職においては職業安定所の関与が縮小し，制度の市場への直接的な介入が弱まっており，その意味で，本書で考察してきた制度的な制約の変化を見ることができるからである．しかも，第2に，不況の影響を受け高卒者の就職は求人倍率が1.0倍をはるかに下回る「買い手市場」が続いている．こうした労働市場の需給関係の急激な変化について検討する上でも，現代の高卒就職の問題は，本書の知見の応用問題としてみることができるだろう．さらに以上に加えて，第3に，高等教育進学率の上昇を受け，高卒就職希望者の比率が低下し，高校卒業後に就職をめざす生徒は，いまや高校卒業者の20％程度にまで少数化している．彼ら・彼女たちの間には，経済的な理由などで高等教育に進学できない者も少なからず含まれており，そうした社会階

層的な視点から見ても，いまやマイノリティ化しているといえる[8]高卒就職者の問題について考えることで，本書の知見を生かすことができるからである．

このような状況に置かれた新規学卒者の職業への移行に，制度の関わりの強弱がどのような影響を及ぼすのか．たとえば1960年代の中卒者と比べた場合，職業への移行の過程に組み込まれる要素は大きく異なり，いわば問題の位相を異にしているとさえいえる．だが，かえってそれだけに，現代の高校卒業者の就職問題は，本書の知見を応用できる現代的な課題であると考えるのである．

さて，そこで検討したいのは，新規学卒市場における制度の「制約」をどのように評価するか，という問題である．大卒労働市場に典型的にみられるように，近年では新規学卒労働市場において，市場への制約を極力排除しようとする動きが活発化している．「就職協定」の廃止はその一例である．またそれよりはるか以前に，1970年代半ば以降，大卒市場においては，指定校制をなくし自由応募による就職が支配的になった．これまで実績関係と1人1社主義を基本としてきた高卒就職においても，かつての大卒の場合に倣うかのように，「自由化」を提唱する動きが出ている．

このような自由化の動きは，なるほど初職への参入過程に介在する制約を取り除くことによって，個人の自由な職業選択や企業の採用活動の自由度を高めることをねらいとしている．それがどのような帰結をもたらすかは，今後の実証研究を待つほかないが，本研究の理論的検討を経た立場からみれば，次のような問題点を提起できる．すなわち，自由との引き換えに，どのような情報伝達上のリスクを負うのかという問題である．しかも，そうしたリスクが，誰により多く負わされるのかという，階層的な視点を含めて，こうした問題を考えていく必要がある．

高卒就職率が20%近くまで低下し，ほとんどの高校卒業者が何らかの高等教育機関に進学するようになった時代的な背景を考えた場合，市場の制約の除去＝自由の導入は，マイノリティ化した高卒就職者にどのような影響を及ぼすのか．たとえ自由と効率は得られても，それと引き換えに，平等が犠牲になることはないのか．これもまた，今後の研究に待たなければならない

課題であるが，本研究の理論的立場からみれば，自由と引き換えに，不平等の拡大が生じる可能性を指摘できる．

2番目に検討したいのは，労働市場における需給バランスの変化が，ジョブマッチングを支援する機関の役割にいかなる影響を及ぼすかという問題である．この問題は，「超氷河期」とも呼ばれる現在の高卒労働市場において，高校の進路指導部などの職業紹介機関の役割の限界という問題にいきつく．労働市場で供給が需要を大きく上回る「買い手市場」の就職難時代において，職業紹介機関が求人側の動きを統制することは困難を極める．「適職紹介」の機能も十分果たせなくなるだろう．別の見方をすれば，こうした市場の状況を背景とした場合に，制度側の介入がうまくいかず，結果的に職業紹介機関の役割が後退しているように見えることもあるだろう．普通科高校の就職指導が十分機能せず，多数の無業者を輩出しているケースのように[9]，一見，生徒の選択を尊重し，市場の「自由化」の拡大にみえる動きの中に，実際には制度の撤退によって生じた，消極的な意味での自由化（あるいはジョブマッチング支援の空洞化）のケースも含まれると考えられるのである．

この問題は，先に見た2つの「自由」の意味という点とも関連している．「教育的」な視点にたち，生徒の自己選抜を機軸とした進路選択を「主体性」の制約と見る立場からすれば，生徒たちの自由を最大限に保障する進路指導のしくみは歓迎される．しかし，その結果，「人権」としての職業選択の自由の主張は，自由な市場にゆだねることを良しとする，効率性を重視した「市場原理」の主張に取り込まれることにならないか．その結果，生徒の自由な選択の尊重が，「進路未決定者」の輩出に寄与していないか．こうして主体性を尊重する側（＝進路指導部）の主張が，効率性を尊重する側（＝企業）の主張に加担し，両者を取り込んで，制度の撤退が推し進められるという構図が準備されるのである．

ところが，自由な市場にゆだねることが，とりわけマイノリティ化しつつある高卒就職希望者に，どのような帰結をもたらすのかについて，これらの主張は，あまりに楽観的に見える．市場の力は，個人の「主体性」を，学校が行うジョブマッチング以上に損なう場合もありうる．「人権」としての自由と，「効率性」を重視する自由との結合が，こうした論点を隠してしまう

としたら，制度の撤退がもたらすジョブマッチングの自由化（＝支援の空洞化）は，自由と効率性の名の下に，マイノリティ化した高卒就職希望者を限られた職業機会へと導き，階層間の格差を拡大することにつながるのかもしれない．さらに，そこには，これら制度の網の目からこぼれ落ちた，高校中退者なども含まれるだろう[10]．それが，別の意味での「主体性」の制約とはならないのか．「保護」の覆いが取り払われた後で，職業機会の配分は，どのような赤裸々な姿を見せるのか．その配分にあずかる人びとの特性とあわせて，制度の撤退や市場の自由化の意味を考える必要がある，と考えるのである．

1) 『労働市場年報』1949 年版．
2) 中島寧綱氏とのインタビュー（1995 年 12 月 12 日実施）結果による．中島氏は，1947 年に開催された初めての全国需給調整会議を立案した当事者であった．
3) 東京地方職業紹介事務局『少年職業指導と紹介』1927 年．
4) 横浜・川崎工業地域では，学校・職安経由と縁故による就職の差は極めて小さい．これはこの学区が京浜工業地帯に位置しているため，縁故であっても他の地域に比べ良好な就職先であったことによると推察される．
5) この表では，学校・職安を介して就職した生徒の比率を示し，その残りは親族などを通した縁故就職を表す．直接応募や雇用主の勧誘による就職は全就職者の 2 % 以下であるので，分析からは除いた．
6) 就職経路が学校・職安経由と縁故の 2 分類と 7 つの出身階層のクロス表のカイ 2 乗検定の結果が表には示してある．
7) 出身階層と就職経路の間に弱い関係のある地域もないことはないが，その関係は必ずしも神奈川全域で確認されたものではない．例えば，横浜・川崎工業地区の男子生徒の間では，農林漁業出身者の学校・職安利用率が最も高くなっている．
8) SSM 調査などによれば，出身階層と進学機会との間には明確な関係が残る．先行研究のレビューを含む，階層と進学機会の関係については，苅谷剛彦『大衆教育社会のゆくえ』中公新書，1995 年，を参照．
9) 苅谷剛彦・粒来香・長須正明・稲田雅也「進路未決定者の構造」『東京大学大学院教育学研究科紀要』第 37 巻，1997 年，45-76 頁．
10) 吉本圭一の試算によれば，1991 年に中学校を卒業した者のうち，高校非進学者，高校中退者，さらには高校卒業者のうちの進路不明の者を合わせると，

同一年齢人口（正確には同じ年の中学校卒業者数）の16.9%に達する．高卒無業者，高校中退者の比率のいずれもがその後さらに増加していることを考えれば，この数値はもっと大きくなっている可能性がある．吉本圭一「労働市場との関係」『高等教育研究所紀要』第17号，1999年，143-156頁．

（付記）　本章で用いた「1953年神奈川県新規学卒者労働市場調査」は，東京大学社会科学研究所附属日本社会研究情報センターSSJデータアーカイブの許可を得て入手・分析した．

　本章は，1を菅山，2を石田，3を苅谷が執筆した．

索引

ア

天野郁夫　260
飯島幡司　189
石田　浩　153
委託募集　168
乾　彰夫　22, 25, 30, 292
岩永雅也　30, 62, 153
受書　132, 208
氏原正治郎　9, 15-17, 29, 62, 110, 155, 189, 219, 261, 263
江口英一　29, 189
SSM(調査)　36, 39, 50, 51, 53, 57, 264, 297
縁故　46, 85, 102, 139, 143, 252
大河内一男　8-10, 15-17, 29, 155, 189
尾崎盛光　261
小野　旭　257, 264
折井日向　152

カ

階層移動　11, 279, 284
学卒一括採用　3, 14, 15, 22, 25, 40
学卒LM　81, 88, 91, 92, 104, 126, 266, 268, 276
学歴代替　194, 197, 248, 252
学歴身分制　219
加瀬和俊　23, 25, 30, 189, 292
『学校基本調査』　22, 38, 46, 47, 157, 195, 199
苅谷剛彦　5, 28, 29, 62, 151, 153, 235, 236, 258, 264, 297
川野温興　110
間断のない(移動)　3, 8, 12-14, 168, 178, 194, 273
企業規模　58, 61, 239, 240, 244

義務教育　19, 20, 39, 40, 274
求職取消　132
求人指導　99, 101, 106, 203, 272
求人(求職)状況調査　75, 81, 87, 89, 92, 99, 105, 267
求人情報　3, 6, 24
求人(求職)動向調査　101, 125
求人取消　185-188
求人倍率　85, 87-92, 93, 105, 106, 240
求人票　3, 7, 127, 149, 150, 271, 291
求人連絡　49, 50, 66, 80, 100, 103, 104, 108, 127
業種　56, 160, 161
近接地募集　171
工藤誠爾　110
熊沢　誠　263
グラノベッター, M.　4, 63
計画採用　184, 186
県外就職　41, 42, 46, 171, 173
小池和男　237, 257, 263
広域採用　169, 172, 173, 175, 188
広域紹介　66, 72, 80, 266, 272
高校進学率　2, 156, 196
厚生省　74, 77, 78, 169, 267
効率　292, 297
古賀比呂志　263
国民職業指導所　78
小林雅之　153
小松　廣　250
雇用関係　257, 258
雇用慣行　14, 15
雇用社会　9
『雇用動向調査』　162, 237

サ

採用取消　179, 182, 184, 185, 188
佐口和郎　22, 25, 263
猿田正機　263
産業化　156
『産業教育調査報告書』　46, 83
三治重信　17, 19, 20, 29, 61, 189
GHQ　6, 65, 80, 172, 202, 203, 223, 265, 269, 271
実績関係　5, 21, 22, 53, 102, 147, 193, 220, 222, 229, 233, 254, 287
指定校制　5, 137, 294
指導　78, 92, 107, 204, 205, 213, 267, 271
児童調査票　71
社会的資源　4, 286
自由　6, 7, 24, 79, 81, 92, 106, 201, 204, 206, 218, 268-272, 276, 278, 289, 290, 292, 296
従業員採用計画書　205
就職協定　127, 295
就職経路　15, 50, 139, 279
就職難　1
重要産業　80, 171, 188, 190, 275
需給調整　12, 23, 66, 82, 87, 92, 123, 126, 172, 180, 204, 230, 266, 270, 276, 293
――要領　93-96, 98, 107, 108
　強力な――　67, 86, 95, 106, 107, 109, 273
出身階層　11, 26, 279-283
情報統制　286
少年職業紹介　67-69, 79, 215-218, 265, 266, 268-271, 273
職安経由率　83-86, 109, 158, 198, 199, 239, 283
職業　54
職業安定機関　16, 46, 61, 82, 87, 96, 158, 204
職業安定機関経由率　→　職安経由率
職業安定行政　6, 32, 44, 65, 66, 82, 85, 87, 107, 117, 149, 167, 177, 218, 232, 254
『職業安定行政手引』　98, 104, 115, 119, 202, 203, 205, 206, 208, 212, 218, 226, 236, 270
『職業安定業務統計』　22
『職業安定広報』　43, 85, 88, 94, 96, 109, 134, 210, 214, 230
職業安定所　5, 7, 12, 17, 18, 25, 47, 80, 114
職業安定法　79, 82, 107, 114, 118, 168, 218, 222, 223, 226, 228, 229, 269
――25条の2　114, 115, 230
――25条の3　114, 115, 226-228, 230
――33条の2　115, 224-226, 228-231
『職業安定法解説』　116, 198
『職業研究』　89, 90, 118, 133, 147, 175, 214
職業講話　123, 206
職業指導　77, 116, 118, 121, 129, 206, 208, 236, 256
『職業指導』　133, 134
職業指導主事　116, 121
職業紹介所　67, 68, 71-73, 75, 77, 78, 266
職業紹介法　67, 74, 214
職業相談　88, 91, 92, 206, 208, 209, 267
職業相談票　123, 129, 206, 207, 209, 211
ジョブマッチング　4, 5, 56, 66, 86, 92, 107, 266, 274, 293
――率　86
進学率　→　高校進学率
新規学卒者　8-10, 14, 23, 41-43, 113, 169, 178
新規中卒者　→　新規学卒者
新規入職者　113, 161
新制中学校　1, 13, 39, 40, 273
親和性　6
菅山真次　112, 261
スケジュール管理　14, 119, 168, 177, 183-187
隅谷三喜男　263
スムーズな移動　8-13, 168
製造業　42, 45, 56, 197
制度　2, 4, 6, 9, 11, 23, 24, 106, 109, 188, 232, 233, 266, 268, 272, 273, 277, 279, 287, 291
制度的リンケージ　5, 284, 286
関谷耕一　29, 189
繊維業界　173

索　引

繊維産業　160
全国需給調整会議　66, 81, 88, 93, 95-98,
　　100, 101, 103-106, 108, 127, 149, 230, 266,
　　268, 272
『戦後労働経済史』　84

　　タ

大東英祐　234, 263
高瀬雅弘　110, 261
高梨　昌　9, 15-17, 29, 62, 110, 155, 189,
　　263
田中博秀　263
田和安夫　189
地域間移動　8, 9, 17, 21, 25, 31-33, 41, 44,
　　46, 66, 68, 73, 165, 201, 275
地域指定　102, 105
知識階級　219
直接募集　168, 174
通　達　93, 99, 202-205, 208, 210, 211, 226-
　　230, 233
通牒　67, 68, 75, 77, 169, 215, 267
定期採用　23, 194, 220, 237, 239, 249, 252
定着指導　14, 212, 258, 268, 270
適職　68, 77, 128, 206, 233, 236, 256, 288
適性検査　122, 131, 206, 233, 276
『手引』　→　『職業安定行政手引』
特殊援助　203, 205, 215, 270

　　ナ

内務省　68, 69, 215
中島寧綱　223, 259, 260, 262, 297
並木正吉　17-20, 29, 39, 40, 61, 62, 189
日本鋼管　139, 252
日本紡績協会　186, 210
『日本紡績労務月報』　108, 190, 191, 259
入職経路　→　就職経路
根岸晃平　110
年間計画表　120, 121
農家子弟　34-36
『農家就業動向調査』　34, 35, 37
農家出身　10, 31-37, 44, 45, 48, 49

農業出身　→　農家出身
農民層解体　10, 36
野口　彰　151
野尻重雄　259
野村正実　264

　　ハ

河樵文　110
橋本寿朗　151
パーソナル・ネットワーク　4, 26
ハリソン, S. M.　215
久本憲夫　263
日立製作所　219, 220
1人1社主義　130, 131, 208, 289
平田周一　258, 264
廣崎新八郎　189
不良化　214, 216, 258, 268
ブロック制度　80, 171, 172, 174, 272
分割採用　178, 180, 182, 184, 272, 275
文書募集　168
ベヴァリッジ, W. H.　10
紡績業　7, 18, 127, 133, 167
紡績業界　175-177, 185, 187
『紡績労務月報』　→　『日本紡績労務月報』
保　護　6, 7, 79, 80, 272, 276, 278, 287, 289,
　　291, 297
母子家庭　134, 279, 284
募集人 (制度)　18, 167, 174
補導　147, 212, 268

　　マ

マックボイ, E. C.　170
松本通晴　29
丸木恵祐　29
未結合　81, 82, 271
三沢房太郎　217, 218, 269
水沢　勇　111, 112
民主化　65, 79, 168, 271
文部省　68, 74, 115, 119, 127, 215, 229-231

ヤ

矢越幸穂　153
矢野眞和　264
山本　潔　263
養成工　138, 143, 243, 245, 247, 250, 251
吉谷二郎　254
吉本圭一　297

ラ

離職率　234, 235, 257
臨時工　243, 247-249
連絡求人　→　求人連絡
『労働異動調査』　43-45, 239
『労働異動調査報告』　113, 162
労働基準法　20, 138, 245
『労働市場年報』　16, 46, 49, 84, 100, 195, 200
労働省　81, 92, 94, 100, 103, 127, 180, 182, 187, 210, 229, 253, 272
『労働統計調査月報』　43
労務出張所　174-176, 272, 275
労務調整令　78
労務統制　82, 267, 288
労務動員計画　74, 78, 269, 270
六三(三)制　13, 39
ローゼンバウム, J. E.　5, 63

執筆者一覧（執筆順．＊印編者）

＊苅谷　剛彦　オックスフォード大学社会学科及び
　　　　　　　現代日本研究所教授
＊菅山　真次　東北学院大学経営学部教授
　西村　幸満　国立社会保障・人口問題研究所室長
＊石田　　浩　東京大学社会科学研究所教授
　村尾祐美子　東洋大学社会学部准教授

学校・職安と労働市場

2000 年 2 月 24 日　初　版
2010 年 10 月 15 日　3　刷

［検印廃止］

編　者　苅谷剛彦・菅山真次・石田浩
発行所　財団法人　東京大学出版会
代表者　長谷川寿一
113-8654 東京都文京区本郷 7-3-1 東大構内
電話 03-3811-8814・振替 00160-6-59964
印刷所　株式会社暁印刷
製本所　矢嶋製本株式会社

©2000 Takehiko Kariya, et al.
ISBN 978-4-13-056200-3　Printed in Japan

Ⓡ〈日本複写権センター委託出版物〉
本書の全部または一部を無断で複写複製（コピー）することは、著作権法上での例外を除き、禁じられています。本書からの複写を希望される場合は、日本複写権センター（03-3401-2382）にご連絡ください。

苅谷剛彦	学校・職業・選抜の社会学	A5・5000円
苅谷剛彦・本田由紀 編	大卒就職の社会学	A5・3200円
本田由紀	若者と仕事	A5・3800円
天野郁夫	日本の教育システム 構造と変動	A5・4800円
菊池城司	近代日本の教育機会と社会階層	A5・6000円
東京大学社会科学研究所 編	現代日本社会 全7巻	A5 各4200〜5400円
東京大学社会科学研究所 編	20世紀システム 全6巻	A5・3800円

ここに表示された価格はすべて本体価格です．御購入の際には消費税が加算されますので御了承ください．